Lucrezia Oddone

LIVELLO A1 | B1

VIDEO grammatica
della lingua italiana

REGOLE ED ESERCIZI

... e con i video di ITALIANO CON LUCREZIA

INDICE

1. IL NOME — p. 4
2. L'ARTICOLO — p. 17
3. L'AGGETTIVO — p. 25
4. I PRONOMI PERSONALI SOGGETTO — p. 33
5. IL PRESENTE INDICATIVO — p. 36
6. I VERBI MODALI VOLERE, POTERE, DOVERE E IL VERBO SAPERE — p. 42
7. LA FORMA DI CORTESIA — p. 46
8. GLI AVVERBI DI FREQUENZA — p. 50
9. I POSSESSIVI — p. 53
10. I DIMOSTRATIVI QUESTO E QUELLO — p. 58
11. I VERBI RIFLESSIVI — p. 63
12. STARE + GERUNDIO E STARE PER — p. 68
13. LE PREPOSIZIONI DI LUOGO: A, IN, DA, PER — p. 74
14. I PRONOMI DIRETTI — p. 80
15. I PRONOMI INDIRETTI — p. 85
16. IL VERBO PIACERE — p. 91
17. IL PASSATO PROSSIMO — p. 98
18. L'IMPERFETTO — p. 107
19. PASSATO PROSSIMO O IMPERFETTO? — p. 113
20. LE PREPOSIZIONI DI TEMPO: DA, A, PER, TRA / FRA, IN — p. 117
21. LE PREPOSIZIONI SEMPLICI E ARTICOLATE — p. 122
22. IL COMPARATIVO — p. 127
23. IL SUPERLATIVO — p. 132
24. IL SI IMPERSONALI — p. 136
25. LA PARTICELLA CI — p. 141
26. LA PARTICELLA NE — p. 146
27. I PRONOMI COMBINATI — p. 151
28. IL FUTURO SEMPLICE — p. 158
29. IL CONDIZIONALE PRESENTE — p. 163
30. L'IMPERATIVO DIRETTO — p. 168
31. I PRONOMI RELATIVI CHE E CUI — p. 173
32. I CONNETTIVI DI BASE — p. 178
33. IL TRAPASSATO PROSSIMO — p. 181
34. IL FUTURO ANTERIORE — p. 184
35. IL CONDIZIONALE PASSATO — p. 188
36. I VERBI PRONOMINALI — p. 192
37. IL CONGIUNTIVO PRESENTE E PASSATO — p. 200
38. L'IMPERATIVO INDIRETTO — p. 208
39. IL CONGIUNTIVO IMPERFETTO E TRAPASSATO — p. 212
40. IL PERIODO IPOTETICO — p. 220

SOLUZIONI — p. 225

INTRODUZIONE

La **VIDEOGRAMMATICA DELLA LINGUA ITALIANA** è una grammatica con **VIDEOLEZIONI** ad opera di Lucrezia Oddone, la YouTuber più seguita da chi studia l'italiano come lingua straniera.

Il progetto, pensato per accompagnare gli studenti dal livello A1 al livello B1, rappresenta uno strumento completo e coinvolgente per lo studio e l'approfondimento della grammatica italiana.

Ogni argomento è trattato in modo chiaro ed esaustivo, con una spiegazione dettagliata delle regole principali e delle relative eccezioni. Grazie a utili schemi ed esempi pratici, i concetti vengono resi accessibili e facili da comprendere.

Gli esercizi offrono l'opportunità di mettere subito in pratica quanto appreso, mentre i numerosi box dedicati alle curiosità linguistiche e culturali arricchiscono l'esperienza di studio, offrendo uno sguardo più approfondito sulla lingua e sulla cultura italiana.

Per rinforzare ulteriormente il percorso di apprendimento, ogni capitolo include un'**AUDIOLETTURA** del testo, che permette agli studenti di esercitare la pronuncia e memorizzare parole, espressioni e strutture linguistiche. Tutti gli audio sono facilmente accessibili tramite QR code, rendendo l'esperienza di studio ancora più pratica e interattiva.

Ma il vero punto di forza del progetto sono gli utili video di **ITALIANO CON LUCREZIA**. Grazie alla guida esperta di Lucrezia, queste **VIDEOLEZIONI** offrono un approccio originale e divertente allo studio della grammatica e consentono di scoprire con immediatezza e leggerezza le regole della lingua italiana.

Tutti i **VIDEO** sono accessibili tramite QRcode e sono inoltre disponibili su alma.tv. Queste due modalità garantiscono agli studenti un accesso immediato e completo alle risorse didattiche.

Sia che siate agli inizi del vostro percorso di apprendimento della lingua italiana o che stiate cercando di perfezionare le vostre competenze linguistiche, la **VIDEOGRAMMATICA DELLA LINGUA ITALIANA** è lo strumento ideale per raggiungere i vostri obiettivi in modo efficace e piacevole.

Buono studio!

1. IL NOME

Leggi e osserva le **parole evidenziate**.

L'**Italia** ha 58 milioni di **abitanti**.
In Italia ci sono 824 **città**.
L'Italia ha 20 **regioni**.

Le parole per indicare persone, animali, cose, luoghi, idee, concetti sono **nomi** (o sostantivi): *Italia, abitanti, regioni, città*.

Il genere dei nomi

In italiano i **nomi** sono di genere maschile (m.) o di genere femminile (f.).
Ci sono due gruppi di **nomi**.

GRUPPO 1				
nomi in -o maschili	gatt**o**	telefon**o**	libr**o**	ombrell**o**
nomi in -a femminili	cas**a**	port**a**	mel**a**	farfall**a**

GRUPPO 2				
nomi in -e maschili e femminili	can**e** (m.)	limon**e** (m.)	chiav**e** (f.)	television**e** (f.)

IL NOME 1

Esercizio 1.
GRUPPO 1 o GRUPPO 2? Scrivi i nomi al posto giusto nella tabella, come nell'esempio.

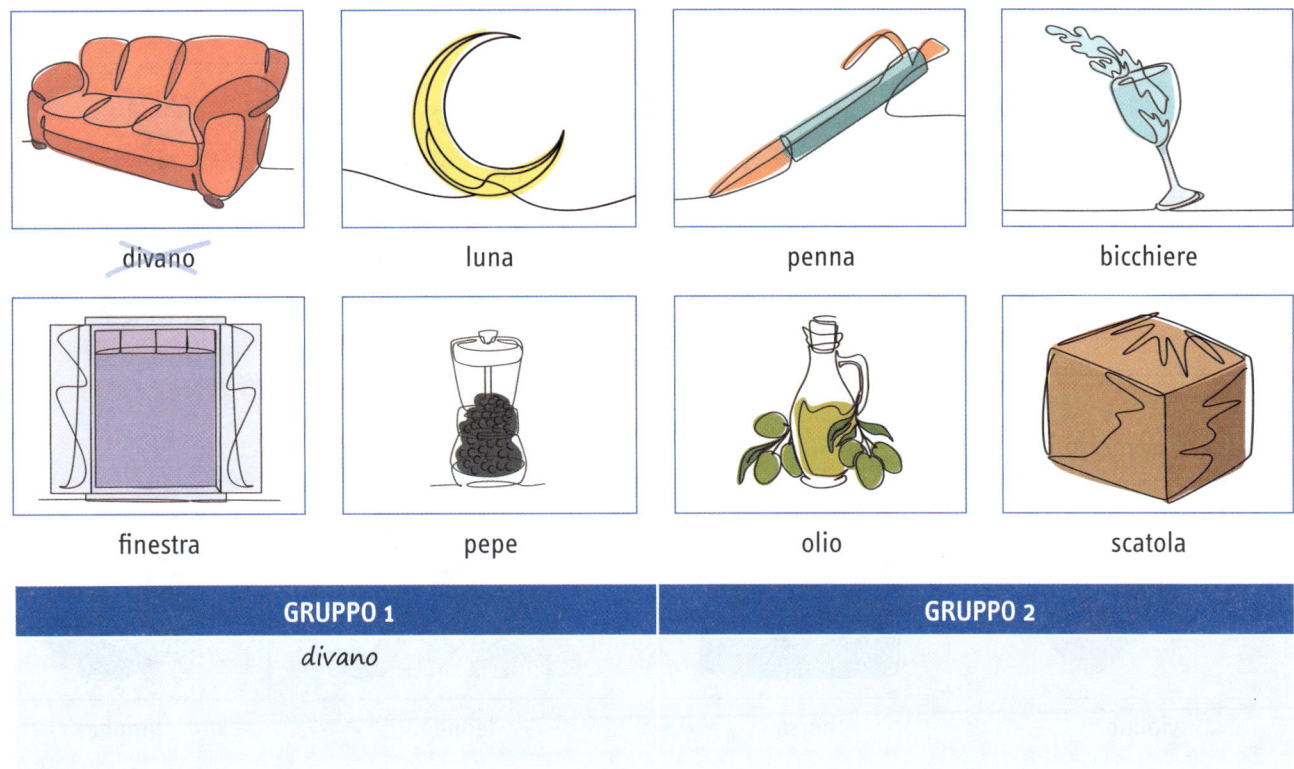

GRUPPO 1	GRUPPO 2
divano	

Esercizio 2.
Maschile o femminile? Scrivi i nomi al posto giusto nella tabella, come nell'esempio.

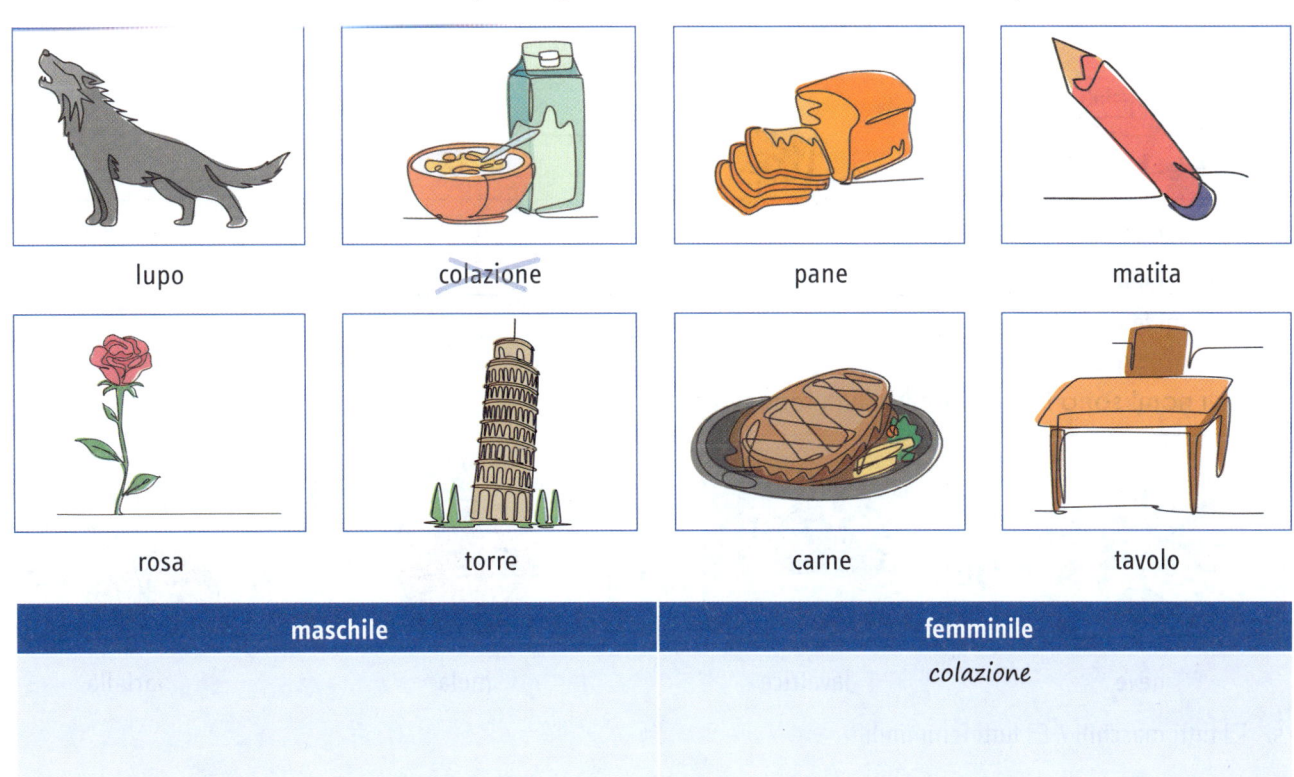

maschile	femminile
	colazione

1 IL NOME

Esercizio 3.
Rispondi alle domande.

a. Qual è il nome maschile?

 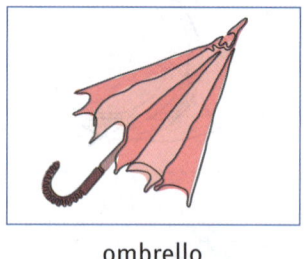 

nave   casa   ombrello   rosa

1. _____

b. Qual è il nome femminile?

violino   borsa   leone   limone

2. _____

c. Quali sono i 2 nomi maschili e i 2 nomi femminili?

sedia   fiore   libro   musica

3. I 2 nomi maschili sono _____ e _____.
4. I 2 nomi femminili sono _____ e _____.

d. Questi nomi sono tutti maschili o tutti femminili?

neve   lavatrice   mela   farfalla

5. ☐ tutti maschili / ☐ tutti femminili

IL NOME 1

Altri nomi maschili

In italiano esistono altri nomi maschili.

alcuni nomi che terminano in -a e in -à	 fantasma  papà	
i nomi che terminano in -è, -ò	 caffè 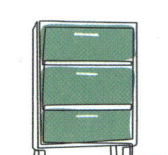 comò	
alcuni nomi che terminano in -ì, -ù	 colibrì  bambù	
la maggior parte dei nomi stranieri (che terminano con una consonante)	 autobus  computer	

Esercizio 4.

Sottolinea i nomi maschili.

> Marco va al bar per la colazione. Ordina un caffè e un bignè.
> Ma vuole anche il babà! Torna a casa e pensa: "Domani mangio uno yogurt".

Ora scrivi il nome giusto sotto ogni immagine.

1. _____   2. _____

3. _____   4. _____   5. _____

Esercizio 5.

Osserva i giorni della settimana: maschile (m.) o femminile (f.)?

lunedì	martedì	mercoledì	giovedì	venerdì	sabato	domenica
☐ m. ☐ f.	☐ m. ☐ f.	☐ m. ☐ f.	☐ m. ☐ f.	☐ m. ☐ f.	☐ m. ☐ f.	☐ m. ☐ f.

1 IL NOME

Altri nomi femminili

In italiano esistono altri **nomi femminili**:

alcuni nomi che terminano in **-o**   radi**o** • pallavol**o**

alcuni nomi che terminano in **-i**   oas**i** • ipotes**i**

alcuni nomi che terminano in **-tà, -tù**   universi**tà** • vir**tù**

Esercizio 6.
Sottolinea i nomi femminili nel testo. Poi scrivi il nome giusto sotto ogni immagine.

Carlotta ascolta la radio.
Il programma parla
di una città famosa
per la sua torre.
Molti turisti fanno
una foto sotto la torre.

1. _____

2. _____

3. _____

4. _____

5. _____

Sai qual è la città?

P ▢ ▢ A

Esercizio 7.
Maschile (m.) o femminile (f.)?

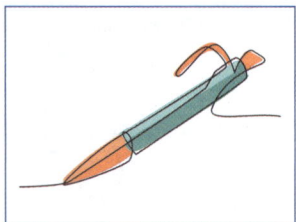

1. penna   ☐ m. ☐ f.
2. pallavolo   ☐ m. ☐ f.
3. tè   ☐ m. ☐ f.
4. oasi   ☐ m. ☐ f.

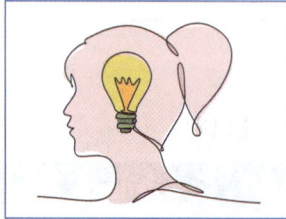

5. problema   ☐ m. ☐ f.
6. creatività   ☐ m. ☐ f.
7. autobus   ☐ m. ☐ f.
8. tiramisù   ☐ m. ☐ f.

IL NOME 1

Nomi con maschile e femminile

Alcuni nomi hanno il maschile e il femminile:

nomi con maschile in **-o** e femminile in **-a**

nomi con maschile in **-tore** e femminile in **-trice**

nomi con maschile in **-e** e femminile in **-a**

maschile	femminile
gatt**o** • amic**o**	gatt**a** • amic**a**
scrit**tore** • pit**tore**	scrit**trice** • pit**trice**
camerier**e** • signor**e**	camerier**a** • signor**a**

Esercizio 8.
Trasforma dal maschile al femminile, come nell'esempio.

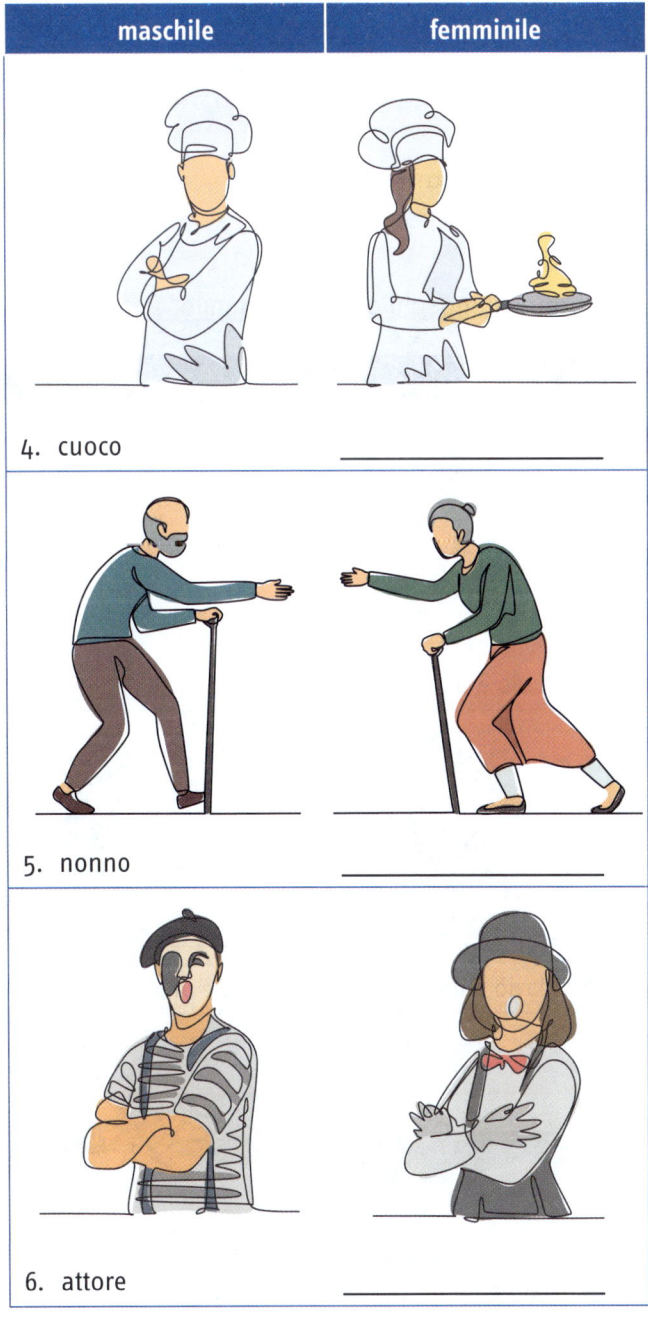

maschile	femminile
1. ragazzo	ragazza
2. fotografo	_____
3. cameriere	_____
4. cuoco	_____
5. nonno	_____
6. attore	_____

ALMA Edizioni | VIDEOgrammatica della lingua italiana

1 IL NOME

Nomi maschili e femminili

Alcuni nomi che terminano in **-ante**, **-ista**, **-a** sono maschili e femminili (sono invariabili). Generalmente sono nomi di professione.

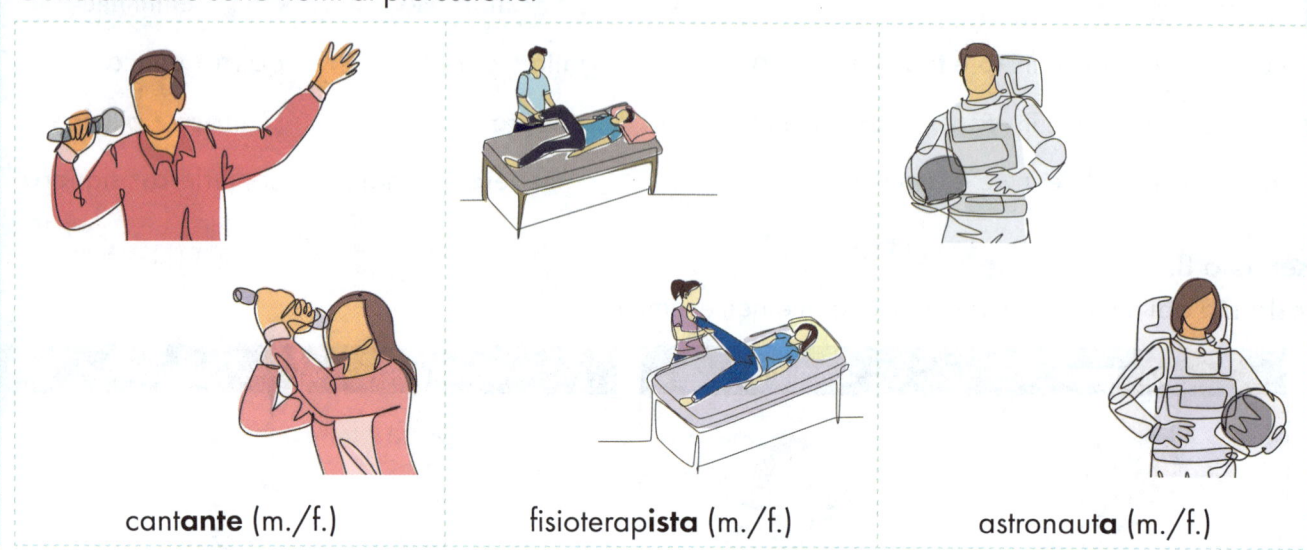

cant**ante** (m./f.)   fisioterap**ista** (m./f.)   astronaut**a** (m./f.)

Esercizio 9.
Trasforma al maschile o al femminile.

maschile	femminile
1. Paolo è un veterinario.	Laura è una _____.
2. Flavio è un _____.	Sofia è una pittrice.
3. Aldo è un musicista.	Maria è una _____.

maschile	femminile
4. Giulio è un _____.	Roberta è un'atleta.
5. Carlo è un postino.	Federica è una _____.
6. Fabio è un _____.	Teresa è una turista.

IL NOME 1

Alcuni nomi maschili e femminili da ricordare

maschile	femminile
uomo	donna
padre	madre
papà	mamma
fratello	sorella

maschile	femminile
marito	moglie
re	regina
principe	principessa
leone	leonessa

maschile	femminile
dottore	dottoressa
campione	campionessa
studente	studentessa (è usato anche studente)

Esercizio 10.
Abbina il maschile e il femminile dei nomi e viceversa (attenzione, nella colonna B c'è un nome in più!).

A	B
1. principessa	a. direttrice
2. re	b. psicologo
3. pittore	c. madre
4. signore	d. signora
5. dottore	e. pittrice
6. psicologa	f. principe
7. direttore	g. dottoressa
8. attrice	h. regina
9. mamma	i. papà
	l. attore

Esercizio 11.
Completa il cruciverba e scopri la parola nascosta.

1. il maschile di *cuoca*
2. il maschile di *cugina*
3. il femminile di *pittore*
4. il maschile di *campionessa*
5. il femminile di *artista*
6. il femminile di *re*
7. il femminile di *studente*
8. il maschile di *ballerina*
9. il femminile di *allenatore*
10. il femminile di *gatto*

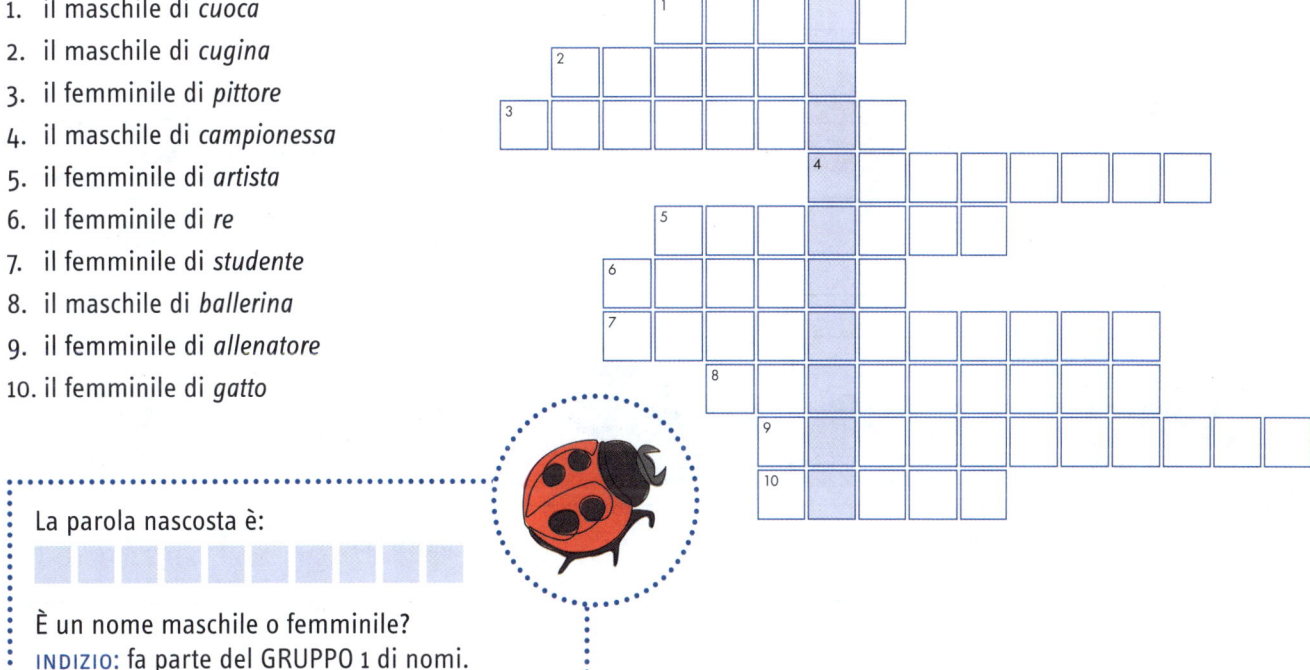

La parola nascosta è:

È un nome maschile o femminile?
INDIZIO: fa parte del GRUPPO 1 di nomi.

1 IL NOME

Il plurale dei nomi

In italiano i nomi sono di genere maschile (m.) o di genere femminile (f.). Ci sono due gruppi di nomi.

GRUPPO 1	singolare	plurale
maschile	tavolo	tavoli
femminile	finestra	finestre

GRUPPO 2	singolare	plurale
maschile e femminile	fiore (m.)	fiori
	noce (f.)	noci

Esercizio 12.
Trasforma il nome dal singolare (s.) al plurale o dal plurale (pl.) al singolare, come nell'esempio.

1. farfalla (s.)
   farfalle
2. cuori (pl.)
   _____
3. luna (s.)
   _____
4. sedie (pl.)
   _____
5. bicicletta (s.)
   _____

   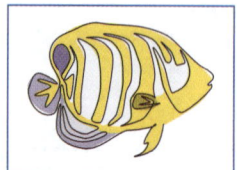 

6. tramezzino (s.)
   _____
7. nuvole (pl.)
   _____
8. scarpa (s.)
   _____
9. pesce (s.)
   _____
10. libro (s.)
    _____

IL NOME 1

Esercizio 13.
Seleziona la coppia corretta, come nell'esempio.

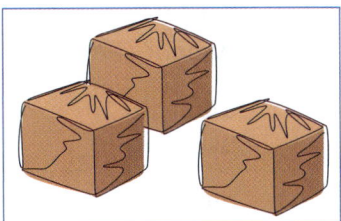
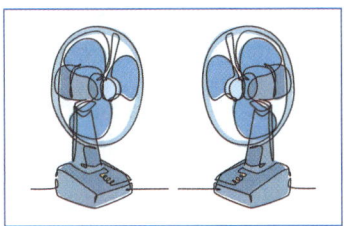
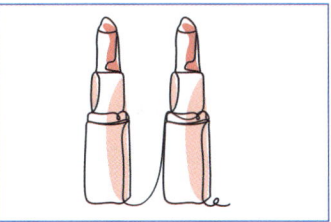

1. ☑ scatola / scatole
   ☐ scatola / scatoli
2. ☐ ventilatore / ventilatoro
   ☐ ventilatore / ventilatori
3. ☐ rossetto / rossetti
   ☐ rossetto / rossette

4. ☐ quaderno / quaderni
   ☐ quaderno / quaderne
5. ☐ lampada / lampadi
   ☐ lampada / lampade
6. ☐ carta / carti
   ☐ carta / carte

Il plurale dei nomi in -*ista*

I nomi di professione in **-ista** formano il plurale in **-isti** (maschile) e **-iste** (femminile):

singolare	plurale
farmac**ista** (m./f.)	farmac**isti** (m.) • farmac**iste** (f.)
giornal**ista** (m./f.)	giornal**isti** (m.) • giornal**iste** (f.)
cicl**ista** (m./f.)	cicl**isti** (m.) • cicl**iste** (f.)

Esercizio 14.
Sottolinea l'opzione corretta.

1. Tommaso e Arturo studiano per diventare **farmacisti / farmaciste**.
2. Sara e Giovanni curano i denti, sono **dentisti / dentiste**.
3. Elisa e Giorgia sono **cantanti / cantante** italiane.
4. Grazia e Stefania scrivono articoli, sono **giornalisti / giornaliste**.
5. Ferdinando e Luca sono **elettricisti / elettriciste**.
6. Antonello Venditti e Ultimo sono **cantanti / cantante** romani.
7. Gli zii di Carlo sono **pianisti / pianiste**.

1 IL NOME

Altri plurali

I nomi in **-co/ca** formano il plurale in **-chi/che**.

I nomi in **-go/ga** formano il plurale in **-ghi/ghe**.

Ci sono delle eccezioni.

I nomi femminili che terminano in **-cia/-gia**:
- al plurale hanno **-i-** se prima c'è una <u>vocale</u>;
- al plurale non hanno **-i-** se prima c'è una <u>consonante</u>.

singolare	plurale
fi**co** ban**ca**	fi**chi** ban**che**
alber**go** psicolo**ga**	alber**ghi** psicolo**ghe**
ami**co** medi**co** psicolo**go**	ami**ci** medi**ci** psicolo**gi**
cilie**gia** vali**gia** aran**cia** roc**cia**	cilie**gie** vali**gie** aran**ce** roc**ce**

Esercizio 15.
Scegli il plurale corretto.

1. giacca
   ☐ giacce ☐ giacche

2. biblioteca
   ☐ bibliotece ☐ biblioteche

3. medico
   ☐ medici ☐ medichi

4. lago
   ☐ lagi ☐ laghi

5. doccia
   ☐ docce ☐ doccie

6. gioco
   ☐ gioci ☐ giochi

7. fuoco
   ☐ fuochi ☐ fuoci

8. pioggia
   ☐ piogge ☐ pioggie

Esercizio 16.
Trasforma il **nome** singolare al plurale.

1. La **spiaggia** di Rimini è popolare d'estate.
   Le _____ di Rimini sono popolari d'estate.
2. La **camicia** blu costa 50 euro.
   Le _____ blu costano 50 euro.
3. Il **casco** è importante sulla moto.
   I _____ sono importanti sulla moto.
4. L'**amico** di Francesca è simpatico.
   Gli _____ di Francesca sono simpatici.
5. In via Verdi c'è una **banca**.
   In via Verdi ci sono due _____.
6. L'**albergo** è vicino al mare.
   Gli _____ sono vicini al mare.
7. La tua **amica** vive a Roma.
   Le tue _____ vivono a Roma.
8. Lo **psicologo** aiuta le persone.
   Gli _____ aiutano le persone.

IL NOME 1

Nomi che non cambiano al plurale

Alcuni nomi non cambiano al plurale:

	singolare	plurale
i nomi che terminano in -à, -è, -ì, -ò, -ù	caff**è** • citt**à** • t**è** • tiramis**ù**	caff**è** • citt**à** • t**è** • tiramis**ù**
i nomi femminili che terminano in -i e in -o	anali**si** • ipote**si** • fot**o** • mot**o**	anali**si** • ipote**si** • fot**o** • mot**o**
alcuni nomi maschili che terminano in -a	cinem**a** • sosi**a** • problem**a**	cinem**a** • sosi**a** • problem**a**
i nomi stranieri che terminano con consonante	yogur_t_ • spor_t_ • e-mai_l_	yogur_t_ • spor_t_ • e-mai_l_

Esercizio 17.

Cancella i nomi che cambiano al plurale, come nell'esempio.

> ~~tavolo~~ • piede • tè • scarpa • oblò • penna • finestra • libro • radio • nuvola • ipotesi • cancello • foglia • novità • coltello • batteria • carrello • scatola • onestà • bagno • televisione

Ora unisci le iniziali dei nomi che rimangono e trova il nome nascosto.

Il nome nascosto è: T ☐ ☐ ☐ ☐ ☐

INDIZIO: è il nome di una città italiana che si trova in Piemonte

Esercizio 18.

Trasforma le parole che cambiano al plurale dell'esercizio 17 dal singolare al plurale, come nell'esempio.

maschile singolare	maschile plurale
tavolo	tavoli
piede	

femminile singolare	femminile plurale
scarpa	scarpe
penna	

1 IL NOME

Esercizio 19.
Stefania è in una trattoria a Roma, che cosa ordina?

🔊 audio 1

CAMERIERE Buongiorno e benvenuta!
STEFANIA Grazie! Vorrei provare gli antipasti tipici.
CAMERIERE Certamente! Abbiamo il supplì, il filetto di baccalà, il carciofo alla romana, la polpetta di bollito.
STEFANIA Allora... Prendo...

Che cosa dice il cameriere al cuoco?

Al tavolo 3: due _____,
due _____ di baccalà,
due _____ alla romana
e tre _____ di bollito!

supplì x 2
filetto di baccalà x 2
carciofo alla romana x 2
polpetta di bollito x 3

La **trattoria** è un ristorante familiare, offre piatti tipici della cucina locale, i prezzi sono economici.

Nomi con plurale irregolare

Alcune parole (specialmente di parti del corpo) hanno un plurale irregolare.

singolare	plurale
mano (f.)	mani (f.)
uomo (m.)	uomini (m.)

Attenzione: alcune di queste parole cambiano anche genere (da maschile a femminile).

singolare (m.)	plurale (f.)
dito	dita
orecchio	orecchie
sopracciglio	sopracciglia
labbro	labbra
ginocchio	ginocchia
braccio	braccia
uovo	uova

Esercizio 20.
Trova le parole nascoste (→ e ↓).

1. il plurale di *uovo*
2. il plurale di *mano*
3. il plurale di *uomo*
4. il plurale di *sopracciglio*
5. il plurale di *braccio*
6. il plurale di *dito*

U	G	B	T	A	R	T	O	T	H	A	V	Q	N	P	L	N	U	A	Q
T	B	P	Z	A	E	I	B	R	C	D	I	T	A	L	B	U	D	C	A
Q	E	S	A	U	D	F	E	N	S	M	O	E	S	D	A	M	I	M	T
M	L	I	U	O	G	P	H	U	F	Z	L	P	F	O	Z	W	V	A	G
O	Q	D	H	V	B	I	B	O	G	T	N	W	R	B	E	M	A	N	D
F	Z	M	T	A	L	C	N	B	R	A	C	C	I	A	P	R	C	I	R
E	S	A	F	B	I	M	T	I	L	S	C	N	H	L	L	F	H	D	Y
B	V	D	O	Q	N	A	C	E	T	H	U	O	M	I	N	I	G	B	O
S	F	I	C	I	F	E	H	G	F	W	D	B	E	G	A	C	M	E	P
L	E	M	V	B	O	S	M	V	O	T	M	T	N	S	Z	D	F	T	L
C	D	J	S	O	P	R	A	C	C	I	G	L	I	A	S	G	H	I	E

2. L'ARTICOLO

Leggi e osserva le **parole evidenziate**.

L'Italia è una penisola.
L'Italia è una Repubblica.
La lingua ufficiale è l'italiano.
La capitale è Roma.

Le parole evidenziate sono **articoli**.

In italiano ci sono due tipi di articolo: **determinativo** e **indeterminativo**.

L'**articolo determinativo** indica persone, animali, cose e luoghi specifici e definiti oppure conosciuti:	Mattia è **il** figlio di Gerardo.
L'**articolo indeterminativo** indica persone, animali, cose e luoghi non specifici e indefiniti oppure non conosciuti:	Gerardo ha **un** figlio.

▶ C'è un gatto in giardino!
● Un gatto?
▶ Sì, un gatto bianco!
● Ah sì, è il gatto di Sabrina.

L'articolo determinativo

L'articolo determinativo maschile si usa:	singolare	plurale
davanti a nomi maschili che iniziano con consonante	**il** **il** tavolo, **il** gatto	**i** **i** tavoli, **i** gatti
davanti a nomi maschili che iniziano con **s** + consonante, **z**, **ps**, **pn**, **gn**, **x**, **y**	**lo** **lo** zaino, **lo** stivale	**gli** **gli** zaini, **gli** stivali
davanti a nomi maschili che iniziano con vocale (**a, e, i, o, u**)	**lo → l'** **l'**albero, **l'**orologio	**gli** **gli** alberi, **gli** orologi

L'articolo determinativo femminile si usa:	singolare	plurale
davanti a nomi femminili che iniziano con consonante	**la** **la** storia, **la** mela	**le** **le** storie, **le** mele
davanti a nomi femminili che iniziano con vocale (**a, e, i, o, u**)	**la → l'** **l'**isola, **l'**aquila	**le** **le** isole, **le** aquile

2 L'ARTICOLO

Esercizio 1.
Osserva la cartina d'Italia scrivi l'articolo determinativo (maschile o femminile) davanti ai nomi delle regioni italiane, come nell'esempio.

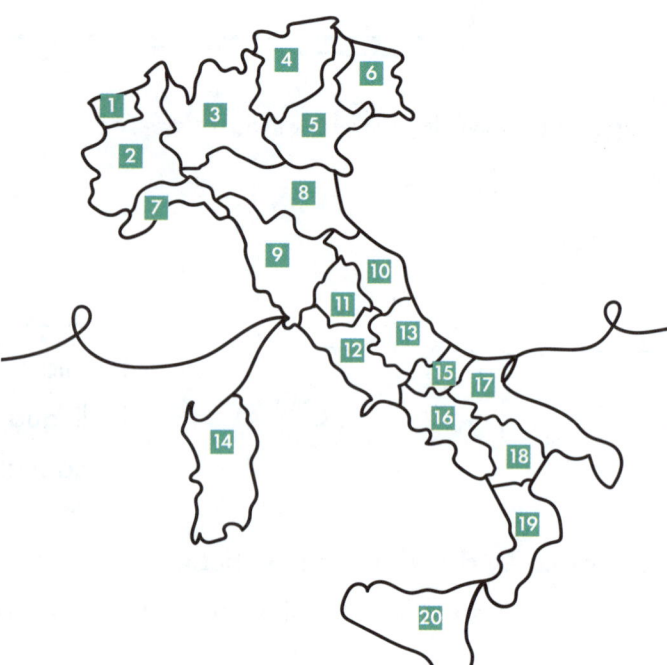

1. _la_ Valle d'Aosta (f.)
2. ___ Piemonte (m.)
3. ___ Lombardia (f.)
4. ___ Trentino Alto-Adige (m.)
5. ___ Veneto (m.)
6. ___ Friuli Venezia-Giulia (m.)
7. ___ Liguria (f.)
8. ___ Emilia-Romagna (f.)
9. ___ Toscana (f.)
10. ___ Marche (f., plurale)
11. ___ Umbria (f.)
12. ___ Lazio (m.)
13. ___ Abruzzo (m.)
14. ___ Sardegna (f.)
15. ___ Molise (m.)
16. ___ Campania (f.)
17. ___ Puglia (f.)
18. ___ Basilicata (f.)
19. ___ Calabria (f.)
20. ___ Sicilia (f.)

Esercizio 2.
Completa con l'articolo: **il**, **lo** o **l'**?

  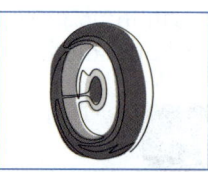  

1. ___ tavolo
2. ___ elefante
3. ___ pneumatico
4. ___ miele
5. ___ yacht

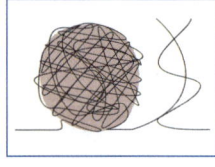   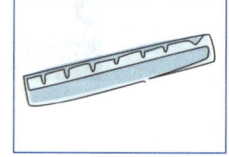 

6. ___ spago
7. ___ orologio
8. ___ cappello
9. ___ righello
10. ___ gelato

Esercizio 3.
Completa con l'articolo: **lo**, **l'** o **la**?

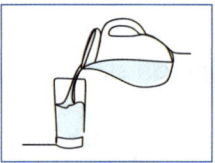   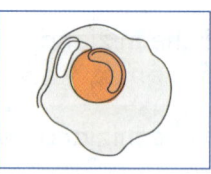 

1. ___ acqua
2. ___ struzzo
3. ___ arancia
4. ___ uovo
5. ___ zaino

  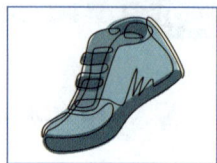  

6. ___ gallina
7. ___ lente
8. ___ scarpa
9. ___ torta
10. ___ elicottero

L'ARTICOLO 2

Esercizio 4.
Completa la lista della spesa: **i**, **gli** o **le**?

1. _____ asparagi
2. _____ gamberi
3. _____ zucchine
4. _____ yogurt
5. _____ carote
6. _____ funghi
7. _____ cereali
8. _____ spaghetti
9. _____ spinaci
10. _____ banane
11. _____ pesche
12. _____ olive

Esercizio 5.
Trasforma dal singolare al plurale: **i**, **gli** o **le**?

1. la luna → _____ lune
2. l'ufficio → _____ uffici
3. il treno → _____ treni
4. la mela → _____ mele
5. l'amicizia → _____ amicizie
6. l'orto → _____ orti
7. il fiore → _____ fiori
8. la notte → _____ notti
9. il vaso → _____ vasi
10. la lingua → _____ lingue

Esercizio 6.
Sottolinea l'opzione corretta.

1. **Il / Lo** film preferito di Caterina è *La vita è bella*.
2. Roberto ama **i / gli** libri d'avventura.
3. Carlo prende **il / l'** aereo.
4. **La / L'** erba è secca per il **il / lo** caldo.
5. Matteo ha **i / gli** occhi verdi.
6. **Il / Lo** sogno di Jennifer è visitare Taormina!
7. **Il / L'** autore del libro è Camilleri.
8. Mi piace **il / l'** arte contemporanea.

2 L'ARTICOLO

Esercizio 7.
Completa con l'articolo determinativo.

1. Roma è ___ capitale d'Italia.

2. ___ ippopotamo è il mio animale preferito.

3. ___ italiani amano ___ sci.

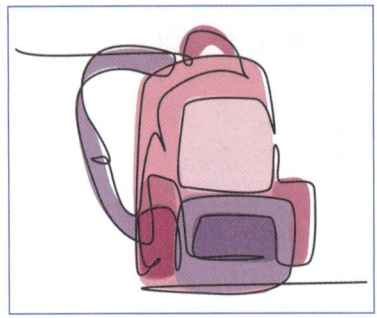
4. Lascio ___ zaino a scuola.

5. Ecco ___ fiori del mio giardino!

6. Non mangio ___ fragole.

7. Maria odia ___ insetti!

8. ___ appartamento di Leo è piccolo.

9. ___ prof. Ciacci usa molto ___ lavagna durante ___ lezione.

10. Io e Jane amiamo fare ___ foto!

11. Stefania adora ___ mare d'inverno.

12. ___ bicicletta di Anna è rossa.

L'ARTICOLO 2

Esercizio 8.
Sottolinea l'opzione corretta.

Che cosa fanno **i / gli / le** ragazzi italiani nel tempo libero?

Il / Lo / La pomeriggio fanno **i / gli / le** compiti per scuola. Alcuni giorni della settimana fanno sport: **i / gli / le** sport più popolari sono **il / lo / la** calcio, **il / lo / la** nuoto e **il / lo / la** pallavolo. **Il / Lo / La** sabato escono con **i / gli / le** amici o guardano **il / lo / la** televisione o giocano con **il / lo / la** smartphone. **Il / Lo / La** domenica passano **il / lo / la** tempo con **il / lo / la** famiglia.

Esercizio 9.
Completa con l'articolo determinativo. audio 2

__Italia è famosa in tutto __ mondo per __arte e __ cultura. Ogni anno milioni di turisti visitano __ città d'arte, come Firenze, Venezia e Napoli, e __ chiese, __ palazzi, __ musei. Queste città sono famose anche per __ cucina, __ moda e __ stile di vita. __ turisti possono gustare __ cibo tradizionale e vivere __atmosfera delle piazze e dei vicoli storici.

Quando non si usa l'articolo

L'articolo determinativo <u>non</u> si usa:
- con i nomi di persona: *Susanna, Giovanni, Nicola*, ecc.
- con i nomi di città: *Roma, Milano, New York*, ecc.
- con i nomi di famiglia al singolare con un aggettivo possessivo: *mia madre, nostro fratello, sua zia*, ecc.

Esercizio 10.
Scegli l'opzione corretta.

1. _____ cucina bene! ☐ Mia nonna / ☐ La mia nonna
2. _____ è la città eterna. ☐ Roma / ☐ La Roma
3. _____ è una regione italiana. ☐ Toscana / ☐ La Toscana
4. _____ di Marco è simpatica! ☐ Cugina / ☐ La cugina
5. Kate adora _____ ! ☐ Italia / ☐ l'Italia
6. _____ è il marito di Gianna. ☐ Manuel / ☐ Il Manuel

Esercizio 11.
Inserisci l'articolo determinativo dove è necessario.

1. ___ Stoccolma è ___ capitale della Svezia.
2. ___ aereo per ___ Francia è in ritardo.
3. ___ gatto di Martina è rosso.
4. ___ treno 97045 parte per ___ Torino alle 16:45.
5. ___ mia madre si chiama Lucilla.
6. Vorrei andare a ___ Madrid, in Spagna.
7. ___ Paolo è ___ mio fratello.
8. ___ insegnante di matematica si chiama ___ Caterina Rossi.

2 L'ARTICOLO

L'articolo indeterminativo

L'articolo indeterminativo maschile singolare si usa:	
davanti a nomi maschili che iniziano con • consonante • vocale	**un** **un** tavolo, **un** gatto **un** albero, **un** orologio
davanti a nomi maschili che iniziano con • **s** + consonante, **z**, **ps**, **pn**, **gn**, **x**, **y**	**uno** **uno** zaino, **uno** stivale

L'articolo indeterminativo femminile singolare si usa:	
davanti a nomi femminili che iniziano con • consonante	**una** **una** storia, **una** mela
davanti a nomi femminili che iniziano con • vocale (**a**, **e**, **i**, **o**, **u**)	**una → un'** **un'**isola, **un'**aquila

Esercizio 12.
Sottolinea l'articolo indeterminativo: **un** o **uno**?

1. **un / uno** osso
2. **un / uno** scarafaggio
3. **un / uno** dinosauro
4. **un / uno** scivolo
5. **un / uno** orso

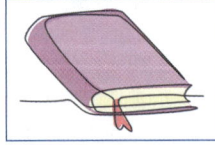  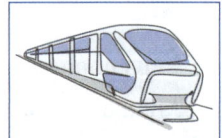  

6. **un / uno** libro
7. **un / uno** gnu
8. **un / uno** treno
9. **un / uno** albero
10. **un / uno** computer

Esercizio 13.
Scegli l'opzione corretta.

1. Barbara trova ____ moneta per terra. ☐ un / ☐ uno / ☐ una
2. C'è ____ ragno sul tavolo! ☐ un / ☐ uno / ☐ una
3. ____ caffè, per favore! ☐ Un / ☐ Uno / ☐ Un'
4. Emma dorme in ____ albergo in centro. ☐ un / ☐ una / ☐ un'
5. Sei ____ amica speciale! ☐ un / ☐ una / ☐ un'
6. Davide scrive ____ lettera d'amore. ☐ un / ☐ uno / ☐ una

L'ARTICOLO 2

Esercizio 14.
Sottolinea l'articolo indeterminativo: **un** o **un'**?

1. **un / un'** albero
2. **un / un'** esperienza
3. **un / un'** arancia
4. **un / un'** oggetto
5. **un / un'** idea
6. **un / un'** isola
7. **un / un'** ufficio
8. **un / un'** amico

Esercizio 15.
Completa con l'articolo: **un**, **uno** o **una (un')**?

1. Ho ____ telefono nuovo.
2. Vorrei ____ pizza margherita per cena.
3. Mia sorella cerca ____ lavoro.
4. Stefano organizza ____ vacanza in montagna.
5. C'è ____ ragazzo carino alla festa.
6. Mangio ____ torta al cioccolato.
7. Sara ha ____ nonna molto simpatica.
8. Mia sorella parla con ____ psicologa.
9. Vuoi ____ spicchio di arancia?
10. ____ ape vola su ____ fiore.

Il plurale dell'articolo indeterminativo

Il plurale dell'articolo indeterminativo si forma con l'articolo partitivo per indicare in modo generico e indefinito più persone, animali, luoghi e cose.

singolare	plurale
C'è **un** tavolo libero al ristorante. →	Ci sono **dei** tavoli liberi al ristorante.
C'è **un** albero in giardino. →	Ci sono **degli** alberi in giardino.
C'è **uno** stivale nella valigia. →	Ci sono **degli** stivali nella valigia.
C'è **una** mela sul tavolo. →	Ci sono **delle** mele sul tavolo.
Ho **un'**idea! →	Ho **delle** idee!

Esercizio 16.
Trasforma dal singolare al plurale: **dei**, **degli** o **delle**?

1. una porta → _____ porte
2. un uomo → _____ uomini
3. uno studente → _____ studenti
4. un divano → _____ divani
5. una giacca → _____ giacche
6. un'artista → _____ artiste
7. un dente → _____ denti
8. una scienziata → _____ scienziate
9. un'auto → _____ auto
10. un professore → _____ professori

2 L'ARTICOLO

Esercizio 17.
Completa con l'articolo.

> una (x4) • un' • un (x4) • degli • uno

> Antonio ha ____ famiglia numerosa. Ha ____ sorella più piccola e tre fratelli più grandi. Il padre è ____ ingegnere, la madre è ____ insegnante. Ha ____ nonna molto simpatica e ____ zio che è sempre in viaggio. Vivono tutti insieme in ____ appartamento con ____ terrazza molto grande. Ci sono anche ____ animali in casa: Antonio ha ____ cane e ____ pappagallo.

Esercizio 18.
Articolo determinativo o indeterminativo?

1. Roma è **la / una** capitale d'Italia.
2. L'Italia è **il / un** Paese europeo.
3. **Il / Un** gatto di Sabrina ha 6 anni.
4. Greta è **la / una** ragazza socievole.
5. Stefano è **il / un** fidanzato di Martina.
6. **La / Una** casa di Lisa è piccola.
7. **Il / Un** tiramisù è **il / un** dolce famoso.
8. **La / Una** mia amica Ludovica fa **l' / un'** insegnante di filosofia.

Esercizio 19.
Scegli l'articolo, poi associa le informazioni alla città.

1. È **la / una** capitale d'Italia. **Il / Un** monumento molto famoso è **il / un** Colosseo.
2. È **la / una** città d'arte in Toscana. È **la / una** città di Dante Alighieri.
3. **La / Una** gondola è **il / un** simbolo della città. **L' / Un** evento molto famoso della città è **il / un** Carnevale.

☐ Firenze

☐ Roma

☐ Venezia

Esercizio 20.
Completa con l'articolo determinativo o indeterminativo.

> Matthew è appassionato di lingue straniere: conosce ____ spagnolo e ____ portoghese, in futuro vuole studiare ____ arabo. Al momento studia ____ italiano, perché ama ____ cultura e ____ storia dell'Italia. È ____ studente determinato: studia ____ grammatica e fa conversazione online con ____ amica di Roma. Matthew ha ____ sogno: visitare ____ Italia e parlare con ____ persone del luogo.

3. L'AGGETTIVO

Leggi e osserva le **parole evidenziate**.

L'Italia è un Paese **europeo**.

La Toscana è una regione **italiana**.

Le parole **evidenziate** sono **aggettivi**.
L'aggettivo è una parola usata per descrivere persone, cose, luoghi e concetti.

La Sicilia è un'isola **grande**.

Gli aggettivi maschili e femminili

In italiano gli **aggettivi** sono di genere maschile o di genere femminile e si dividono in due gruppi.

GRUPPO 1	
(gli aggettivi che al singolare terminano in **-o** e **-a**)	
gli aggettivi in **-o** sono maschili	Marco è italian**o**. • Luigi è simpatic**o**. • L'orologio è vecchi**o**.
gli aggettivi in **-a** sono femminili	Anna è italian**a**. • Jenny è simpatic**a**. • La casa è nuov**a**.

GRUPPO 2	
(gli aggettivi che al singolare terminano in **-e**)	
gli aggettivi in **-e** sono maschili e femminili	John è ingles**e**. • Susan è ingles**e**. Paolo è gentil**e**. • Anna è gentil**e**. Il cane è grand**e**. • La casa è grand**e**.

3 L'AGGETTIVO

Esercizio 1.
Sottolinea l'aggettivo corretto.

1. Il quadro è **bello / bella**.

2. Il gelato è **buono / buona**.

3. Il cane è **piccolo / piccola**.

4. La rosa è **rosso / rossa**.

5. L'atleta è **alto / alta**.

6. Il divano è **comodo / comoda**.

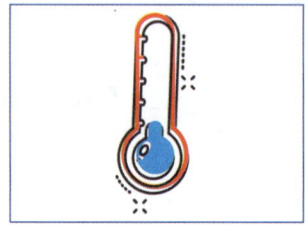
7. La temperatura è **basso / bassa**.

8. Il film è **americano / americana**.

Esercizio 2.
Completa l'aggettivo.

1. Ho una giacca nuov__ per l'estate, è legger__.
2. Il fratello di Gianluca è simpatic__!
3. Ho un lavoro creativ__.
4. Roma è la città etern__.
5. La mia amica Marcela è peruvian__.
6. Fabrizio è content__ di avere un'amica come te!
7. Carlo Verdone è un attore roman__.
8. *Sara* di Antonello Venditti è la canzone preferit__ di Lea.

Esercizio 3.
Completa la tabella.

	Lui è...	Lei è...		Lui è...	Lei è...
🇮🇹	_____	_____	🇮🇳	indiano	_____
🇨🇭	svizzero	_____	🇺🇸	americano / statunitense	_____
🇸🇪	_____	svedese	🇫🇷	francese	_____
🇧🇷	_____	brasiliana	🇵🇭	filippino	_____
🇩🇪	_____	tedesca	🇷🇺	russo	_____
🇯🇵	giapponese	_____	🇨🇳	_____	cinese

L'AGGETTIVO 3

Esercizio 4.
Abbina l'aggettivo al nome, come nell'esempio.

1. una bevanda
2. un appartamento
3. un anello
4. un tè
5. una zuppa
6. un esercizio
7. un fiore
8. una commedia

a. difficile
b. prezioso
c. romantica
d. profumato
e. calda
f. spazioso
g. dissetante
h. freddo

Gli aggettivi in -a

Alcuni aggettivi terminano in **-a** al maschile e al femminile (sono invariabili).

Lui / Lei è vietnamita (del Vietnam). • Lui / Lei è entusiasta. • Lui / Lei è egoista.

Esercizio 5.
Associa la forma corretta dell'aggettivo alla persona.

elegante • timido/a • generoso/a • socievole • egoista • interessante

1. Franco ama parlare con le persone. Lui è _____.
2. Rita ha stile e gusto per i vestiti. Lei è _____.
3. Michele ha molti interessi e racconta molte cose. Lui è _____.
4. Luigi pensa solo a sé. Lui è _____.
5. Luisa aiuta le persone. Lei è _____.
6. Gina è riservata. Lei è _____.

Esercizio 6.
Trasforma le frasi, come nell'esempio:

1. Sara è una ragazza simpatica e allegra! → Mario è _un ragazzo simpatico e allegro_!
2. La mia auto è rossa, piccola e veloce! → Il mio motorino è _____.
3. La musica è coinvolgente ed emozionante. → Il teatro è _____.
4. La spremuta d'arancia è energetica e dissetante. → Il tè freddo è _____.
5. La mia borsa nuova è verde. → Il mio cellulare _____ è _____.
6. Vorrei un tè freddo. → Vorrei una limonata _____.
7. Renata non ha amici perché è egoista! → Giulio non ha amici perché è _____!
8. Il mio collega è competente. → La mia collega è _____.

3 L'AGGETTIVO

Il plurale degli aggettivi

GRUPPO 1	singolare	plurale
maschile	in **-o** Paolo è italian**o**. Matteo è simpatic**o**.	in **-i** Paolo e Matteo sono italian**i**. Paolo e Matteo sono simpatic**i**.
femminile	in **-a** Anna è italian**a**. Maria è timid**a**.	in **-e** Anna e Maria sono italian**e**. Anna e Maria sono timid**e**.

GRUPPO 2	singolare	plurale
maschile e femminile	in **-e** Susan è ingles**e**. Ian è gentil**e**.	in **-i** Susan e Ian sono ingles**i**. Susan e Ian sono gentil**i**.

Esercizio 7.
Completa con il plurale dell'aggettivo.

1. I computer dell'ufficio sono (*rotto*) _____.
2. Le mie scarpe (*nuova*) _____ sono (*comoda*) _____.
3. I capelli di Rosanna sono (*biondo*) _____.
4. I cuscini del divano sono (*comodo*) _____.
5. Lavinia e Aurora sono ragazze (*allegra*) _____.
6. Amo i vestiti (*colorato*) _____.
7. Le materie (*preferita*) _____ di Alex sono la geografia e la storia.
8. Le gatte di Rosa sono (*affettuosa*) _____!

Esercizio 8.
Scegli l'aggettivo corretto.

1. Gli amici _____ sono _____. a. ☐ veri / ☐ vere   b. ☐ sinceri / ☐ sincere
2. Le colleghe _____ sono _____. a. ☐ ideali / ☐ ideale   b. ☐ competenti / ☐ competente
3. I biscotti _____ sono _____. a. ☐ perfetti / ☐ perfette   b. ☐ croccanti / ☐ croccante
4. Le opere d'arte _____ sono _____. a. ☐ autentici / ☐ autentiche   b. ☐ preziose / ☐ preziosi
5. Le vacanze _____ sono _____. a. ☐ estivi / ☐ estive   b. ☐ rilassante / ☐ rilassanti

Esercizio 9.
Scrivi il plurale.

1. Il consiglio di Raffaele è inutile. → I consigli di Raffaele sono _____.
2. La granita alla fragola è dolce. → Le granite alla fragola sono _____.
3. La sorella di Cristina è intelligente. → Le sorelle di Cristina sono _____.
4. Il tuo amico è sempre felice! → I tuoi amici sono sempre _____!
5. Il treno veloce parte la mattina. → I treni _____ partono la mattina.
6. Laura lavora con una turista giapponese. → Laura lavora con delle turiste _____.

L'AGGETTIVO

Esercizio 10.
Completa con la forma plurale dell'aggettivo.

Le protagoniste dei quadri (*famoso*) _____ sono spesso donne (*bello*) _____ e (*giovane*) _____. Tutti conosciamo, per esempio, la *Gioconda* di Leonardo Da Vinci e la *Venere* di Sandro Botticelli, ma non molte persone sanno che non sono personaggi (*immaginario*) _____, sono persone (*reale*) _____! La *Gioconda* di Da Vinci è Lisa Gherardini, una nobildonna di Firenze e moglie di Francesco del Giocondo, un mercante fiorentino di seta e vestiti (*pregiato*) _____. La *Venere* di Botticelli è Simonetta Vespucci, anche lei una nobildonna, che con i suoi capelli (*dorato*) _____ diventa il simbolo della bellezza del Rinascimento.

Altri plurali

	singolare	plurale
Gli aggettivi in **-a** formano il plurale in **-i** (maschile) e in **-e** (femminile).	egoista (m. / f.) vietnamita (m. / f.) entusiasta (m. / f.)	egoist**i** (m.) • egoist**e** (f.) vietnamit**i** (m.) • vietnamit**e** (f.) entusiast**i** (m.) • entusiast**e** (f.)
Gli aggettivi in **-co / -ca** formano il plurale in **-chi / -che**.	fresco • fresca sporco • sporca	fres**chi** • fres**che** spor**chi** • spor**che**
Gli aggettivi in **-go / -ga** formano il plurale in **-ghi / -ghe**.	lungo • lunga vago • vaga	lun**ghi** • lun**ghe** va**ghi** • va**ghe**
Ci sono delle eccezioni (al maschile).	greco • simpatico antipatico • economico	gre**ci** • simpati**ci** antipati**ci** • economi**ci**

Esercizio 11.
Completa con il plurale degli aggettivi tra parentesi, come nell'esempio.

🔊 audio 3

Al ristorante di pesce *La taverna sul lago* do 4 stelle su 5.
Questo ristorante è una garanzia per mangiare il pesce: i piatti sono (*buono*) _buoni_ e (*fresco*) _____. Le alici sono davvero (*gustoso*) _____! Le cameriere sono due ragazze (*siciliano*) _____: sono (*professionale*) _____ e (*simpatico*) _____. Il ristorante è spazioso: i tavoli sono (*largo*) _____ e le sedie sono (*comodo*) _____. L'atmosfera è ideale per passare una serata piacevole. Le mie figlie sono (*entusiasta*) _____ di mangiare qui. L'unica cosa negativa: i prezzi non sono (*economico*) _____.

3 L'AGGETTIVO

Esercizio 12.
Trasforma dal singolare al plurale, come nell'esempio.

1. la casa nuova → le case nuove
2. il cibo italiano → ___
3. la montagna grande → ___
4. la giornata calda e soleggiata → ___
5. la cugina tedesca → ___
6. la macchina veloce e potente → ___
7. l'amico simpatico → ___
8. il libro interessante e coinvolgente → ___
9. la strada larga → ___
10. il film emozionante → ___
11. lo zio egoista → ___
12. la melodia dolce → ___
13. il panorama suggestivo → ___
14. l'abito raffinato → ___

Esercizio 13.
Trasforma le frasi, come nell'esempio.

1. Sophia Loren è un'attrice italiana.
   Pierfrancesco Favino è _un attore italiano_.

2. Pupi Avati e Dario Argento sono dei registi famosi.
   Cristina Comencini e Lina Wertmuller sono ___.

3. Federica Pellegrini è una nuotatrice abile.
   Gregorio Paltrinieri è ___.

4. Martina Trevisan è una tennista vincente.
   Jannik Sinner è ___.

5. Dacia Maraini è una scrittrice stimata.
   Alessandro Baricco è ___.

6. Antonino Cannavacciuolo è un cuoco appassionato.
   Isabella Potì è ___.

7. Donatella Versace e Miuccia Prada sono delle stiliste creative.
   Giorgio Armani e Valentino Garavani sono ___.

8. Caravaggio è un pittore rivoluzionario.
   Artemisia Gentileschi è ___.

9. Luca Parmitano e Paolo Nespoli sono degli astronauti coraggiosi.
   Samantha Cristoforetti e Anthea Comellini sono ___.

10. Ghali è un cantante di successo.
    Malika Ayane è ___.

L'AGGETTIVO 3

I colori

I seguenti aggettivi di colore sono invariabili nel genere e nel numero:
rosa, **lilla**, **blu**, **viola**, **beige**, **indaco**, **amaranto**, **fucsia**.

la maglietta **rosa** • il cappello **rosa** • le scarpe **rosa** • i pantaloni **rosa**

Esercizio 14.
Descrivi i vestiti, come nell'esempio:

1. le scarpe da ginnastica
COLORE: verde

2. i pantaloni
COLORE: marrone

3. la maglietta
COLORE: blu

4. la sciarpa
COLORE: grigio

5. la camicia
COLORE: bianco

6. gli stivali
COLORE: nero

7. la gonna
COLORE: arancione

8. i calzini
COLORE: rosa

1. Le scarpe da ginnastica sono ____verdi____.
2. I pantaloni sono _____.
3. La maglietta è _____.
4. La sciarpa è _____.
5. La camicia è _____.
6. Gli stivali sono _____.
7. La gonna è _____.
8. I calzini sono _____.

L'aggettivo prima o dopo il nome?

Generalmente in italiano l'aggettivo è <u>dopo</u> il nome. A volte possiamo trovare degli aggettivi <u>prima</u> del nome, ad esempio: **grande**, **buono**, **vecchio**, **nuovo**, **povero**, **alto**, eccetera.
Qual è la differenza?

dopo: significato letterale	**prima**: significato metaforico
un amico **vecchio** (un amico che non è giovane)	un **vecchio** amico (un amico che conosco da tanto tempo)

3 L'AGGETTIVO

Esercizio 15.
Leggi le frasi e decidi se il significato dell'aggettivo è letterale o metaforico, segui il percorso (come nell'esempio) e indovina la parola nascosta.

1. Laura Pausini è una buona cantante.	a. Laura Pausini è una cantante brava. b. Laura Pausini è una cantante con un cuore buono.	A B
2. Laura Pausini è una cantante buona.	a. Laura Pausini è una cantante brava. b. Laura Pausini è una cantante con un cuore buono.	L P
3. Marta è una bell'amica.	a. Marta è un'amica vera. b. Marta è un'amica esteticamente bella.	E C
4. Marta è un'amica bella.	a. Marta è un'amica vera. b. Marta è un'amica esteticamente bella.	M R
5. Questo è un grande quadro!	a. Questo è un quadro (artisticamente) importante! b. Questo è un quadro di grandi dimensioni (non è piccolo)!	I O
6. Questo è un quadro grande!	a. Questo è un quadro (artisticamente) importante! b. Questo è un quadro di grandi dimensioni (non è piccolo)!	S T
7. Ho un nuovo telefono.	a. Ho un altro telefono. b. Ho un telefono non usato.	I O
8. Ho un telefono nuovo.	a. Ho un altro telefono. b. Ho un telefono non usato.	P V

È la tradizione italiana di bere uno spritz o un bicchiere di vino e mangiare qualcosa prima di cena (o prima di pranzo) con gli amici, i colleghi o i familiari. È un momento sociale.

La parola nascosta è: A ▢ ▢ ▢ ▢ ▢ ▢ ▢ O

L'aggettivo *bello*

Osserva l'esempio dell'esercizio precedente:
*Marta è una **bell'**amica.*

Quando l'aggettivo **bello** è davanti al nome, segue le regole dell'articolo determinativo.
*Ho una **bell'**amica!* (l'amica) • *Guardo un **bel** film!* (il film) • *Che **bell'**orologio!* (l'orologio)
*Che **bei** gioielli!* (i gioielli) • *Che **begli** occhi hai!* (gli occhi)

Esercizio 16.
Inserisci la forma corretta dell'aggettivo **bello**.

▶ Che ____ atmosfera che c'è qui!
■ Sì, hai ragione. È anche una ____ giornata di sole!
▶ È la prima volta che mangi in questo ristorante?
■ No, è la seconda volta.
▶ Buon cibo, ____ ristorante, ____ posto. Sono contenta!

4. I PRONOMI PERSONALI SOGGETTO

Osserva le immagini e i pronomi personali soggetto **evidenziati**.

IO　　　　TU　　　　LUI　　　　　　LEI

NOI　　　　　VOI　　　　　　LORO

In italiano i **pronomi personali soggetto** indicano chi compie l'azione.

	singolare	plurale
prima persona	io	noi
seconda persona	tu	voi
terza persona	lui, lei	loro

video 4

Esercizio 1.
Leggi le frasi e sostituisci i **nomi** con il pronome, come nell'esempio.

1. **Sabrina e Camilla** ascoltano la musica.
   Loro ascoltano la musica.
2. **Tu e Carolina** siete simpatiche.
   ____ siete simpatiche.
3. **Io e Tommaso** siamo amici.
   ____ siamo amici.
4. **Maria** è stanca.
   ____ è stanca.
5. **Vittorio**, come stai?
   ____, come stai?
6. **Roberta e Stefania** sono colleghe.
   ____ sono colleghe.
7. **Giuseppe** fa il medico.
   ____ fa il medico.
8. **Io e Adele** andiamo in piscina.
   ____ andiamo in piscina.

4 I PRONOMI PERSONALI SOGGETTO

Esercizio 2.
Completa con i pronomi soggetto della lista.

| lei • lui • io • tu |

MATTIA   JANE

JANE   Ciao, ___ sono Jane, la tua nuova collega! E ___, come ti chiami?
MATTIA   Ciao, piacere di conoscerti, Jane. ___ sono Mattia.
JANE   Piacere mio. Ah, ecco i colleghi dell'ufficio marketing: ___ è Fabrizio, ___ è Carla.

FABRIZIO   CARLA

| noi • voi • io |

GIULIO   Finalmente è ora di tornare a casa! Oggi ___ ho la macchina. E ___ ?
MATILDE E LUCIA   No, ___ preferiamo usare i mezzi pubblici.
GIULIO   Ci vediamo domani!
MATILDE E LUCIA   A domani!

LUCIA   MATILDE   GIULIO

Pronomi soggetto sì o no?

Quando parliamo o scriviamo, generalmente non è necessario usare il pronome personale soggetto, perché capiamo chi è il soggetto dal verbo e dal contesto. Posso dire:

*Maria lavora tanto, **lei** è stanca.*
Maria lavora tanto, è stanca.

Quando è necessario usare i pronomi personali soggetto?

- quando il contesto non è chiaro:
  ***Io** sono di Roma, **loro** sono di Napoli.*
- per dire chi fa cosa:
  ***Io** studio filosofia, ma **lei** studia giurisprudenza.*
- per sottolineare chi compie l'azione.
  In questo caso il pronome personale soggetto si mette dopo il verbo:
  *Rispondo **io** al telefono!*
- per enfatizzare il soggetto.
  In questo caso il pronome personale soggetto si mette dopo il verbo:
  *Pago **io**, non **tu**!*
- dopo le parole *anche, neanche, pure*: *anche **io**, neanche **tu**, pure **noi**, ecc.*

I PRONOMI PERSONALI SOGGETTO 4

Esercizio 3.
Il **pronome soggetto** è necessario? Elimina il pronome quando non è necessario, come nell'esempio.

		necessario	non necessario
1.	Lara e Molly sono colleghe, **loro** lavorano insieme. _Lara e Molly sono colleghe, lavorano insieme._	☐	☑
2.	Giulio e Cristina sono amici, **loro** vanno a scuola insieme.	☐	☐
3.	▶ Chi paga il caffè? ● Paghiamo **noi**!	☐	☐
4.	▶ Sei tu Alessio? ● Sì, sono **io**.	☐	☐
5.	Matilde gioca a calcio, **lei** è brava.	☐	☐
6.	Anche **voi** siete qui, che sorpresa!	☐	☐
7.	**Noi** siamo stanchi per il lungo viaggio in treno.	☐	☐
8.	Mia madre è inglese, **lei** è di York.	☐	☐
9.	▶ **Io** non parlo francese, e **tu**? ● Neanche **io**.	☐	☐
10.	**Io** lavoro in un supermercato, **loro** in banca, ma **noi** abitiamo nella stessa casa.	☐	☐

Esercizio 4.
🔊 audio 4

Metti in ordine le frasi del dialogo, come nell'esempio.

- ☐ Sai chi è?
- **1** Ciao, scusa, sei tu Carlo?
- ☐ Grazie!
- ☐ Sì, è lui, il ragazzo con la maglietta gialla.
- ☐ No, mi dispiace, non sono io.

Esercizio 5.
Completa con il pronome, quando è necessario.

- ▶ Ciao, ___ mi chiamo Piero. E ___ come ti chiami?
- ● ___ sono Anita, piacere!
- ▶ Di dove sei ___?
- ● ___ sono di Agrigento.
- ▶ Che meraviglia! Amo Agrigento!
- ● Anche ___ amo la mia città!

5. IL PRESENTE INDICATIVO

Leggi e osserva le parole evidenziate

Chiara **va** al supermercato.
Compra il latte, il pane, due scatole di pasta e una bottiglia di passata di pomodoro.
Poi **torna** a casa e **prepara** il pranzo.

Le parole evidenziate sono verbi al **presente indicativo**.
Il presente indicativo è un tempo verbale del modo indicativo.

Il modo indicativo

presente	imperfetto
passato prossimo	trapassato prossimo
passato remoto	trapassato remoto
futuro semplice	futuro anteriore

Il presente indicativo si usa per:

le azioni del presente in tempo reale	Ora **scrivo** una lettera.
le azioni regolari / di routine	Sara **va** a scuola.
le informazioni e i fatti sempre veri	Natale **è** il 25 dicembre.
nell'italiano informale per azioni future	Domani io e Ida **andiamo** al mare.

Il presente indicativo dei verbi regolari

In italiano i verbi si dividono in tre gruppi:

verbi in -ARE

	camminare
io	cammin-**o**
tu	cammin-**i**
lui / lei / Lei	cammin-**a**
noi	cammin-**iamo**
voi	cammin-**ate**
loro	cammin-**ano**

camminare → Francesca **cammina** ogni giorno nel parco.
parlare → Luigi e Cristina **parlano** di musica.
guardare → Carla **guarda** la tv.
ballare → Io e Federico **balliamo** il tango.

IL PRESENTE INDICATIVO 5

verbi in -ERE

	vedere
io	ved-**o**
tu	ved-**i**
lui / lei / Lei	ved-**e**
noi	ved-**iamo**
voi	ved-**ete**
loro	ved-**ono**

vedere → **Vedi** spesso i tuoi parenti?
leggere → Giorgia **legge** un romanzo.
mettere → Riccardo e Rita **mettono** le scarpe nuove.
chiudere → Tommaso, **chiudi** la porta?

verbi in -IRE

	dormire
io	dorm-**o**
tu	dorm-**i**
lui / lei / Lei	dorm-**e**
noi	dorm-**iamo**
voi	dorm-**ite**
loro	dorm-**ono**

dormire → Il gatto **dorme** sul divano.
partire → Luca **parte** domani.
aprire → Noi **apriamo** le finestre.
offrire → Le zie **offrono** i dolci ai nipoti.

	finire (-isc-)
io	fin-**isco**
tu	fin-**isci**
lui / lei / Lei	fin-**isce**
noi	fin-**iamo**
voi	fin-**ite**
loro	fin-**iscono**

finire → La lezione **finisce** alle 10:00.
spedire → Gianni e Laura **spediscono** un pacco.
pulire → **Pulisco** la casa il sabato.
punire → La mamma **punisce** il figlio.

Esercizio 1.
Ora completa la tabella.

io	tu	lui / lei / Lei	noi	voi	loro
comprare *compro*	studiare _____	lavorare _____	ascoltare _____	portare _____	abitare _____
chiudere _____	scrivere _____	credere _____	correre _____	mettere _____	prendere _____
aprire (come **dormire**) _____	preferire (come **finire**) _____	partire (come **dormire**) _____	offrire (come **dormire**) _____	capire (come **finire**) _____	costruire (come **finire**) _____

Esercizio 2.
Completa le frasi con la forma corretta del verbo (-are).

1. Io (parlare) ___parlo___ italiano fluentemente.
2. Barbara (studiare) _____ molto per gli esami.
3. Voi (cantare) _____ sempre nelle vostre esibizioni.
4. Io (telefonare) _____ a mia madre ogni giorno.
5. Silvio (cucinare) _____ piatti deliziosi.
6. Tu (preparare) _____ la pizza per cena?
7. Noi (ballare) _____ durante le feste.
8. Loro (lavorare) _____ in ufficio dal lunedì al venerdì.
9. Tu (abitare) _____ in una bella casa vicino al mare.

5 IL PRESENTE INDICATIVO

Esercizio 3.
Completa le frasi con i verbi della lista al presente (**-ere**).

> apprendere • conoscere • correre • leggere • mettere • ricevere • ridere • rispondere • scrivere • vendere

1. Io _____ molti libri.
2. Emanuela _____ una e-mail a un cliente.
3. Il macellaio _____ la carne.
4. Romeo e Stefania viaggiano molto ma non _____ New York.
5. A Natale i bambini _____ molti regali.
6. Alessio è molto sportivo, ogni mattina _____ nel parco.
7. Noi _____ velocemente le lingue.
8. Alla fine della lezione i professori _____ alle domande degli studenti.
9. Nella tua stanza c'è molta confusione, perché non _____ in ordine?

Esercizio 4.
Completa il presente dei verbi (**-ire**).

1. Io non dorm_____ bene.
2. Tu capisc_____ il cinese?
3. Kelly apr_____ la finestra.
4. Noi part_____ per le vacanze domani.
5. (*noi*) Pul_____ la camera da letto?
6. (*tu*) Non sent_____ il telefono? Perché non rispondi?
7. (*voi*) Prefer_____ viaggiare in treno o in aereo?
8. Anna e Gianni segu_____ un corso di spagnolo.
9. Antonio spedisc_____ una lettera alla nonna.
10. Laura costruisc_____ un tavolo per il giardino.

Esercizio 5.
Completa con il presente dei verbi (**-are, -ere, -ire**).

1. (*Noi – Organizzare*) _____ una festa per Bianca.
2. La nonna (*sorridere*) _____ quando (*vedere*) _____ i nipoti.
3. Pietro (*rimanere*) _____ a pranzo con noi oggi.
4. Io e Lorenzo (*pulire*) _____ la cucina e poi (*studiare*) _____.
5. Che cosa (*voi – guardare*) _____ stasera in tv?
6. Veronica non (*chiudere*) _____ mai la porta di casa!
7. Quando (*finire*) _____ il film? È noioso!
8. Gli amici di Giada (*partire*) _____ nel fine settimana.

I verbi in -care / -gare e in -ciare / -giare

Per i verbi che terminano in **-care** e **-gare** mettiamo una **-h** davanti alle terminazioni per le persone *tu* e *noi*.

verbi in -CARE / -GARE

	cercare	pagare
io	cerc-**o**	pag-**o**
tu	cerc-**hi**	pag-**hi**
lui / lei / Lei	cerc-**a**	pag-**a**
noi	cerc-**hiamo**	pag-**hiamo**
voi	cerc-**ate**	pag-**ate**
loro	cerc-**ano**	pag-**ano**

Per i verbi che terminano in **-ciare** e **-giare** non ripetiamo la **-i** davanti alle terminazioni per le persone *tu* e *noi*.

verbi in -CIARE / -GIARE

	baciare	mangiare
io	baci-**o**	mangi-**o**
tu	bac-**i**	mang-**i**
lui / lei / Lei	baci-**a**	mangi-**a**
noi	bac-**iamo**	mang-**iamo**
voi	baci-**ate**	mangi-**ate**
loro	baci-**ano**	mangi-**ano**

IL PRESENTE INDICATIVO

Esercizio 6.
Completa con il presente dei verbi della lista.

> bruciare • mancare • viaggiare • pagare • baciare • litigare • cercare • cominciare

1. La nonna _____ sempre i nipoti sulla fronte.
2. Io e Riccardo siamo molto uniti, non _____ mai!
3. _____ tu questi due caffè?
4. Siamo tutti qui? _____ la riunione?
5. Io e Vittoria _____ un appartamento in affitto.
6. ● Quali ingredienti _____ nella dispensa?
   ▶ Il sale, l'olio e il pepe!
7. Tu e Luisa _____ spesso in treno?
8. Che puzza, che cosa _____ nella padella?

Il presente indicativo dei verbi irregolari

	andare	avere	dare	dire	essere
io	vado	ho	do	dico	sono
tu	vai	hai	dai	dici	sei
lui / lei / Lei	va	ha	dà	dice	è
noi	andiamo	abbiamo	diamo	diciamo	siamo
voi	andate	avete	date	dite	siete
loro	vanno	hanno	danno	dicono	sono
	Luisa e Rocco **vanno** al cinema.	Richard **ha** 35 anni.	Io e Roberto **diamo** i soldi a Luigi.	Mario **dice** sempre le stesse cose!	Lucia **è** di Venezia.

	fare	rimanere	stare	uscire	venire
io	faccio	rimango	sto	esco	vengo
tu	fai	rimani	stai	esci	vieni
lui / lei / Lei	fa	rimane	sta	esce	viene
noi	facciamo	rimaniamo	stiamo	usciamo	veniamo
voi	fate	rimanete	state	uscite	venite
loro	fanno	rimangono	stanno	escono	vengono
	Io e Rachele **facciamo** una torta per il tuo compleanno.	**Rimango** a casa stasera.	● Come **stai**? ▶ **Sto** bene, grazie!	Rita e Gianni **escono** con gli amici.	● **Vieni** al cinema stasera? ▶ Sì, **vengo**!

Esercizio 7.
Completa le frasi con il presente dei verbi.

1. Io (*essere*) _____ felice.
2. Tu (*avere*) _____ una macchina nuova?
3. Io e Lorenzo (*fare*) _____ gli infermieri.
4. Loro (*avere*) _____ due cani.
5. Noi (*uscire*) _____ per fare una passeggiata.
6. Letizia (*rimanere*) _____ a casa di Carla il venerdì.
7. Voi (*essere*) _____ in ritardo!
8. Io (*avere*) _____ fame.
9. Luisa e Carla (*dire*) _____ sempre la verità!
10. Io e Marco (*andare*) _____ spesso al cinema.
11. Rocío (*venire*) _____ dalla Spagna.
12. Andrea e Luca, (*uscire*) _____ con gli amici questa sera?

5 IL PRESENTE INDICATIVO

Esercizio 8.
Sottolinea l'opzione corretta.

- Ciao Lisa, come **stai / sta**?
- Ciao Benedetta! **Sto / stai** bene, grazie! E tu?
- Tutto bene, grazie. **Hai / Ha** delle novità?
- Sì, **scrivo / scriva** per un sito di cinema.
- Che bello!

Benedetta **legge / legga** il nuovo articolo di Lisa:

La Grande Bellezza
È / Sei un film italiano del regista Paolo Sorrentino.
Il film **racconto / racconta** la storia di Jep Gambardella, un giornalista e scrittore di successo che **vive / vivi** a Roma.
Gambardella **scopre / scopri** di essere insoddisfatto della sua vita: la sera **esce / esci**, **vado / va** a feste importanti, **conosci / conosce** tante persone, ma non **sei / è** felice.
La Grande Bellezza **è / sono** un classico del cinema italiano contemporaneo.

Esercizio 9.
Completa il testo con il presente dei verbi alla prima persona singolare, poi indovina la professione.

🔊 audio 5

(*Dare*) _____ assistenza e informazioni ai visitatori durante i viaggi.
(*Conoscere*) _____ i luoghi di una città. (*Mostrare*) _____ agli ospiti le attrazioni principali di un luogo, (*offrire*) _____ spiegazioni dettagliate e (*rispondere*) _____ alle domande.
(*Risolvere*) _____ anche eventuali problemi durante il viaggio.

La professione è: G U ☐ ☐ A   T U ☐ ☐ ☐ ☐ ☐ ☐

Altri verbi irregolari

	bere	morire	nascere	porre	salire
io	bevo	muoio	nasco	pongo	salgo
tu	bevi	muori	nasci	poni	sali
lui / lei / Lei	beve	muore	nasce	pone	sale
noi	beviamo	moriamo	nasciamo	poniamo	saliamo
voi	bevete	morite	nascete	ponete	salite
loro	bevono	muoiono	nascono	pongono	salgono
	▶ **Beviamo** un bicchiere di prosecco? • Volentieri!	Per gli incidenti d'auto **muoiono** molte persone.	In Italia **nascono** pochi bambini.	L'insegnante **pone** una domanda allo studente.	Sally e Michael **salgono** sul treno per Verona.

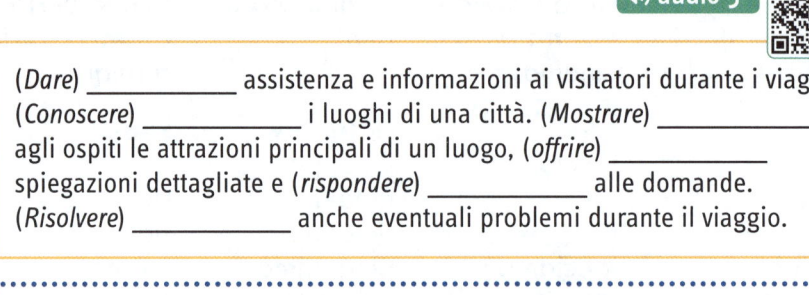

IL PRESENTE INDICATIVO 5

	scegliere	spegnere	tenere	togliere	tradurre
io	scelgo	spengo	tengo	tolgo	traduco
tu	scegli	spegni	tieni	togli	traduci
lui / lei / Lei	sceglie	spegne	tiene	toglie	traduce
noi	scegliamo	spegniamo	teniamo	togliamo	traduciamo
voi	scegliete	spegnete	tenete	togliete	traducete
loro	scelgono	spengono	tengono	tolgono	traducono

▶ Che cosa **scegli**, il tè o il caffè?
● **Scelgo** il caffè!

Quando esco dalla stanza **spengo** la luce.

La maestra **tiene** sotto controllo i bambini.

Noi **togliamo** le scarpe quando entriamo in casa.

Sara **traduce** un romanzo in francese.

Esercizio 10.
Osserva la tabella qui sopra e nella pagina accanto e scegli il verbo per completare le frasi.

1. Susanna _____ un testo dall'italiano al giapponese.

2. Anna _____ la luce e va a dormire.

3. Io e Toshi _____ una birra.

4. Gianni e Tommaso _____ la panna cotta come dessert.

5. Gina _____ le scale.

6. Come (*io*) _____ la macchia di sugo?

7. Tu _____ troppe domande!

8. Il fiume Tevere _____ dal Monte Fumaiolo.

Esercizio 11.
Completa il dialogo con il presente dei verbi.

cambiare • conoscere • finire • venire • fare • attraversare • seguire • essere • durare • ricevere

▶ Ciao Riccardo! Che _____ sabato?
● Ciao Sean, _____ il Giro d'Italia in tv. (*Tu*) _____ questo evento?
▶ No, che cos'_____?
● Una competizione importante nel mondo del ciclismo. Molti ciclisti professionisti _____ in Italia da tutto il mondo per partecipare alla gara.
  I ciclisti _____ molte regioni italiane in bicicletta, ma il percorso _____ ogni anno.
▶ Interessante! E la gara quanto _____?
● Tre settimane. Di solito il Giro parte da una città ogni volta diversa, ma _____ sempre a Milano.
▶ Il vincitore _____ un premio?
● Sì, un premio in denaro e la maglia rosa!

6. I VERBI MODALI VOLERE, POTERE, DOVERE E IL VERBO SAPERE

Leggi il dialogo e osserva i verbi **evidenziati**.

- Ma che cosa fai con il cellulare a quest'ora?
- **Voglio** ascoltare l'ultimo album di Marco Mengoni.
- Adesso no! È tardi, sono le 23:00 e domani c'è scuola. **Devi** spegnere il cellulare e **devi** andare a dormire!
- Per favore, mamma! **Posso** ascoltare solo una canzone? Dura poco!
- No, è ora di dormire.

video 6

I verbi **evidenziati** sono i verbi modali **volere**, **dovere**, **potere** al presente indicativo.

I verbi modali volere, potere, dovere

I **verbi modali** accompagnano il verbo all'infinito e aggiungono significato.

volere	→ volontà	**Voglio** ascoltare l'ultimo album di Marco Mengoni.
dovere	→ obbligo, necessità	**Devi** spegnere il cellulare. **Devi** andare a dormire!
potere	→ possibilità, permesso	**Posso** ascoltare solo una canzone?

I **verbi modali** sono verbi irregolari.

	volere	dovere	potere
io	voglio	devo	posso
tu	vuoi	devi	puoi
lui / lei / Lei	vuole	deve	può
noi	vogliamo	dobbiamo	possiamo
voi	volete	dovete	potete
loro	vogliono	devono	possono

Esercizio 1.
Abbina le frasi alle immagini nella pagina accanto, poi decidi qual è il significato, come nell'esempio.

- a. Prof., posso andare in bagno?
- b. Signora, non deve fumare!
- c. Che cosa volete prendere da bere?
- d. Puoi andare a comprare il latte?
- e. Voglio organizzare un viaggio!
- f. Lorena deve studiare per l'esame di fisica.

I VERBI MODALI VOLERE, POTERE, DOVERE E IL VERBO SAPERE   6

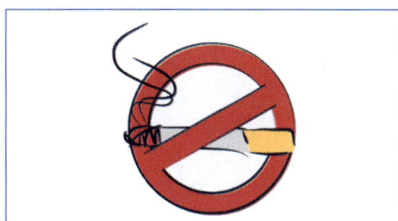

1. → frase _b_
   ☐ volontà
   ☒ obbligo, necessità
   ☐ possibilità, permesso

2. → frase ___
   ☐ volontà
   ☐ obbligo, necessità
   ☐ possibilità, permesso

3. → frase ___
   ☐ volontà
   ☐ obbligo, necessità
   ☐ possibilità, permesso

4. → frase ___
   ☐ volontà
   ☐ obbligo, necessità
   ☐ possibilità, permesso

5. → frase ___
   ☐ volontà
   ☐ obbligo, necessità
   ☐ possibilità, permesso

6. → frase ___
   ☐ volontà
   ☐ obbligo, necessità
   ☐ possibilità, permesso

Esercizio 2.
Completa con il presente dei verbi.

1. Non (*io - potere*) _____ venire alla festa.
2. È tardi, tu e Laura (*dovere*) _____ tornare a casa.
3. Io e Flora non (*potere*) _____ perdere tempo.
4. (*Tu - volere*) _____ venire al cinema con me?
5. Gianluca, (*dovere*) _____ correre! Il tuo treno sta per partire!
6. Sara (*volere*) _____ parlare con te.
7. ● (*Io - potere*) _____ essere d'aiuto?
   ▸ Sì, grazie, (*tu - potere*) _____ prendere quelle valigie lì.
8. Tra un mese Francesco (*dovere*) _____ fare un esame importante, ma non (*volere*) _____ studiare.

Esercizio 3.
Sottolinea l'opzione corretta.

1. Mamma, **voglio / posso** andare da Camilla dopo scuola?
2. Il frigo è vuoto, **devo / posso** fare la spesa.
3. Riccardo, tu sei bravo in matematica, **devi / puoi** aiutare mia sorella con i compiti?
4. Io e Rachele **vogliamo / dobbiamo** venire da te stasera?
5. Tu e Mario **dovete / potete** prendere una decisione!
6. **Vuoi / Devi** dire la verità a Cristina, è importante!
7. Teresa e Gianni **vogliono / possono** cercare una casa nuova.
8. ● **Voglio / Posso** venire al concerto con te!
   ▸ Non **vuoi / puoi**, non hai il biglietto!

6 I VERBI MODALI VOLERE, POTERE, DOVERE E IL VERBO SAPERE

Esercizio 4.
Completa il dialogo con il presente dei verbi modali della lista.

> volere • dovere (x3) • potere (x2)

ANNAMARIA Ragazze, organizziamo un viaggio insieme quest'estate?
MARA Che bella idea!
LICIA Volentieri!
ANNAMARIA Dove (*voi*) _____ andare? Mare, montagna o città?
MARA Per me è uguale!
LICIA Per me una città d'arte!
ANNAMARIA Andiamo a Matera!
MARA Io dico Venezia.
LICIA (*Noi*) _____ scegliere una città facile da raggiungere in treno. Perché non Firenze?
MARA Va bene anche Firenze, ma prima (*noi*) _____ decidere quando! Licia, tu quando _____ prendere le ferie dal lavoro?
LICIA _____ prendere cinque giorni alla fine di luglio, ma _____ chiedere conferma al mio capo.
MARA La fine di luglio va bene per noi, vero Annamaria?
ANNAMARIA Sì.

Leggi il dialogo e osserva i verbi **evidenziati**.

- Facciamo una partita a scacchi? **Sai** giocare?
- Purtroppo no, ma **so** giocare a dama!
- Non voglio giocare a dama.
- **Sai** chi gioca bene a scacchi? Sabrina!
- Ah bene, allora chiedo a lei se vuole fare una partita!

I verbi **evidenziati** sono le forme del verbo **sapere** al presente indicativo.

Il verbo sapere

Il verbo **sapere** ha due significati.

sapere + infinito	→ abilità (= essere capaci a...)	*Sai* giocare a scacchi? *So* giocare a dama!
volere	→ avere un'informazione	*Sai* chi gioca bene a scacchi? Sabrina!

Anche il verbo **sapere** è irregolare.

	sapere
io	so
tu	sai
lui / lei / Lei	sa
noi	sappiamo
voi	sapete
loro	sanno

I VERBI MODALI VOLERE, POTERE, DOVERE E IL VERBO SAPERE

Esercizio 5.
Abilità (**A**) o avere un'informazione (**I**)? Scegli il significato corretto del verbo **sapere**.

		A	I			A	I
1.	Scusi, **sa** che ore sono?	☐	☐	4.	Ginevra **sa** suonare il pianoforte.	☐	☐
2.	Silvia e Rocco non **sanno** ballare.	☐	☐	5.	Marcello **sa** come arrivare in stazione.	☐	☐
3.	**Sai** fare il tiramisù?	☐	☐	6.	Non **so** che cosa fare per il mio compleanno!	☐	☐

Esercizio 6.
Completa con il presente del verbo **sapere**.

1. Tu e Michela _____ fare questo esercizio di grammatica?
2. Veronica, _____ a che ora è la festa sabato?
3. Io e Lidia non _____ che cosa fare durante le vacanze.
4. La mia amica Grazia _____ cucinare molto bene!
5. ● Ho voglia di un gelato.
   ▶ Puoi chiedere a Vittorio e Alessandro, loro _____ dov'è una buona gelateria in centro.
6. ● (*Tu*) _____ suonare la chitarra?
   ▶ No, ma (*io*) _____ suonare il violino.

Esercizio 7.
Sottolinea il verbo corretto: **potere** o **sapere**?

🔊 audio 6

Tutti i miei amici fanno delle attività nel pomeriggio dopo scuola. Angelica impara a suonare la batteria: dopo solo tre lezioni **sa / può** suonare bene, ma non **sa / può** esercitarsi a casa, perché fa troppo rumore. Vincenzo studia il tedesco, capisce le conversazioni, ma ancora non **sa / può** parlare. Ludovica **sa / può** disegnare molto bene: frequenta un corso di disegno artistico perché vuole regalare un ritratto a sua madre, ma non **sa / può** dire niente, è un segreto!

Esercizio 8.
Completa il dialogo con il presente dei verbi modali e del verbo **sapere**.

È venerdì, Riccardo e Luisa decidono che cosa fare nel fine settimana.

▶ Stasera _____ andare a ballare. Ti va di venire con me?
● No, mi dispiace, non _____ .
▶ Perché? Che cosa _____ fare?
● _____ studiare. Lunedì ho l'esame.
▶ Ma non _____ studiare oggi pomeriggio e poi domani e domenica? Oggi è venerdì!
● Sì, ma sono un po' agitato per l'esame, e poi io non _____ ballare bene.
▶ Ma _____ imparare facilmente, non è difficile. Ed è divertente. Allora andiamo?
● No, non insistere, preferisco rimanere a casa a studiare.
▶ Ascolta Riccardo, tu _____ uscire! Non va bene pensare sempre all'esame. Facciamo così: stasera non andiamo a ballare, andiamo al cinema, in questo modo non facciamo tardi, e domani mattina ti _____ svegliare presto e studiare! Ok?
● Tu _____ convincere le persone molto bene! Ok, andiamo al cinema! Che film (*tu*) _____ vedere?

7. LA FORMA DI CORTESIA

Leggi il dialogo e osserva le parole **evidenziate**.

▶ Buongiorno, signora!
● Buongiorno a **Lei**! Tutto bene?
▶ Sì, tutto bene, grazie. E **Lei** come **sta**?
● Sto bene, grazie.

video 7

Per fare la **forma di cortesia** usiamo il pronome **Lei** + la **terza persona singolare** del verbo.	*Lei* come *sta*?

Usiamo la **forma di cortesia (Lei)** quando parliamo:

con persone più grandi	*Signor Carmelo, **Lei** è gentile.*
con persone che non conosciamo	*Signora, che cosa **desidera**?*
in contesti formali	*È **Lei** l'avvocato Corti?*

Per il plurale della forma di cortesia, si può usare la terza persona plurale **Loro** (molto formale) oppure la seconda persona plurale **Voi** (più comune nel quotidiano).	*I signori desiderano del vino?* (Loro) *Desiderate del vino?* (Voi)

> ⚠️ Nelle regioni del sud Italia è frequente l'uso del **Voi** come forma di cortesia.
> Ricorda: è un uso regionale.
> *Signora Maria, **Voi** siete bellissima oggi!*

Esercizio 1.
A chi Martino può dare del tu e a chi può dare del Lei? Abbina le domande alle persone corrette.

Martino

a. la professoressa di matematica

b. la nonna del suo amico

c. la cugina

d. il medico

1. Buongiorno, come sta? ☐ ☐ ☐ ☐
2. Ciao, come stai? ☐ ☐ ☐ ☐

LA FORMA DI CORTESIA 7

Esercizio 2.
Completa i due dialoghi con il pronome corretto. Attenzione: in ogni lista c'è un pronome in più!

Nonna Lucilla incontra suo nipote al parco.

> tu • voi • lei • Lei

- ▶ Ciao Luigi!
- ● Ciao nonna, anche ___ qui!
- ▶ Sì, è una bella giornata di sole! Chi è la ragazza con te?
- ● ___ è Giulia, la mia ragazza.
- ▶ Ciao Giulia, piacere. Come stai?
- ■ Piacere, Signora. Sto bene, grazie. E ___ ?
- ▶ Anche io sto bene, grazie!

L'insegnante presenta una nuova studentessa alla classe.

> tu • lei • Lei • lui

- ● Buongiorno, c'è una nuova studentessa in classe: ___ è Karin.
- ▶ Ciao a tutti!
- ■ Ciao! Paulo, piacere. Di dove sei?
- ▶ Sono di Stoccolma, e ___, Paulo?
- ■ Sono di Curitiba!
- ▶ Che bello!
- ● Benvenuta in classe, Karin. Tutto bene?
- ▶ Sì, grazie. E ___ come sta?
- ● Sto bene, grazie. Ora iniziamo la lezione!

Esercizio 3.
Scegli l'opzione corretta, come nell'esempio, e scopri la parola nascosta.

1. Signora Maria,   a. ☐ vuoi un caffè? (P)   b. ☑ vuole un caffè? (A)
2. Matteo,   a. ☐ come stai? (S)   b. ☐ come sta? (L)
3. Prof. Verdi,   a. ☐ quando parti? (O)   b. ☐ quando parte? (I)
4. Signor Marcello,   a. ☐ che lavoro fa? (L)   b. ☐ che lavoro fai? (C)
5. Stefania,   a. ☐ va al supermercato? (O)   b. ☐ vai al supermercato? (I)
6. Signora Rossini,   a. ☐ guardi la televisione? (Z)   b. ☐ guarda la televisione? (C)

La parola nascosta è: B A ☐ ☐ ☐ ☐ O

È un ingrediente molto utilizzato nella cucina italiana!

7 LA FORMA DI CORTESIA

Esercizio 4.
Trasforma i due dialoghi dal *tu* al *Lei*.

Luca e Kate si presentano.

- ▶ Ciao, tu sei...?
- ● Sono Kate, e tu?
- ▶ Mi chiamo Luca. Di dove sei?
- ● Sono di Brighton. E tu?
- ▶ Io sono di Firenze.

- ▶ Buongiorno, _____
- ● _____
- ▶ _____
- ● _____
- ▶ _____

Luca e Kate si incontrano al cinema.

- ● Ciao Luca, anche tu qui? Come stai?
- ▶ Ciao Kate, sto bene, grazie! E tu?
- ● Anche io sto bene, grazie.

- ● Buonasera Luca, _____
- ▶ _____
- ● _____

Esercizio 5.
Coniuga i verbi al presente e completa il dialogo.

- ● Buongiorno, care spettatrici e cari spettatori! (*Essere*) _____ pronti per l'intervista di oggi? Siamo in diretta dal mercato di Testaccio, a Roma. Signora, (*avere*) _____ tempo per qualche domanda sul mercato?
- ▶ Certo.
- ● Da quanto tempo (*frequentare*) _____ questo mercato?
- ▶ Faccio la spesa qui da dieci anni! Anche le mie sorelle (*venire*) _____ qui.
- ● Che tipo di prodotti (*Lei - comprare*) _____ qui?
- ▶ Frutta e verdura, formaggi e anche la carne. Compro prodotti locali.
- ● Quali verdure (*preferire*) _____?
- ▶ Adoro le zucchine e i pomodori!
- ● E cosa (*pensare*) _____ dei prezzi?
- ▶ I prezzi sono convenienti, sono soddisfatta.
- ● (*Potere*) _____ dare dei consigli alle persone che (*volere*) _____ fare la spesa al mercato?
- ▶ Sì, consiglio di arrivare la mattina alle 8:00!
- ● Grazie mille per la disponibilità.
- ▶ Buona giornata e buona spesa a tutti!

LA FORMA DI CORTESIA 7

> *Dare del tu* e *dare del Lei* sono le forme per dire che si usa il tu (informale) oppure il Lei (forma di cortesia, formale).
>
> Maria **dà del tu** alla madre di Roberto. • Gli studenti **danno del Lei** ai professori.

Esercizio 6.
Sottolinea l'opzione corretta.

Claudia e Riccardo sono colleghi, lavorano insieme da tanto tempo, ma usano la forma di cortesia. In questo dialogo Riccardo chiede di dare del tu!

▶ Buongiorno Riccardo, **ha / hai** un momento per vedere insieme la presentazione?
● Certo. Che cosa **vuole / vuoi** vedere in particolare?
▶ Che cosa **pensa / pensi** dell'introduzione?
● È buona, ma è necessario aggiungere delle immagini.
▶ **Hai / Ha** ragione.
● Mi scusi, Claudia. **Posso / Può** fare una proposta?
▶ Sì, certo!
● Io e Lei lavoriamo insieme da tanto tempo. Perché non passiamo al tu?
▶ Sì, va bene!
● Allora, che cosa **fa / fai** nel fine settimana?
▶ Niente di speciale, vado al cinema con un'amica. E Lei?
● Perché Lei?! Tu!
▶ Ah sì, **scusa / scusi**! È l'abitudine!

> ### Nei prossimi capitoli...
> Con la forma di cortesia anche gli aggettivi e i pronomi sono alla terza persona singolare:
>
> *Gentile Dott.ssa Magri, **La** ringrazio.*
> **La** = pronome oggetto diretto
>
> *Dottor Rossi, **Le** telefono domani.*
> **Le** = pronome oggetto indiretto
>
> *Signora, è **Sua** la borsa?*
> **Suo**, **Sua**, **Suoi**, **Sue** = pronomi / aggettivi possessivi

8. GLI AVVERBI DI FREQUENZA

🔊 audio 8

Leggi e osserva le parole evidenziate.

> Federico va **sempre** a scuola a piedi.
> Sulla strada incontra **spesso** Carla, una compagna di classe;
> **a volte** lei va a scuola in bicicletta.

Le parole evidenziate sono **avverbi di frequenza**.
Gli **avverbi di frequenza** comunicano la frequenza dell'azione.

100%	80%	60%	40%	20%	0%
sempre	spesso quasi sempre	di solito solitamente	a volte ogni tanto qualche volta	raramente quasi mai	mai

Gli avverbi **sempre**, **spesso** e **raramente** (e sinonimi) generalmente vanno dopo il verbo.	Giada <u>beve</u> **sempre** il caffè la mattina. Giulio <u>fa</u> **spesso** colazione al bar. <u>Prendo</u> **raramente** il taxi per tornare a casa.
Gli avverbi **di solito** e **a volte** (e sinonimi) generalmente vanno prima del verbo.	**A volte** <u>prendo</u> la bici per andare al mercato. **Di solito** <u>preferisco</u> il vino rosso.
Gli avverbi **mai** e **quasi mai** seguono la struttura → **non** + verbo + **mai** / **quasi mai**.	Noi **non** guardiamo **mai** i film dell'orrore. Stefania **non** guida **quasi mai**.

Esercizio 1.
Completa con l'avverbio corretto:
spesso o **raramente**?

1. Leggo _____ prima di andare a dormire, è rilassante.
2. Lucia prende _____ l'autobus per andare al lavoro, è comodo.
3. Giuseppe fa _____ colazione a casa, preferisce il bar.
4. Incontriamo _____ i nostri amici al mercato, siamo vicini di casa.
5. Facciamo _____ una passeggiata dopo cena, soprattutto con il bel tempo.
6. I miei genitori vanno _____ a cena fuori, è troppo costoso.

Esercizio 2.
Completa con l'avverbio corretto: **sempre** o **mai**?
Attenzione, a volte devi aggiungere **non**!

1. Marco studia _____, è un bravo studente.
2. Bevo _____ una tisana per digerire.
3. ▶ Lucia, tu vai al cinema durante la settimana?
   ● _____, sono stanca dopo il lavoro!
4. Gli studenti arrivano _____ in ritardo!
5. Grazia _____ perde _____ una partita di tennis, è forte!
6. ▶ Quando mangiate un panino per pranzo?
   ● _____, non abbiamo tempo per cucinare!

> ⚠ Con **mai** e **quasi mai** nelle risposte la negazione non è necessaria.
>
> *Bevi la birra? Mai!*

GLI AVVERBI DI FREQUENZA   8

Esercizio 3.
Collega le frasi che hanno lo stesso significato.

a.
1. Prendo spesso l'autobus per andare in centro.
2. A volte prendo l'autobus per andare in centro.
3. Solitamente prendo l'autobus per andare in centro.
4. Prendo raramente l'autobus per andare in centro.

a. Di solito prendo l'autobus per andare in centro.
b. Non prendo quasi mai l'autobus per andare in centro.
c. Prendo quasi sempre l'autobus per andare in centro.
d. Ogni tanto prendo l'autobus per andare in centro

b.
1. Non mangio quasi mai i biscotti al cioccolato.
2. Solitamente mangio i biscotti al cioccolato.
3. Mangio quasi sempre i biscotti al cioccolato.
4. Qualche volta mangio i biscotti al cioccolato.

a. Mangio spesso i biscotti al cioccolato.
b. Mangio raramente i biscotti al cioccolato.
c. Di solito mangio i biscotti al cioccolato.
d. Ogni tanto mangio i biscotti al cioccolato.

Esercizio 4.
Riordina le frasi, come nell'esempio.

1. mai • in ritardo • arrivo • non
   → *Non arrivo mai in ritardo.*

2. solitamente • il compleanno • dimentico • degli amici
   → _____

3. Luigi • sempre • le canzoni anni '80 • ascolta
   → _____

4. non • Roberto • le caramelle • mangia • mai
   → _____

5. quasi mai • Matteo • risponde • non
   → _____

6. qualche volta • il vino bianco • bevo
   → _____

Esercizio 5.
Sottolinea l'opzione corretta.

Giorgio ha un problema con un ordine online: il pacco non arriva.
Decide di chiamare il numero di telefono sul sito internet...

▶ Buongiorno, di che cosa ha bisogno?
● C'è un problema con il mio ordine. Posso chiedere a Lei?
▶ Deve scrivere un'e-mail all'assistenza online. Il servizio è **sempre / spesso** disponibile, 24 ore su 24, 7 giorni su 7.
● Quali sono i tempi di risposta?
▶ **Di solito / A volte** gli assistenti rispondono entro 24 ore.
● Grazie.

8 GLI AVVERBI DI FREQUENZA

Francesco e Lidia sono marito e moglie, fanno terapia di coppia...

- Lidia, qual è un difetto di Francesco?
- Vediamo... È disordinato.
- Non è vero!
- Ma sì! Metti **spesso / raramente** in ordine le tue cose.
- Secondo te, tu sei ordinata? Trovo **sempre / mai** le tue scarpe in giro per casa!

Esercizio 6.
Con quale frequenza le persone compiono le azioni? Osserva le tabelle e crea delle frasi al presente indicativo, come nell'esempio.

100%	80%	60%	40%	20%	0%
fare la spesa il sabato	uscire con gli amici	correre al parco	telefonare alla nonna	guardare la tv	bere le bibite gassate

Marco...
1. fa sempre la spesa al mercato.
2. _____
3. _____
4. _____
5. _____
6. _____

100%	80%	60%	40%	20%	0%
pulire la casa la domenica	leggere un quotidiano	cenare al ristorante	comprare dei vestiti nuovi	andare in vacanza	cucinare la carne

Cristina e Alessandro...
1. puliscono sempre la casa la domenica.
2. _____
3. _____
4. _____
5. _____
6. _____

Esercizio 7.
Ora completa la tabella e scrivi delle frasi sulle tue abitudini.

100%	80%	60%	40%	20%	0%

Io...
1. _____
2. _____
3. _____
4. _____
5. _____
6. _____

audio 9

9. I POSSESSIVI

Leggi e osserva le parole evidenziate.

> Lei è Anna, la **mia** amica del cuore.
> Il **suo** gusto di gelato preferito è lo zabaione.
> I **suoi** consigli sono sempre utili.
> La **nostra** amicizia è importante per me.

video 9

Le parole evidenziate sono **aggettivi possessivi**.

Gli aggettivi possessivi

I **possessivi** indicano di chi è la cosa, la persona, il luogo, ecc.	*Il gusto di gelato preferito di Anna è lo zabaione.* → *Il **suo** (= di Anna) gusto di gelato preferito è lo zabaione.*
I **possessivi** hanno la forma maschile e la forma femminile, la forma singolare e la forma plurale, in base al nome che segue (eccezione: **loro** è invariabile).	*Anna è la **mia** amica del cuore.* *I **suoi** consigli sono sempre utili.*
Con i **possessivi** generalmente usiamo l'articolo.	*La **nostra** amicizia è importante per me.*

	maschile singolare	maschile plurale	femminile singolare	femminile plurale
io	il **mio** cane	i **miei** cani	la **mia** casa	le **mie** case
tu	il **tuo** libro	i **tuoi** libri	la **tua** auto	le **tue** auto
lui / lei / Lei	il **suo** cappello	i **suoi** cappelli	la **sua** borsa	le **sue** borse
noi	il **nostro** amico	i **nostri** amici	la **nostra** chiave	le **nostre** chiavi
voi	il **vostro** ufficio	i **vostri** uffici	la **vostra** festa	le **vostre** feste
loro	il **loro** gatto	i **loro** gatti	la **loro** amica	le **loro** amiche

Esercizio 1.
Completa la tabella.

maschile singolare	maschile plurale	femminile singolare	femminile plurale
il mio amico	i miei amici	la mia amica	le mie amiche
il tuo _____	i tuoi colleghi	la tua _____	le tue _____
il suo _____	i suoi _____	la sua studentessa	le sue _____
il nostro professore	i nostri _____	la nostra _____	le nostre _____
il vostro _____	i vostri _____	la vostra _____	le vostre gatte
il loro _____	i loro bambini	la loro _____	le loro _____

9 I POSSESSIVI

Esercizio 2.
Sottolinea l'opzione corretta.

1. Cristina, qual è **il tuo / la tua / le tue** indirizzo e-mail?
2. Professor Rossi, **le Sue / il Suo / la Sua** lezione è interessante.
3. Ragazze, **i vostri / il vostro / le vostre** panini sono nel frigo.
4. Ragazzi, dove sono **la vostra / i vostri / le vostre** scarpe?
5. Caterina, ho bisogno del **tuo / tua / tue** aiuto!
6. Mario abita a Roma, ma **il suo / la sua / i suoi** famiglia vive a Napoli.
7. ▶ Sara, con chi vieni alla festa?
   ● Con **le mie / la mia / i miei** amici di Venezia.
8. Marta parte con **la sua / il suo / le sue** amiche.

Esercizio 3.
Completa con il possessivo corretto, come nell'esempio.

1. (*nostro*) _La nostra_ gatta è affettuosa.
2. (*mio*) _____ amico organizza una festa.
3. (*tuo*) _____ borsa è costosa!
4. (*suo*) _____ sentimenti per Lara sono forti.
5. (*vostro*) _____ giornate di lavoro sono lunghe.
6. (*loro*) _____ matrimonio è finito.
7. (*nostro*) _____ paese è piccolo.

Esercizio 4.
Trasforma, come nell'esempio.

1. il lavoro (*Susanna*) → *il suo lavoro*
2. il motorino (*Tommaso*) → _____
3. gli occhi (*Rita*) → _____
4. le scarpe (*io*) → _____
5. lo zaino (*Giacomo*) → _____
6. la macchina (*Rosa e Luca*) → _____
7. la festa (*noi*) → _____
8. l'ufficio (*voi*) → _____

Esercizio 5.
Trasforma le frasi, come nell'esempio.

1. Le amiche di Sara abitano a Napoli. → *Le sue amiche* abitano a Napoli.
2. La ragazza di Cristiano lavora a Berlino. → _____ lavora a Berlino.
3. I miei occhi e i tuoi occhi sono verdi. → _____ sono verdi.
4. L'appartamento di Ginevra è piccolo. → _____ è piccolo.
5. I gatti dei signori Rossi sono bianchi. → _____ sono bianchi.
6. I tuoi libri e i libri di Stefano sono sul tavolo. → _____ sono sul tavolo.
7. Le mani di Gianni sono sporche. → _____ sono sporche.

I POSSESSIVI

Esercizio 6.
Rispondi alle domande, come nell'esempio.

1. Dove sono gli occhiali di Riccardo? → *I suoi occhiali* sono in bagno.
2. Dove sono le mie scarpe? → _____ sono in camera.
3. Dov'è la borsa di Stefania? → _____ è sul tavolo.
4. Dove sono i nostri bicchieri? → _____ sono in cucina.
5. Dove sono le chiavi di Gianni e Virginia? → _____ sono nella borsa.
6. Dov'è il vostro computer? → _____ è sulla scrivania.
7. Dove sono i pantaloni di Giovanni? → _____ sono nella lavatrice.
8. Dov'è la bicicletta di Rossella? → _____ è in giardino.

I possessivi e i nomi di famiglia

Con i nomi di famiglia singolari non usiamo l'articolo determinativo.	**mia** madre, **nostro** fratello, **sua** zia, ecc.
Con i nomi di famiglia plurali è necessario l'articolo determinativo.	**le nostre** cugine, **i suoi** zii, **i vostri** nonni, ecc.
Con il possessivo **loro** c'è sempre l'articolo determinativo al singolare e al plurale.	**la loro** nonna / **le loro** nonne, **il loro** zio / **i loro** zii, **la loro** zia / **le loro** zie, **il loro** cugino / **i loro** cugini, ecc.
Usiamo l'articolo determinativo al singolare e al plurale anche con:	
i nomi di famiglia colloquiali	**la mia** mamma, **il mio** papà
i nomi di famiglia determinati	**il mio** cugino di Palermo, **le tue** zie inglesi
i nomi di famiglia alterati	**la nostra** nonnina, **i miei** fratelloni

Esercizio 7.
Sottolinea l'opzione corretta.

1. **i nostri / nostri** zii
2. **la nostra / nostra** zia
3. **la mia / mia** zietta
4. **il loro / loro** padre
5. **la loro / loro** sorella
6. **la nostra / nostra** nonna
7. **la sua / sua** sorellina
8. **il tuo / tuo** marito
9. **i loro / loro** cugini
10. **la mia / mia** moglie
11. **le sue / sue** cugine
12. **i miei / miei** suoceri
13. **la sua / sua** nipote
14. **i suoi / suoi** nonni
15. **le tue / tue** cuginette
16. **il vostro / vostro** fratello
17. **il vostro / vostro** figlio
18. **la vostra / vostra** madre

9 I POSSESSIVI

Esercizio 8.
Trova l'errore (ci sono 5 errori), poi correggi, come nell'esempio.

- ☑ a. La mia madre vive a Torino.
- ☐ b. Nostri cugini lavorano insieme.
- ☐ c. La loro nipote si chiama Vittoria.
- ☐ d. Il tuo fratello è carino!
- ☐ e. Miei nonni vivono in campagna.
- ☐ f. Signora Concetta, come sta la Sua figlia?
- ☐ g. Sara, tua suocera è simpatica?
- ☐ h. I loro figli parlano tre lingue.
- ☐ i. Mio padre fa l'avvocato.

1. → a. Mia madre vive a Torino.
2. → _____
3. → _____
4. → _____
5. → _____

Esercizio 9.
Completa con il possessivo: con o senza articolo?

Luisa e Tiziana aspettano ___ amico Gaetano per bere un aperitivo nel bar del quartiere.

- ■ Ciao ragazze, siete pronte per ordinare?
- ● Non ancora, stiamo aspettando Gaetano.
- ■ Ah sì, _____ amico di Bari! Va bene, aspettiamo.
- ● Novità?
- ▶ Tutto bene, le solite cose. E tu?
- ● Organizzo un viaggio con _____ sorella.
- ▶ Che bello! E _____ madre come sta?
- ● Sta bene, lavora molto, ma è contenta! Invece _____ fratelli? Abitano ancora a Roma?
- ▶ Gianni sì, perché _____ figli sono piccoli e vanno a scuola. Lorenzo vive a Londra con _____ moglie, Louise.
- ● Ecco Gaetano!
- ■ Buonasera!
- ▶ Finalmente!
- ■ Ora siete pronti?
- ● Sì, io prendo uno spritz al limoncello, _____ aperitivo preferito!
- ■ Altro?
- ● Sì, una birra piccola per me.
- ▶ Io prendo un bicchiere di vino rosso.
- ■ Grazie, _____ ordinazione arriva subito.

> **Aggettivo o pronome possessivo?** ⚠️
>
> La differenza è nella presenza del nome.
>
> **Il mio** cane è un labrador. → aggettivo possessivo (c'è il nome)
>
> **Il suo** è un chihuahua. → pronome possessivo (non c'è il nome)

Esercizio 10.
Evidenzia gli aggettivi possessivi e sottolinea i pronomi possessivi.

1. La mia casa è grande e accogliente. E la tua?
2. I miei nonni sono divertenti, ma i miei genitori sono severi.
3. La nostra squadra di calcio vince sempre, la vostra non vince mai.
4. I tuoi occhiali sono nuovi, i miei sono usati.
5. Le vostre idee sono buone, le loro sono deludenti.
6. Le mie sorelle sono simpatiche, i miei fratelli sono antipatici.

I POSSESSIVI 9

Esercizio 11.
Completa con il pronome possessivo, come nell'esempio.

1. ● (*io*) La mia insegnante si chiama Amanda, (*voi*) la vostra ?
   ▶ (*noi*) La nostra si chiama Eugenia.
2. ● (*loro*) La loro casa ha un bel giardino, (*tu*) _____?
   ▶ (*io*) _____ non ha un giardino.
3. ● (*io*) Il mio libro preferito è *Il signore degli anelli*, (*Lei*) _____?
   ▶ (*io*) _____ è *Il nome della rosa*.
4. ● (*noi*) I nostri zii vivono a Berlino, (*voi*) _____?
   ▶ (*noi*) _____ vivono a Vienna.
5. ● (*tu*) Il tuo lavoro è dinamico, (*lui*) _____?
   ▶ (*lui*) _____ è noioso.

I pronomi possessivi sono usati sempre con gli articoli determinativi.
Attenzione: con il verbo essere possiamo scegliere se usare l'articolo determinativo oppure no:

▶ Lucia, la borsa rossa è *(la) tua*?
● Sì, è *(la) mia*.

▶ I pantaloni corti sono *(i) suoi*?
● No, non sono *(i) miei*.

Esercizio 12.
Completa l'e-mail con i possessivi corretti. Attenzione: a volte devi aggiungere l'articolo determinativo e a volte no.

Cara Lucia,
come stai? Spero bene.
Grazie per _____ e-mail, sono felice di sapere che _____ famiglia sta bene. Anche _____ sta bene. _____ padre è un insegnante e adesso non lavora perché ci sono le vacanze estive. _____ madre è un'infermiera, lavora sempre anche se è estate!
Quando non faccio _____ compiti per scuola, aiuto _____ fratello e _____ sorellina a fare _____ compiti. _____ genitori sono felici quando passiamo il tempo insieme.
Poi nel pomeriggio facciamo merenda a casa di _____ nonna: prepara una torta al cioccolato buonissima! _____ hobby preferiti sono leggere (_____ libri preferiti sono di avventura e di fantascienza), suonare la chitarra e andare in bicicletta.
_____ quali sono? Il sabato pomeriggio vado al cinema con _____ amici.
Tu che fai con _____ amici?

Aspetto _____ risposta!
A presto,
Livia

10. I DIMOSTRATIVI QUESTO E QUELLO

Osserva il disegno e le parole evidenziate.

Questa ragazza è Sara.
Questo ragazzo è Matteo.

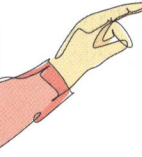

Quella ragazza è Cecilia.
Quel ragazzo è Luigi.

Le parole evidenziate sono **dimostrativi**.

> **Questo** e **quello** indicano la posizione di una persona / una cosa nello spazio rispetto a chi parla

questo	indica una cosa o una persona vicina a chi parla	**Questa** ragazza è Sara. **Questo** ragazzo è Matteo.
quello	indica una cosa o una persona lontana da chi parla	**Quella** ragazza è Cecilia. **Quel** ragazzo è Luigi.

Questo

> **Questo** ha la forma maschile / femminile e singolare / plurale in base al nome che segue, come un normale aggettivo.

	singolare	plurale
maschile	**questo** **questo** tavolo	**questi** **questi** tavoli
femminile	**questa** **questa** sedia	**queste** **queste** sedie

I DIMOSTRATIVI QUESTO E QUELLO

Esercizio 1.
Sottolinea l'opzione corretta.

1. **Questo / Questa / Questi / Queste** fotografie sono del viaggio in montagna?
2. Ho bisogno di **questo / questa / questi / queste** ingredienti per fare la torta: farina e burro.
3. **Questo / Questa / Questi / Queste** pantaloni sono scomodi!
4. Prendo **questo / questa / questi / queste** fragole, grazie.
5. **Questo / Questa / Questi / Queste** teatro è grande!
6. **Questo / Questa / Questi / Queste** fiore è profumato.
7. Sono davvero simpatiche **questo / questa / questi / queste** ragazze!
8. **Questo / Questa / Questi / Queste** libri sono nuovi?
9. **Questo / Questa / Questi / Queste** lettere sono per te.
10. **Questo / Questa / Questi / Queste** accessori stanno bene con il tuo vestito.

Esercizio 2.
Completa con la forma corretta di **questo**.

1. _____ sveglia è analogica.

2. _____ albero è un bonsai.

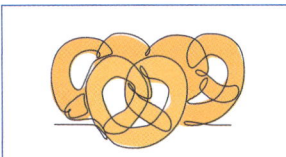
3. Non voglio mangiare _____ biscotti!

4. _____ frutta è fresca.

5. _____ rose sono per te!

6. _____ carote sono biologiche.

7. _____ spaghetti sono deliziosi.

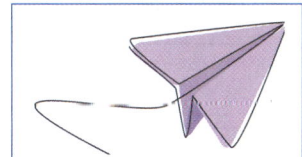
8. _____ aeroplano è di carta.

Quello

Quello si comporta come l'articolo determinativo.

	singolare	plurale
maschile	**quel** *quel* cane	**quei** *quei* cani
	quello / quell' *quello* studente *quell'*orologio	**quegli** *quegli* studenti *quegli* orologi
femminile	**quella / quell'** *quella* borsa *quell'*isola	**quelle** *quelle* borse *quelle* isole

10 I DIMOSTRATIVI QUESTO E QUELLO

Esercizio 3.
Sottolinea l'opzione corretta.

1. **Quello / Quell' / Quel** zaino è pesante.
2. **Quello / Quell' / Quel** cane è adorabile.
3. **Quello / Quell' / Quel** ufficio è buio.
4. **Quello / Quell' / Quel** studente è molto preparato.
5. **Quello / Quell' / Quel** libro è noioso.
6. **Quello / Quell' / Quel** spettacolo è emozionante.
7. **Quello / Quell' / Quel** ristorante è buono.
8. **Quello / Quell' / Quel** uomo è gentile.

Esercizio 4.
Completa con la forma corretta di **quello**.

1. _____ idea è innovativa.
2. _____ azienda produce biscotti.
3. Attenzione, _____ tavolo è rotto!
4. _____ artista è famoso!
5. Vedi _____ edificio? È del 1800.
6. Molto interessante _____ opera d'arte!
7. _____ attrice è talentuosa!
8. Di chi è _____ computer?

Esercizio 5.
Completa con la forma corretta di **quello**: **quegli**, **quei** o **quelle**?

1. _____ anelli sono davvero belli!
2. _____ nuvole nel cielo sono minacciose!
3. _____ palazzi sono alti.
4. _____ uffici al terzo piano sono vuoti?
5. Come sono felici _____ bambini!
6. _____ ragazzi studiano medicina.
7. Sono troppi tutti _____ caffè!
8. Di chi sono _____ scarpe in corridoio?

Esercizio 6.
Sottolinea l'opzione corretta.

1. Chi è **questa / quella / quel** ragazzo vicino a Sandra?
2. Mmm... che buono **questo / quel / quello** gelato!
3. Mi aiuti? **Questi / Quegli / Quell'** esercizi sono difficili.
4. Come si chiama **questa / quest' / quell'** amica di Rita che abita a Madrid?
5. Vedi **questi / quei / quelli** ragazzi che parlano con Paolo? Sono americani.
6. **Questo / Quello / Quel** film è noioso, ora spengo la tv e vado a dormire.
7. Scusa Roberto, ma **questo / quel / quell'** uomo alto con la giacca blu non è tuo zio?
8. Com'è **questo / quello / quel** ristorante di pesce dove vai con i tuoi genitori la domenica?
9. **Questi / Quei / Quegli** yogurt così buoni che mangiamo a colazione sono finiti?

I DIMOSTRATIVI QUESTO E QUELLO

Aggettivo o pronome?

Questo e quello possono essere aggettivi o pronomi: sono aggettivi quando sono con il nome, sono pronomi quando sono senza il nome.

Questo vestito è blu, **quello** è grigio.
↑ ↑
aggettivo   pronome

Queste scarpe sono strette, **quelle** sono comode.
↑ ↑
aggettivo   pronome

Il pronome **quello** ha solo quattro forme: **quello, quella, quelli, quelle**.

Esercizio 7.
Sottolinea gli aggettivi dimostrativi e evidenzia i pronomi dimostrativi.

1. ▶ Che belle le tue collane!
   ● Grazie, questa è di mia nonna, questa è un regalo.
2. Queste scarpe sono comode, quelle no.
3. ▶ Quelle piante sono secche!
   ● Quali piante?
   ▶ Quelle vicino alla finestra!
4. ▶ Chi sono quelle ragazze?
   ● Quella con il cappello è Cristina, quella con la giacca blu è Giovanna.
5. Questo esercizio è difficile, quello a pagina 21 è facile.
6. Vengo spesso in questo bar, quello in via Mazzini è costoso.

Esercizio 8.
Completa i dialoghi con i dimostrativi della lista.

> questo • quel • quello • quegli • quei

1.

▶ Hai bisogno di aiuto?
● Sì, puoi prendere _____ libro di favole?
▶ Quale? _____ in alto a sinistra?
● Sì!

2.

▶ Buon compleanno! _____ è per te.
● Sei troppo gentile, grazie!
▶ E di che, è il tuo compleanno!

3.

▶ Di chi sono _____ occhiali?
● Di Lorenzo.
▶ Dimentica sempre qualcosa!

4.

▶ E _____ baffi?!
● Belli, vero?
▶ Mhm...

10 I DIMOSTRATIVI QUESTO E QUELLO

> Per rafforzare la vicinanza o la lontananza della cosa o della persona da chi parla possiamo aggiungere un avverbio di luogo.
>
> questo + qui / qua → **Questa** casa *qui* è vuota.
> quello + lì / là → **Quell'**orologio *lì* è antico!

Esercizio 9.
Completa con l'aggettivo o il pronome dimostrativo corretto.

🔊 audio 10

All'alimentari...

- ● Buongiorno! Di cosa ha bisogno?
- ▶ Buongiorno a Lei! Vorrei un po' di pane.
- ● Certo, _____ qui è fresco.
- ▶ È integrale? Vorrei del pane integrale.
- ● _____ qui no, non è integrale. _____ integrale è finito.
- ▶ Allora niente pane.
- ● Vuole un pezzo di pizza bianca? Senta com'è buona _____ con le olive.
- ▶ Mmm. È vero, è buonissima! Va bene, non prendo il pane, ma prendo la pizza. Ci sono i biscotti alla vaniglia?
- ● Sì, sono _____ lì. Sulla destra. Può prenderli Lei.
- ▶ Va bene.
- ● Desidera altre cose?
- ▶ Sì! Ha ancora _____ olio d'oliva siciliano?
- ● Certo, ecco una bottiglia.
- ▶ E _____ rustici con le verdure e la mozzarella? Ci sono?
- ● Purtroppo _____ non ci sono.
- ▶ Peccato! Allora è tutto, grazie!

◀)) audio 11

11. I VERBI RIFLESSIVI

Leggi e osserva i verbi evidenziati.

Greta **si sveglia** sempre alle 7. **Si alza** e va in cucina a fare colazione. Poi **si lava** e **si veste**. Alle 7:30 sveglia Ettore, il suo cane, per fare una passeggiata. Al parco incontra Lucia con il suo cane Pepe: le due amiche **si raccontano** le novità. Quando torna a casa, Greta **si mette** il suo vestito preferito e va in ufficio.

video 11

I verbi evidenziati sono **verbi riflessivi**.

I verbi riflessivi

	verbi riflessivi
Greta si sveglia.	svegliarsi
Greta si alza.	alzarsi
Greta si lava.	lavarsi
Greta si veste.	vestirsi
Greta e Lucia si raccontano le novità.	raccontarsi
Greta si mette il suo vestito preferito.	mettersi

I **verbi riflessivi** esprimono un'azione che il soggetto fa su se stesso.

Greta si sveglia.	Greta sveglia chi? Greta → svegliarsi (verbo riflessivo)
Greta sveglia Ettore	Greta sveglia chi? Ettore → svegliare

Osserva: i pronomi riflessivi sono parte del verbo.

	svegliarsi
io	**mi** sveglio
tu	**ti** svegli
lui / lei / Lei	**si** sveglia
noi	**ci** svegliamo
voi	**vi** svegliate
loro	**si** svegliano

11 I VERBI RIFLESSIVI

I verbi riflessivi e i verbi reciproci

Quando il verbo riflessivo esprime un'azione tra due o più soggetti (un'azione reciproca) si chiama verbo "reciproco".

*Greta e Lucia **si raccontano** le novità.*

Greta racconta le novità a Lucia, Lucia racconta le novità a Greta.

verbi riflessivi			verbi reciproci	
addormentarsi	divertirsi	riposarsi	abbracciarsi	odiarsi
allenarsi	lavarsi	sedersi	aiutarsi	raccontarsi
alzarsi	organizzarsi	sentirsi	baciarsi	salutarsi
ammalarsi	pettinarsi	specchiarsi	incontrarsi	sposarsi
annoiarsi	preoccuparsi	svegliarsi	innamorarsi	vedersi
arrabbiarsi	ricordarsi	truccarsi	lasciarsi	
chiamarsi	rilassarsi	vestirsi		
dimenticarsi				

Esercizio 1.
Scegli l'azione corretta.

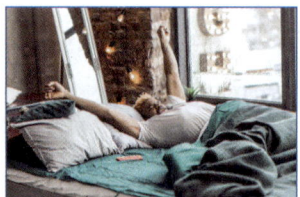   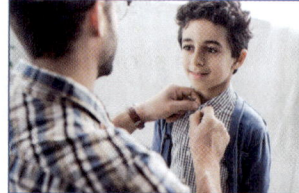

1. ☐ svegliare
   ☐ svegliarsi
2. ☐ lavare
   ☐ lavarsi
3. ☐ tagliare
   ☐ tagliarsi
4. ☐ vestire
   ☐ vestirsi

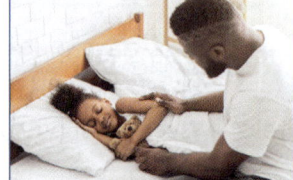 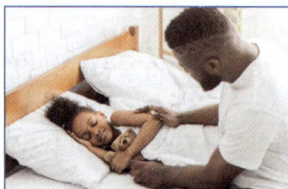  

5. ☐ tagliare
   ☐ tagliarsi
6. ☐ svegliare
   ☐ svegliarsi
7. ☐ vestire
   ☐ vestirsi
8. ☐ lavare
   ☐ lavarsi

Esercizio 2.
Sottolinea l'opzione corretta.

1. Gloria e Vanessa **divertono / si divertono** al parco giochi.
2. Carlo **sveglia / si sveglia** Roberta alle 7:00.
3. Ho mal di pancia, **mi sento / sento** male.
4. Cristina **si trucca / trucca** sua sorella per la festa.
5. Luca e Rosa, quando **sposate / vi sposate**?
6. Mia nonna non sente bene, **alza / si alza** il volume della tv al massimo!

I VERBI RIFLESSIVI 11

Esercizio 3.
Completa con il pronome riflessivo e l'infinito del verbo, come nell'esempio.

1. Io e Luigi _ci_ rilassiamo a casa la domenica.   _rilassarsi_
2. Cristina, ___ dimentichi sempre le chiavi!
3. ___ rilasso con la musica classica.
4. Tu e tua madre ___ arrabbiate sempre.
5. Gianni e Ludovico ___ incontrano al bar.
6. Giovanna ___ addormenta davanti alla tv.
7. Sig. Gentili, perché ___ preoccupa?
8. Io e Francesca ___ divertiamo quando siamo insieme.
9. Aldo, ___ ricordi l'appuntamento di oggi?

Esercizio 4.
Completa con il presente indicativo del verbo riflessivo.

1. Di solito Stefano e Carlo (*divertirsi*) _____ alle feste di compleanno.
2. Maria (*truccarsi*) _____ prima di andare al lavoro.
3. Loro (*incontrarsi*) _____ la domenica per giocare a calcio.
4. Noi (*svegliarsi*) _____ presto quando andiamo in montagna.
5. Lei (*sentirsi*) _____ meglio oggi.
6. Tu (*vestirsi*) _____ sempre bene!
7. Io (*chiamarsi*) _____ Marco, e tu?
8. Loro (*allenarsi*) _____ per la maratona.

Esercizio 5.
Leggi le frasi e sottolinea i verbi reciproci quando sono presenti.

1. Io e mia sorella ci aiutiamo sempre.
2. Caterina si scusa per il suo comportamento.
3. Luigi e Marta si abbracciano quando si vedono.
4. Mi sveglio presto ogni mattina e mi preparo per la giornata.
5. Io e il mio migliore amico ci raccontiamo sempre le novità.
6. Ci divertiamo quando usciamo insieme.
7. I bambini si salutano quando escono da scuola.

11 I VERBI RIFLESSIVI

Esercizio 6.
Completa il dialogo con la forma corretta dei verbi della lista al presente.

Dal dottore...

> chiamarsi • sedersi

- ▶ Buongiorno, come _____?
- ● Buongiorno, _____ Benedetta Greco.
- ▶ Benvenuta, Sig.ra Greco. Il dottore arriva subito.
- ● Va bene, _____ qui e aspetto.

Due amici al telefono...

> ricordarsi • vedersi • cambiarsi

- ● Pronto?
- ▶ Ciao Chiara, sono Matteo.
- ● Ciao Matteo, come va?
- ▶ Tutto bene, grazie. Senti, domani è il mio compleanno, _____?
- ● Certo che _____!
- ▶ Bene, allora _____ alle 18:00 per l'aperitivo?
- ● Sì, forse arrivo 10 minuti in ritardo. Esco dall'ufficio, torno a casa, _____ e arrivo.

Esercizio 7.
Completa le descrizioni delle giornate con il presente dei verbi a destra (non sono in ordine).

a. La mattina Gianluca _____ presto. Fa il giornalista, lavora a casa. Dopo la colazione _____ alla sua scrivania e scrive un articolo. Dopo la pausa pranzo, corregge l'articolo. La sera _____ davanti alla tv.

> sedersi
> rilassarsi
> svegliarsi

b. Veronica fa la biologa marina. Tutte le mattine _____ la tuta da sub e _____ nel mare. Nel pomeriggio Veronica studia con Teresa, sua amica e collega. La sera Veronica e Teresa tornano a casa e _____ con gli amici per cenare insieme.

> vedersi
> immergersi
> mettersi

c. Fabio è un agente immobiliare, vende case e appartamenti. Lavora in ufficio con il suo collega Franco, loro _____ spesso. Nel pomeriggio Fabio e Franco _____ con i clienti. Dopo il lavoro Fabio _____ in palestra.

> incontrarsi
> allenarsi
> aiutarsi

Ora racconta la tua giornata tipo con i verbi riflessivi.

La mattina... _____

Nel pomeriggio... _____

La sera... _____

I VERBI RIFLESSIVI 11

I verbi riflessivi con i verbi modali

Quando c'è un verbo modale nella frase, la posizione dei pronomi riflessivi è flessibile.

Mi voglio rilassare. • Voglio rilassar**mi**.
Ti devi godere la vacanza. • Devi goder**ti** la vacanza.
Signora, **si** può sedere qui. • Signora, può seder**si** qui.

Esercizio 8.
Completa le frasi con il presente dei verbi. Attenzione: per ogni frase sono possibili due soluzioni, come nell'esempio.

1. Anna (*volere / rilassarsi*) _si vuole rilassare / vuole rilassarsi_ a casa.
2. Dario e Alberto (*dovere / vedersi*) _____ per parlare del viaggio.
3. Mara (*dovere / svegliarsi*) _____ presto domani.
4. Raffaele, non (*potere / riposarsi*) _____ adesso, dobbiamo finire il lavoro.
5. Io e Laura non (*potere / ammalarsi*) _____ prima di partire.
6. Tu e Viviana (*dovere / vestirsi*) _____ in fretta, siamo in ritardo!
7. Signore, (*potere / sedersi*) _____ qui.
8. Riccardo e Giorgia (*volere / sposarsi*) _____ a maggio.

Esercizio 9.
Completa il dialogo con il presente dei verbi della lista.

| volere • vestirsi (x2) • divertirsi • dimenticarsi • potere • incontrarsi • organizzarsi • ricordarsi (x2) |

● Allora come _____ per andare al concerto domenica?
▶ È vero, il concerto! Tu _____ sempre tutto.
● E invece tu _____ sempre tutto, secondo me sei troppo stressata.
▶ Sì, lavoro troppo. Allora, come andiamo allo Stadio Olimpico?
● Propongo di andare in tram. E poi (*noi*) _____ con Enrico a Piazzale Flaminio.
▶ Ok.
● Ma tu come _____?
▶ Maglietta, pantaloncini e scarpe da ginnastica. Perché, tu come _____?
● Giacca, camicia e pantaloni lunghi?
▶ Ma no! Fa caldo! E poi non andiamo a un concerto di musica classica!
● Ok. Vengono anche Tommaso e Barbara, _____?
▶ Ah, bene. Siamo un bel gruppo, _____ sicuramente!

12. STARE + GERUNDIO E STARE PER

Leggi il dialogo e osserva i verbi **evidenziati**.

La mattina
- ▶ Pronto?
- ● Buongiorno Letizia, sono Cristina.
- ▶ Ciao Cristina! Come stai?
- ● Tutto bene e tu?
- ▶ Non c'è male.
- ● Senti, che cosa **stai facendo**? Hai un momento libero?
- ▶ In realtà **sto lavorando**. Possiamo sentirci oggi pomeriggio?
- ● Va bene, aspetto la tua chiamata.

Il pomeriggio
- ● Pronto?
- ▶ Ciao Cristina, sono Letizia. Adesso sono libera, di che cosa hai bisogno?
- ● Ciao Letizia, grazie per la chiamata, ma adesso non posso parlare, **sto per** uscire.
- ▶ **Stai per** uscire? Va bene... Ci sentiamo domani, allora.
- ● Sì, ci sentiamo domani!

I verbi **evidenziati** sono forme del verbo **stare**.

Il verbo **stare** è usato in due strutture molto utili per la conversazione quotidiana e per specificare un momento preciso dell'azione:

STARE + gerundio (presente progressivo) azione che avviene nel momento esatto	Che cosa **stai facendo**? **Sto lavorando**.
STARE PER + infinito azione che inizia tra poco tempo	**Sto per** uscire.

STARE + gerundio (presente progressivo)

Il presente progressivo esprime un'azione che avviene nel momento esatto.

***Stanno guardando** la tv.*

STARE + GERUNDIO E STARE PER | 12

Il presente progressivo si forma con il presente indicativo del verbo **stare + il gerundio** del verbo dell'azione.

	STARE
io	sto
tu	stai
lui / lei / Lei	sta
noi	stiamo
voi	state
loro	stanno

+

GERUNDIO

facendo (fare)
andando (andare)
guardando (guardare)
scrivendo (scrivere)
finendo (finire)

Come formare il **gerundio** di un verbo?

verbi in -are	infinito *guardare* → guard + **ando** = *guardando*
verbi in -ere	infinito *scrivere* → scriv + **endo** = *scrivendo*
verbi in -ire	infinito *finire* → fin + **endo** = *finendo*

Per formare il gerundio di *bere, fare, dire*:

bere	prima persona singolare *bevo* → bev + **endo** = *bevendo*
fare	prima persona singolare *faccio* → fac + **endo** = *facendo*
dire	prima persona singolare *dico* → dic + **endo** = *dicendo*

Esercizio 1.
Abbina le frasi alle immagini.

a.
b.
c.
d.
e.
f.

1. Gabriele sta camminando. ☐
2. Mario e Carlotta stanno parlando. ☐
3. Michela sta cucinando. ☐
4. Matteo sta leggendo. ☐
5. Dario e Vittoria stanno studiando. ☐
6. Marcello si sta riposando. ☐

12 STARE + GERUNDIO E STARE PER

Esercizio 2.
Forma il gerundio dei verbi.

1. (*visitare*) Il dottore sta _____ un paziente.
2. (*memorizzare*) L'attrice sta _____ la sua parte.
3. (*servire*) Il cameriere sta _____ i clienti.
4. (*vendere*) La commessa sta _____ una maglietta.
5. (*tagliare*) La cuoca sta _____ le verdure.
6. (*sistemare*) La bibliotecaria sta _____ i libri

Esercizio 3.
Completa le frasi con la forma corretta del presente progressivo.

1. (*Io – Fare*) _____ colazione.
2. (*Gianluca e i suoi amici – Giocare*) _____ a calcio.
3. (*Veronica – Leggere*) _____ un romanzo interessante.
4. (*Io e Ginevra – Andare*) _____ al cinema.
5. (*Tu – Ascoltare*) _____ la mia canzone preferita!
6. (*Anna e Luca – Preparare*) _____ la cena.
7. Che cosa (*tu e Carlo – studiare*) _____?
8. (*Loro – Costruire*) _____ una nuova casa qui vicino.
9. ● (*Voi – Seguire*) _____ la lezione?
   ▶ Certo, professore!
10. Che caldo, (*io – sudare*) _____!

Esercizio 4.
Che cosa stanno facendo? Scegli il verbo corretto e completa le frasi con il presente progressivo.

> dire "buon anno" a tutti • spegnere le candeline sulla torta • aprire le uova di cioccolato
> fare l'albero • festeggiare il Ferragosto • riempire le calze di dolci

1. È la mattina di Pasqua: i bambini _____!
2. È il 15 agosto: gli italiani _____!
3. È il suo compleanno: Sandra _____!
4. È Natale: io e la mia famiglia _____!
5. È il 31 dicembre: voi _____!
6. È la notte del 6 gennaio: la Befana _____!

> **Chi è la Befana?**
> La notte del 6 gennaio, giorno dell'Epifania, una vecchia signora su una scopa porta i regali ai bambini: è la Befana! Riempie le calze dei bambini bravi con i dolci e quelle dei bambini cattivi con il carbone.

STARE + GERUNDIO E STARE PER

Esercizio 5.
Completa il testo con i verbi della lista al presente progressivo, come nell'esempio.

> ballare • bere • f̶a̶r̶e̶ • guidare • aspettare • ascoltare • scrivere • rilassarsi

Care ascoltatrici e cari ascoltatori, che cosa __state facendo__ ?
Aspetto i vostri messaggi vocali, sono curiosa! Ma ora è il momento di una bella canzone, il nuovo singolo di Annalisa.
Buon ascolto! 🎵 🎵 🎵
Siamo di nuovo in onda e ora è il momento dei vostri messaggi vocali! Ascoltiamo:

1. Ciao! _____ il treno per tornare a casa. Sono un po' stanca, ma la tua trasmissione è divertente, così non mi addormento.

2. Ciao a tutti! Io _____ un bel tè caldo e _____ una lista di cose da fare oggi. Con la tua trasmissione in sottofondo!

3. Ciao! Ascolto la tua trasmissione quando sono in macchina. Infatti, adesso _____ nel traffico!

4. Ciao! Sono una tua grande ammiratrice! Adesso _____ la tua trasmissione e _____ sulla mia poltrona!

5. Ciao a tutti! Sono Melissa, seguo sempre la tua trasmissione. In questo momento _____ con le tue canzoni!

STARE PER + infinito

La forma **stare per + infinito** esprime un'azione che inizia tra poco.

Sto per uscire.

Esco.

Si forma con il presente indicativo del verbo **stare + per + infinito**.

	STARE		INFINITO
io	sto		
tu	stai		
lui / lei / Lei	sta	**per**	guardare
noi	stiamo		scrivere
voi	state		finire
loro	stanno		

STARE + GERUNDIO E STARE PER

Esercizio 6.
Completa con la forma corretta del verbo **stare**.

1. Martina _____ per uscire, tu vai con lei?
2. L'autobus _____ per partire!
3. Io e Giorgio _____ per andare al cinema, voi venite con noi?
4. Quante nuvole! _____ per piovere.
5. Rebecca e Diana _____ per prendere l'aereo.
6. Sono le 18:45, il sole _____ per tramontare.

Esercizio 7.
Che cosa sta per succedere? Collega le frasi, come nell'esempio.

1. Il telefono sta squillando,
2. Il capotreno sta fischiando,
3. Il sole sta sorgendo,
4. L'allarme della gioielleria sta suonando,
5. Luisa sta scrivendo l'ultima risposta,
6. Guido si sta sentendo male,
7. La cantante sta scaldando la voce,
8. Maria sta scolando la pasta,

a. il giorno sta per iniziare.
b. la polizia sta per arrivare.
c. lei sta per finire l'esame.
d. il treno sta per partire.
e. lei e sua figlia stanno per cenare.
f. lei sta per iniziare il concerto.
g. Cristina sta per rispondere.
h. sua moglie sta per chiamare l'ambulanza.

Esercizio 8.
Descrivi le immagini, che cosa **sta per** succedere?

entrare • fare • parcheggiare • pranzare • prendere • suonare

1. Martina inserisce la chiave nella serratura.
   Lei _____ in casa.
2. Daria trova un posto libero.
   Lei _____ la sua macchina.
3. Marina scola la pasta.
   Lei _____.

4. Sono le 6:59.
   La sveglia _____.
5. La moka è pronta.
   Luca _____ il caffè.
6. La vasca è piena.
   Anna _____ un bagno rilassante.

STARE + GERUNDIO E STARE PER — 12

Esercizio 9.
Sottolinea l'opzione corretta.

È il 31 dicembre e la festa di Capodanno di Giulia è un successo: gli invitati **stanno per ballare / stanno ballando** e **stanno per chiacchierare / stanno chiacchierando**...
Insomma, **si stanno per divertire / si stanno divertendo**! Giulia è soddisfatta.
Sono le 23:59, mancano pochi secondi alla mezzanotte: **sta per cominciare / sta cominciando** il nuovo anno!
Ora Giulia e i suoi amici **stanno per fare / stanno facendo** il conto alla rovescia: 10, 9, 8, 7... Matteo, un amico di Giulia, **sta per aprire / sta aprendo** la bottiglia di spumante...
Ancora pochi secondi: 3, 2, 1, 0!
È mezzanotte: i festeggiamenti continuano!

Esercizio 10.
Riscrivi le frasi con **stare + gerundio** o **stare per + infinito**, come nell'esempio.

1. Corrado telefona a Ginevra tra poco.
   Corrado sta per telefonare a Ginevra.

2. In questo momento leggo un romanzo.

3. Roberto è al bar, tra poco beve un caffè.

4. ▶ Ciao, possiamo parlare?
   ● In questo momento no, preparo la cena.

5. In questo momento Anna si prepara, tra poco esce.

6. Mario non sente il telefono, in questo momento dorme.

7. In questo momento faccio la spesa.

8. ▶ Che cosa fate in questo momento?
   ● In questo momento io guardo la tv, i miei figli vanno a dormire tra poco.

9. Tra poco Angelica finisce il suo progetto.

Puoi usare il verbo **stare** non solo con il presente, ma anche con altri tempi verbali.
Nei prossimi capitoli stai per studiare il passato prossimo, il futuro, l'imperfetto...
Ma attenzione: puoi usare la costruzione **stare + gerundio** solo con i tempi semplici (per esempio, presente, futuro, imperfetto) e non con i tempi composti (per esempio, passato prossimo).

☑ Ieri sera *stavo dormendo* quando hai telefonato. (imperfetto → **SÌ**)
☒ Ieri *sono stato lavorando* tutto il giorno. (**passato** prossimo → **NO**)

audio 13

13. LE PREPOSIZIONI DI LUOGO: A, IN, DA, PER

Leggi e osserva le parole **evidenziate**.

video 13

- Ciao Stefano!
▶ Ciao Bridget, che fai oggi?
- Faccio una passeggiata **per** il centro!
▶ Ah, vai **in** centro? Ma fa caldo!
- Non è un problema, ho il pomeriggio libero e voglio andare **a** vedere il Pantheon, poi voglio andare **a** Piazza Navona e **a** Castel Sant'Angelo. Infine mi siedo **in** un bar e bevo una bibita fresca.
▶ Allora, buona passeggiata! Io torno **a** casa.

Le parole **evidenziate** sono **preposizioni di luogo**.

Preposizioni per comunicare → una posizione

abitare essere restare rimanere soggiornare stare trovarsi vivere ...	**a**	nomi di **città**	*Carlotta abita **a** Roma.*
		nomi di **isole piccole**	*Franco vive **a** Capri.*
		luoghi generici: *casa, scuola*	*Debora è **a** scuola.*
	in	nomi di **isole grandi**	*Carla soggiorna **in** Corsica.*
		nomi di **continenti** nomi di **Paesi / stati / nazioni**	*Thomas vive **in** Africa. Carlotta abita **in** Italia.*
		nomi di **regioni**	*Franco vive **in** Campania.*
		luoghi che terminano in *-teca*	*Debora studia **in** biblioteca.*
		luoghi che terminano in *-eria*	*Cristina si trova **in** libreria.*
		altri luoghi generici: *chiesa, ufficio, palestra, montagna, banca,* ecc.	*Marco vive **in** centro. Manuela resta **in** albergo.*
	da	nomi di **persona**	*Dove sei? Sono **da** Caterina.*
		nomi di **familiari**	*Gina dorme **da** sua nonna.*
		pronomi **personali**	*Stai **da** me o **da** lui?*

LE PREPOSIZIONI DI LUOGO: A, IN, DA, PER — 13

Esercizio 1.
Sottolinea la preposizione corretta: **a**, **in** o **da**?

1. Mia zia abita **a / in / da** Ladispoli, una piccola città vicino al mare.
2. Chiara resta **a / in / da** sua cugina stasera.
3. Per la mia vacanza **a / in / da** Grecia soggiorno **a / in / da** albergo.
4. Preferisci vivere **a / in / da** città o **a / in / da** montagna?
5. Ora vivo **a / in / da** periferia, ma vorrei vivere **a / in / da** centro.
6. Stefano si trova **a / in / da** Milano per lavoro.
7. ● Sapete dove abita Aldo?
   ▶ Sì, abita **a / in / da** Catania.
8. ● Assunta, dove sei?
   ▶ Sono **a / in / da** ufficio.

Esercizio 2.
Laura non trova i suoi amici. Dove sono? Completa le frasi in base alle informazioni e con le preposizioni corrette: **a**, **in** o **da**?

1. Vanessa si trova _____.
   Sta pregando.

2. John è _____.
   Sta visitando la città.

3. Carla è _____.
   Si sta allenando.

4. Agnese si trova _____.
   Sta comprando un collirio.

5. Federica si trova _____ Marta. Stanno facendo i compiti.

6. Greta e Ilaria sono _____.
   Stanno scegliendo una bottiglia di vino.

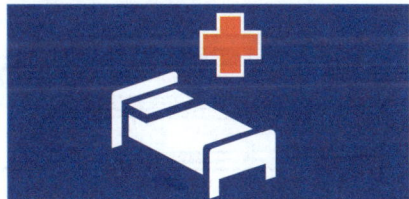

7. Francesco si trova _____.
   Si sente male.

8. Tommaso si trova _____.
   Sta per prendere l'aereo.

13 LE PREPOSIZIONI DI LUOGO: A, IN, DA, PER

Preposizioni per comunicare → un movimento verso un luogo

andare arrivare correre entrare tornare trasferirsi …	a	nomi di **città**	Carlotta va **a** Parigi.
		nomi di **isole piccole**	Franco arriva **a** Ischia.
		luoghi generici: *casa, scuola*	Debora corre **a** casa.
	in	nomi di **isole grandi**	Luca si trasferisce **in** Corsica.
		nomi di **continenti** nomi di **Paesi / stati / nazioni** nomi di **regioni**	Carlotta torna **in** Europa. Jane viene **in** Italia. Andiamo **in** Puglia.
		luoghi che terminano in *-teca*	Debora entra **in** biblioteca.
		luoghi che terminano in *-eria*	Cristina va **in** pescheria.
		altri luoghi generici: *chiesa, ufficio, palestra, montagna, banca,* ecc.	Marco arriva **in** palestra.
	da	nomi di **persona**	Vado **da** Sara dopo scuola.
		nomi di **familiari**	Corro **da** mia nonna!
		pronomi **personali**	Vieni **da** noi stasera?

Esercizio 3.
Sottolinea la preposizione corretta: **a**, **in** o **da**?

1. Tua cugina va **a / in / da** Toscana per le vacanze estive.
2. Gianluca e Rosa tornano **a / in / da** casa dalle vacanze stasera.
3. Gaetano va **a / in / da** montagna per Natale.
4. Valeria corre **a / in / da** ospedale, sua zia sta male.
5. Rita e Roberta stanno andando **a / in / da** centro per passeggiare.
6. Vado **a / in / da** ufficio, torno **a / in / da** casa dopo pranzo.
7. Vieni a cena **a / in / da** me o vai **a / in / da** pizzeria con Matteo?
8. ▶ Aldo, che stai facendo?
   ● Sto per entrare **a / in / da** biblioteca, ci sentiamo dopo.

LE PREPOSIZIONI DI LUOGO: A, IN, DA, PER   13

Esercizio 4.
Abbina i luoghi alle immagini e completa le frasi con le preposizioni corrette, come nell'esempio.
Dove stanno andando queste persone?

banca • biblioteca • gelateria • ~~Roma~~ • montagna • pasticceria • scuola • stazione

1. Louise è in Italia. Questa mattina sta andando ___a Roma___.

2. Francesca vuole fare un'escursione. Sta andando _____.

3. Roberto vuole un gelato. Sta andando _____.

4. Guido è in ritardo. Sta andando _____.

5. Gianni vuole aprire un conto. Sta entrando _____.

6. Marina sta viaggiando. Il treno sta per arrivare _____.

7. Sara ha fame. Sta facendo la fila _____.

8. Federica vuole prendere un libro in prestito. Sta entrando _____.

13 LE PREPOSIZIONI DI LUOGO: A, IN, DA, PER

Altre strutture utili

partire		per	destinazione	*Parto **per** Stoccolma.* *Parto **per** l'Asia.*
venire uscire tornare arrivare		da	provenienza	*Vengo **da** Venezia.* *Esco **da** scuola.* *Torno **da** Milano lunedì.*
passare camminare		per	attraversare un luogo	*Il fiume Tevere passa **per** il centro di Roma.* *Greta cammina **per** il parco.*
essere		di	provenienza	*John è **di** Londra.* *Carmelo è **di** Palermo.*

Esercizio 5.
Scegli l'opzione corretta, come nell'esempio.

1. John viene **da** Londra.
   a. ☑ provenienza
   b. ☐ destinazione
   c. ☐ attraversare un luogo

2. Passo **per** il centro per tornare a casa.
   a. ☐ provenienza
   b. ☐ destinazione
   c. ☐ attraversare un luogo

3. Domani parto **per** la Svezia.
   a. ☐ provenienza
   b. ☐ destinazione
   c. ☐ attraversare un luogo

4. ▶ **Da** dove arrivi?
   ● Da Bari!
   a. ☐ provenienza
   b. ☐ destinazione
   c. ☐ attraversare un luogo

5. Vengo **da** casa di Luca.
   a. ☐ provenienza
   b. ☐ destinazione
   c. ☐ attraversare un luogo

6. Anche noi siamo **di** Roma!
   a. ☐ provenienza
   b. ☐ destinazione
   c. ☐ attraversare un luogo

7. Sono pugliese, **di** Lecce.
   a. ☐ provenienza
   b. ☐ destinazione
   c. ☐ attraversare un luogo

8. ▶ Dove andate?
   ● Partiamo **per** il Giappone!
   a. ☐ provenienza
   b. ☐ destinazione
   c. ☐ attraversare un luogo

LE PREPOSIZIONI DI LUOGO: A, IN, DA, PER   13

Esercizio 6.
Completa la tabella, come nell'esempio.

	posizione	destinazione	provenienza
1. Vado **a** casa di Giovanna.	☐	☑	☐
2. Claudia e Luisa sono **a** scuola.	☐	☐	☐
3. L'aereo parte **da** Roma.	☐	☐	☐
4. L'aereo arriva **a** Milano.	☐	☐	☐
5. Io e Tommaso restiamo **da** Carlo.	☐	☐	☐
6. Sto andando **in** palestra.	☐	☐	☐
7. John e Cristina vanno **da** Susanna.	☐	☐	☐
8. **Di** dov'è Janet?	☐	☐	☐
9. Giuseppe sta lavorando **in** ufficio.	☐	☐	☐
10. Carmela torna **a** Palermo per le vacanze.	☐	☐	☐
11. La nuova studentessa arriva **da** Tokyo.	☐	☐	☐
12. Orlando sta cenando **in** pizzeria.	☐	☐	☐
13. Emanuela e Federica sono **di** Torino.	☐	☐	☐

Esercizio 7.
Crea delle frasi con le preposizioni, come nell'esempio.

1. Flora | camminare | il centro | tutte le mattine. _Flora cammina per il centro tutte le mattine._
2. I miei amici | trovarsi | Bali in vacanza. _____
3. Io e Giovanna | allenarsi | palestra. _____
4. Stefano, | partire | il Giappone? _____
5. Tu e Cecilia | uscire | scuola tardi. _____
6. Io | tornare | casa alle 21:00. _____
7. La signora Verdi | andare | chiesa la domenica. _____

Esercizio 8.
Completa il dialogo con le preposizioni corrette, come nell'esempio.

Antonio e Dario parlano dei loro programmi per le vacanze.

▶ Ciao Dario! Tutto bene?
● Ciao Antonio! Tutto bene, grazie. E tu come stai?
▶ Sto bene! Sono _in_ vacanza!
● Che bello! Resti ___ città o parti?
▶ Parto, vado ___ Sicilia. Non vedo l'ora! Sto ___ Michele, un mio vecchio amico.
● Ah sì, mi ricordo, il tuo amico ___ Ragusa?
▶ Sì, esatto. Lui abita ___ campagna, ha una casa grande e bella! Resto lì quattro giorni.
● E poi? Torni ___ casa?
▶ No, poi parto ___ Taormina. ___ Taormina incontro Giorgia, la mia fidanzata.
● Che bello!
▶ E tu che fai quest'estate?
● Quest'estate vado ___ Australia. Vado a trovare i miei zii, resto ___ loro dieci giorni. E poi torno qui ___ Roma.
▶ È un bel programma. Allora, buone vacanze!
● Grazie, anche a te!

14. I PRONOMI DIRETTI

Leggi e osserva le parole **evidenziate**.

- Che cosa stai mangiando?
- La torta di mia nonna.
- Sembra buona!
- **La** vuoi assaggiare?
- Sì, grazie.
- Vuoi anche un caffè?
- Volentieri!
- Come **lo** prendi, con o senza zucchero?
- Senza zucchero, grazie.

Le parole **evidenziate** sono **pronomi diretti**.

Usiamo i **pronomi diretti** per non ripetere le stesse parole più volte.

Vuoi assaggiare la torta? → ***La** vuoi assaggiare?* (**la** = la torta)

Come prendi il caffè, con o senza zucchero? → *Come **lo** prendi, con o senza zucchero?* (**lo** = il caffè)

I **pronomi diretti** vanno prima del verbo coniugato e hanno il genere e il numero del nome che sostituiscono. Usiamo i pronomi diretti con i verbi transitivi (verbi che rispondono alla domanda: CHI? CHE COSA?).

PRONOMI DIRETTI	
mi	*Gianni chiama (CHI?) me.* → *Gianni **mi** chiama.*
ti	*Ciao, io conosco (CHI?) te!* → *Ciao, io **ti** conosco!*
lo / la	*Lucia ama (CHI?) suo marito.* → *Lucia **lo** ama.* *Leggo (CHE COSA?) la lettera.* → ***La** leggo.*
ci	*Kevin aiuta (CHI?) noi.* → *Kevin **ci** aiuta.*
vi	*Marta porta (CHI?) voi a scuola.* → *Marta **vi** porta a scuola.*
li / le	*Io e Marco compriamo (CHE COSA?) gli occhiali.* → *Io e Marco **li** compriamo.* *Martin visita (CHE COSA?) le città italiane.* → *Martin **le** visita.*

I PRONOMI DIRETTI 14

Esercizio 1.
Abbina le frasi alle immagini.

1. i miei amici

2. noi

3. le ciliegie

4. voi

5. il caffè

6. la signora Rosa

a. Lo bevo a colazione. ☐
b. Li invito alla mia festa. ☐
c. Le mangio in estate. ☐
d. Vi abbraccio forte! ☐
e. La vedo spesso al parco. ☐
f. Carla ci aiuta con il progetto. ☐

Esercizio 2.
Leggi le frasi, che cosa sostituisce il **pronome**? Sottolinea, come nell'esempio.

1. Sto preparando <u>un panino,</u> **lo** vuoi anche tu?
2. ● Perché non inviti Roberta e Clara alla cena?
   ▶ Perché non **le** conosco bene.
3. ● Vado al bar e prendo una bibita fresca. **La** vuoi anche tu?
   ▶ Sì, grazie!
4. ● C'è Dario laggiù!
   ▶ Dove? Non **lo** vedo.
5. Secondo Diana, tu e Cinzia siete maleducati: lei **vi** saluta sempre, ma voi non **la** salutate mai!
6. Ciao zia, quanto tempo! Siamo noi, Ugo e Pino, i tuoi nipoti! **Ci** riconosci?
7. Se tu sei in difficoltà, io **ti** aiuto.

14 I PRONOMI DIRETTI

Esercizio 3.
Scegli la risposta corretta.

1. Anna, quando porti fuori il tuo cane?
   a. ☐ La porto fuori la sera.
   b. ☐ Lo porto fuori la sera.
   c. ☐ Le porto fuori la sera.

2. Chi controlla le e-mail?
   a. ☐ Li controllo io.
   b. ☐ Le controllo io.
   c. ☐ La controllo io.

3. Mi aiuti, per favore?
   a. ☐ Sì, mi aiuto.
   b. ☐ Sì, ti aiuto.
   c. ☐ Sì, ci aiuto.

4. Scegliete voi i fiori per Maria?
   a. ☐ No, li sceglie Sergio.
   b. ☐ No, le sceglie Sergio.
   c. ☐ No, la sceglie Sergio.

5. Chi porta me e Sara a casa?
   a. ☐ Vi porto io.
   b. ☐ Ci porto io.
   c. ☐ Le porto io.

6. Davide conosce te e Laura?
   a. ☐ Sì, vi conosce.
   b. ☐ Sì, ci conosce.
   c. ☐ Sì, le conosce.

Esercizio 4.
Completa con il pronome diretto.

1. Giovanna adora la pizza, ___ mangia ogni settimana.
2. Anna e Franco studiano l'inglese da anni, adesso ___ parlano bene!
3. L'insegnante raccoglie gli esami dei suoi studenti e ___ corregge con attenzione.
4. Stefania adora le canzoni romantiche, è contenta quando ___ sente alla radio!
5. Lorena si preoccupa troppo per me, ___ chiama ogni giorno!
6. Carolina e Giorgio, ___ ringrazio per il regalo!
7. Lorenzo è molto affettuoso con noi, ___ abbraccia sempre.
8. Carlotta, basta capricci! ___ stanno guardando tutti.

Esercizio 5.
Trasforma le frasi con il pronome diretto, come nell'esempio.

1. Conosco Paolo molto bene!   *Lo conosco molto bene!*
2. Non guardo le serie tv.
3. Quel gatto segue me e Laura nel parco.
4. Carlo non conosce la mamma di Chiara.
5. Marco fa i compiti la sera.
6. Luca, conosci Alessio e Mattia?
7. Io e Gaia salutiamo sempre te e Rachele.
8. Ginevra perde sempre le sue chiavi.

La posizione dei pronomi diretti

La posizione dei **pronomi diretti** è flessibile quando nella frase c'è un verbo modale o il verbo **sapere**. Ci sono due opzioni.

▶ *Vuoi assaggiare la torta al cioccolato?*
• Sì, **la** voglio assaggiare.
• Sì, voglio assaggiar**la**.

▶ *Chi può chiamare Cristina?*
• **La** posso chiamare io.
• Posso chiamar**la** io.

▶ *Sai suonare il pianoforte?*
• No, non **lo** so suonare.
• No, non so suonar**lo**.

▶ *Abbiamo il pane?*
• No, **lo** dobbiamo comprare.
• No, dobbiamo comprar**lo**.

I PRONOMI DIRETTI 14

Esercizio 6.
C'è un errore in ogni dialogo, sottolinea e correggi l'errore.

dialogo 1
- Devo organizzare la mia festa di compleanno.
- La organizzi tu?
- Certo!
- Ma tu non hai mai tempo, può la organizzare Federico.
- No, voglio organizzarla io. È divertente! Invito tutti i miei amici.
- Anche quelli dell'università?
- Sì, stai tranquilla, invito anche Mattia!

dialogo 2
- Non uso più questo orologio, lo regalo a mio cugino.
- Perché vuoi regalarlo a lui?
- Perché so che ha bisogno di un orologio nuovo... Lo vuoi tu?
- No, no! Puoi lo regalare a lui!

dialogo 3
- Preparo i pomodori al riso per pranzo, va bene?
- Non posso mangiarli, sono allergico ai pomodori.
- Allora preparo le zucchine ripiene di carne, puoi le mangiare?
- Sì, adoro le zucchine ripiene!

Esercizio 7.
Sottolinea l'opzione giusta.

🔊 audio 14

Carla decide di fare una passeggiata al parco. Dopo poco tempo inizia a piovere, ma per fortuna ha l'ombrello. Sotto un albero vede un gatto che ha freddo. "MIAO", fa il gatto. Carla si avvicina e **mi / lo** chiama: "Micio, micio!". Il gatto **lo / la** guarda. "Perché **mi / ti** guardi così? Io **ti / lo** voglio aiutare!" dice Carla. Il gatto corre e si nasconde in un cespuglio, allora Carla continua a camminare. Dopo 10 minuti vede che il gatto **mi / la** sta seguendo. "Voglio **lo portare / portarlo** a casa", pensa Carla. A casa lei ha già due gatti che **la / li** aspettano. Arriva la sera e Lorenzo, il suo ragazzo, torna a casa. Carla e i gatti sono sul divano, Lorenzo **lo / la** saluta e **lo / la** bacia. "Ciao amore, come stai?", chiede Carla. "Bene, ma sono stanco. I miei colleghi di lavoro sono antipatici, non **li / ti** sopporto!", risponde Lorenzo e poi esclama: "Eh sì, sono proprio stanco, vedo tre gatti!". "Sei stanco ma vedi bene: sono proprio tre gatti...", dice Carla.

La parola **micio** (m.), **micia** (f.) è un modo affettuoso per attirare l'attenzione di un gatto o una gatta.

14 I PRONOMI DIRETTI

Come fanno gli animali in italiano?

il gatto miagola (*miagolare*), fa *miao*

il cane abbaia (*abbaiare*), fa *bau*

la mucca muggisce (*muggire*), fa *muuu*

la pecora bela (*belare*), fa *bèè*

il gallo canta (*cantare*), fa *chicchirichì*

la gallina chioccia (*chiocciare*), fa *coccodè*

l'asino raglia (*ragliare*), fa *ih oh*

la rana gracida (*gracidare*), fa *cra cra*

il cavallo nitrisce (*nitrire*), fa *iiih*

Esercizio 8.
Susanna e Arianna stanno partendo per fare una gita a Villa d'Este, a Tivoli.
Completa il dialogo con i pronomi diretti.

In stazione.
SUSANNA   Ciao Aurora, ___ chiamo perché il nostro treno sta per partire... Io sono al binario 4, tu dove sei?
AURORA   Sono in stazione, proprio al binario 4!
SUSANNA   Ma non ___ vedo!
AURORA   Ho una giacca verde! ___ vedi adesso?
SUSANNA   Ah sì, sei qui!

In treno.
AURORA   Viene anche Alessandro a Tivoli?
SUSANNA   Sì, ___ raggiunge lì.
AURORA   E i biglietti per visitare Villa d'Este?
SUSANNA   ___ compriamo alla biglietteria.
AURORA   Perché non ___ facciamo online?
SUSANNA   Buona idea, così saltiamo la fila.

A Villa d'Este.
AURORA   Ecco Alessandro!
ALESSANDRO   Ciao ragazze, come state?
SUSANNA   Che bella la tua macchina fotografica nuova!
ALESSANDRO   Grazie, ___ provo con voi! Siete pronte per fare delle foto?
AURORA   Poi ___ mandi anche a noi per mail?
ALESSANDRO   No, per mail no, voglio stampar___!

Villa d'Este a Tivoli è un esempio importante di architettura rinascimentale.
È famosa per il suo giardino all'italiana con tante fontane spettacolari.

15. I PRONOMI INDIRETTI

Leggi e osserva le parole **evidenziate**.

- Paolo, devi telefonare a tua zia, è il suo compleanno oggi!
- ▶ Non posso telefonar**le**, mi sto preparando per uscire.
- Per favore, sai che tua zia si offende per queste cose.
- ▶ **Le** mando un messaggio dopo.
- Lei **ti** vuole molto bene e tu non **le** fai neanche gli auguri di compleanno!

Le parole **evidenziate** sono **pronomi indiretti**.

Usiamo i **pronomi indiretti** per sostituire l'oggetto indiretto (introdotto dalla preposizione semplice A, risponde alla domanda A CHI?).

Non posso telefonare <u>a mia zia</u>. → Non posso telefonar**le**. (le = a mia zia)
Lei vuole molto bene <u>a te</u>. → Lei **ti** vuole molto bene. (ti = a te)

I **pronomi indiretti** si trovano prima del verbo coniugato e prendono il genere e il numero del nome che sostituiscono. Usiamo i pronomi indiretti con i verbi intransitivi (con un oggetto indiretto introdotto dalla preposizione semplice A):

PRONOMI INDIRETTI	
mi (a me)	Gianni vuole bene <u>a me</u>. → Gianni **mi** vuole bene.
ti (a te)	Posso chiedere una cosa <u>a te</u>? → **Ti** posso chiedere una cosa?
gli (a lui) **le** (a lei)	Roberto offre un caffè <u>a Carlo</u>. → Roberto **gli** offre un caffè. Lucia manda un messaggio <u>a Francesca</u>. → Lucia **le** manda un messaggio.
ci (a noi)	Kevin, quale film consigli <u>a me e Lara</u>? → Kevin, quale film **ci** consigli?
vi (a voi)	Oggi spiego <u>a voi</u> i pronomi indiretti. → Oggi **vi** spiego i pronomi indiretti.
gli (a loro)	Marco regala un viaggio <u>a Paolo e Giorgio</u>. → Marco **gli** regala un viaggio. Marco regala un viaggio <u>a Sara e Nina</u>. → Marco **gli** regala un viaggio. Marco regala un viaggio <u>a Paolo e Sara</u>. → Marco **gli** regala un viaggio.

15 I PRONOMI INDIRETTI

L'uso di loro

Nella lingua formale per la terza persona plurale possiamo usare **loro** al posto di **gli**.

> Marco regala un viaggio a Paolo e Giorgio. → Marco regala **loro** un viaggio.
> Marco regala un viaggio a Sara e Nina. → Marco regala **loro** un viaggio.
> Marco regala un viaggio a Paolo e Sara. → Marco regala **loro** un viaggio.

Osserva: mettiamo il pronome **loro** dopo il verbo.

Per il momento puoi studiare solo il pronome indiretto più informale **gli**.

Esercizio 1.
Che cosa sostituisce il **pronome indiretto**? Abbina le frasi, come nell'esempio.

1. Ginevra **le** scrive una lettera.
2. Riccardo **gli** spiega l'esercizio.
3. Il professore **gli** insegna la matematica.
4. Sabrina **ci** chiede un favore.
5. Ragazzi, **vi** domando scusa!
6. **Ti** telefoniamo domani.

a. a te
b. agli studenti
c. a Maria
d. a me e Marcello
e. a Luigi
f. a te e Luisa

Esercizio 2.
Sottolinea l'oggetto indiretto (A CHI?), poi scegli il pronome indiretto corretto, come nell'esempio.

1. Restituisco la penna a Carla.   **gli / le / Le**
2. Filippo mostra a me e Stefania le foto del viaggio.   **ci / le / gli**
3. Lucia offre sempre la cena a te e Roberta.   **le / ci / vi**
4. Tommaso e Veronica prestano 50 euro a Giovanni.   **ci / gli / le**
5. Signore, a Lei che cosa do?   **Le / vi / gli**
6. I genitori leggono una storia ai loro figli.   **gli / le / Le**

Ora scrivi le frasi con il pronome indiretto, come nell'esempio.

1. *Le restituisco la penna.*
2. _____
3. _____
4. _____
5. _____
6. _____

I PRONOMI INDIRETTI

Esercizio 3.
Abbina la domanda alla risposta, come nell'esempio.

1. Sei ancora in contatto con Raffaella?
2. Avete già le foto del vostro matrimonio?
3. Oggi è il compleanno delle tue zie, vero?
4. Che cosa regali a Simone per Natale?
5. A te interessa l'arte contemporanea?
6. È tutto il giorno che Maria non risponde a me e Laura, tu sai perché?

a. Forse vi sta facendo uno scherzo!
b. Non ancora, le ritiro dopodomani.
c. Gli prendo un pigiama, è sempre utile!
d. Sì, le telefono spesso.
e. Sì, infatti gli mando dei fiori!
f. Molto! Infatti i miei amici mi regalano sempre i biglietti per le mostre!

Esercizio 4.
Trasforma le frasi con il pronome indiretto, come nell'esempio.

1. Dico sempre a Lorenzo di venire da me! — *Gli dico sempre di venire da me!*
2. Spiego a te e Costanza perché non posso partire.
3. Io e Lucia regaliamo una maglietta a te.
4. Giada promette a sua figlia di guardare un film insieme.
5. Sto preparando una sorpresa alle mie nipoti.
6. Mauro, chiedo a te un favore!
7. I nuovi direttori offrono a me e Gino un'opportunità unica!
8. Sto per inviare a te l'e-mail.

La posizione dei pronomi indiretti

Come per i pronomi diretti, anche la posizione dei **pronomi indiretti** è flessibile quando nella frase c'è un verbo modale o il verbo **sapere**. Ci sono due opzioni:

Non posso telefonare a Giulia. → *Non **le** posso telefonare.* → *Non posso telefonar**le**.*	*Non dovete chiedere aiuto a Carla.* → *Non **le** dovete chiedere aiuto.* → *Non dovete chieder**le** aiuto.*
Non so consigliare a te un ristorante. → *Non **ti** so consigliare un ristorante.* → *Non so consigliar**ti** un ristorante.*	*Vogliamo regalare un libro a Luca.* → ***Gli** vogliamo regalare un libro.* → *Vogliamo regalar**gli** un libro.*

Esercizio 5.
Cancella l'intruso, come nell'esempio.

1. a. Voglio scriverti una lettera.
   b. Voglio scrivere ti una lettera.
   c. Ti voglio scrivere una lettera.
2. a. Mia sorella mi vuole parlare.
   b. Mia sorella vuole parlarmi.
   c. Mia sorella vuole mi parlare.
3. a. Non so spiegargli l'esercizio.
   b. Non gli so spiegare l'esercizio.
   c. Non so gli spiegare l'esercizio.
4. a. Dovete ci raccontare tutto!
   b. Ci dovete raccontare tutto!
   c. Dovete raccontarci tutto!
5. a. Laura può aiutare ci.
   b. Laura ci può aiutare.
   c. Laura può aiutarci.
6. a. Ti posso regalare un fiore?
   b. Posso regalarti un fiore?
   c. Posso ti regalare un fiore?

15 I PRONOMI INDIRETTI

Esercizio 6.
Completa i dialoghi con il pronome indiretto.

> mi (x2) • ti • le • ci • vi (x2)

dialogo 1
- Federica ___ chiede sempre consigli su dove mangiare in centro, ma non so mai che cosa posso consigliar___.
▶ Quel posto in via Cavour?
- Buona idea!

dialogo 2
- ___ presti il tuo zaino da viaggio, per favore?
▶ Non lo trovo più purtroppo. Stasera lo cerco meglio e ___ faccio sapere se lo trovo.
- Ok, grazie.

dialogo 3
- Ragazze, che cosa ___ regalo per il vostro compleanno?
▶ Niente!
■ Devi solo venire alla nostra festa!
- Non posso venire a mani vuote! ___ offro una cena!
▶ ___ sembra una bella idea, grazie! Siamo molto contente di andare a cena tutti e tre insieme.

Esercizio 7.
Il **pronome** è diretto o indiretto? Consiglio: osserva il verbo!

		diretto	indiretto
1.	Adoro queste scarpe, **le** indosso sempre!	☐	☐
2.	**Mi** puoi spiegare questo esercizio?	☐	☐
3.	**Mi** vedi? Sono qui!	☐	☐
4.	Pronto, Simona? Non **ti** sento!	☐	☐
5.	Un attimo, devo dar**vi** una cosa!	☐	☐
6.	Gianna e Riccardo? **Li** vedo sempre in palestra.	☐	☐
7.	Siamo preoccupati, **ci** telefoni appena puoi?	☐	☐
8.	Ludovica **ci** invita sempre a pranzo!	☐	☐
9.	Signora, **Le** chiedo di aspettare qui.	☐	☐
10.	Franco è maleducato con sua sorella, **le** risponde sempre male.	☐	☐
11.	**Gli** regalo una bottiglia di vino.	☐	☐
12.	Scusate, ma non **vi** conosco!	☐	☐

I PRONOMI INDIRETTI 15

Esercizio 8.
Completa il dialogo con le frasi della lista.

> lo provo • le adoro • mi sembra • posso prestarti • lo devo comprare • ti sta

- Che cosa ti metti per il matrimonio di Fabio?
- Forse quel vestito bianco con i fiori blu.
- Non _____ adatto, è bianco e tu non sei la sposa!
- Allora non ho un vestito, _____!
- _____ il mio vestito verde acqua, _____ bene, secondo me.
- _____ e poi decido. Per fortuna ho le scarpe, metto quelle nere con il tacco alto.
- Quelle _____!

Esercizio 9.
Scegli l'opzione corretta: **mi**, **ti**, **lo** o **gli**?

audio 15

- Pronto?
- Ciao Anna, sono Cecilia. Sai dov'è Riccardo? _____ chiamo, ma non _____ risponde.
- Ciao Cecilia! No, non _____ so. Perché _____ stai cercando?
- Dobbiamo finire la presentazione per il corso di economia. La consegna è domani.
- Perché non provi a chiamare Giacomo? Forse è con lui.
- Ok, provo a chiamar_____. _____ dai il suo numero, per favore?
- Certo, 335 2378654.
- Grazie!

Cecilia chiama Giacomo

- Ciao Giacomo, sono Cecilia, un'amica di Riccardo. Per caso è con te?
- Ciao Cecilia, piacere. No, _____ sto cercando anche io!
- Ah, bene... Quindi che facciamo? Continuiamo a telefonar_____?
- Eh sì... Chi la dura la vince!

Chi la dura la vince è un'espressione idiomatica.
Significa: chi non si arrende ottiene quello che vuole!

15 I PRONOMI INDIRETTI

Esercizio 10.
Completa con il pronome diretto o indiretto.

1. Nonna, Carolina non vuole dormire, ___ racconti una storia?
2. Sto cercando Silvia e Matteo, ma non ___ trovo.
3. Domani è il compleanno di Thomas, ___ faccio una sorpresa!
4. Franca adora il caffè, ___ beve senza latte né zucchero.
5. Abbiamo bisogno del tuo aiuto, ___ devi aiutare!
6. Se vedi Cristiana, ___ puoi dare questa lettera?
7. Maurizio e Silvana non sono in ufficio, ___ telefono ora!
8. ___ dico una cosa: sono stanca dei vostri litigi.
9. Il pacco è sul tavolo, ___ puoi spedire tu?
10. Vedi quelle ragazze con la giacca blu? Tu ___ conosci?

Esercizio 11.
Completa con il pronome diretto o indiretto.

LUDOVICO   Lavinia, ___ consigli un libro da leggere?
LAVINIA   Sto leggendo *La forma dell'acqua* di Andrea Camilleri, è molto bello. ___ conosci?
LUDOVICO   No, di che cosa parla?
LAVINIA   Parla del commissario Montalbano che indaga su un omicidio. ___ sto per finire!
LUDOVICO   ___ ringrazio. Ma nel frattempo che cosa posso leggere?
LAVINIA   A casa ho *Il nome della rosa* di Umberto Eco, è un romanzo storico e un giallo allo stesso tempo. ___ vuoi?
LUDOVICO   Sì, adoro i gialli, ___ leggo sempre volentieri!
LAVINIA   Aspetta, forse ___ sta leggendo mia sorella. Ora ___ chiamo per conferma.

La sorella di Lavinia non risponde.

LAVINIA   Mia sorella non ___ risponde.
LUDOVICO   Non è un problema, puoi controllare quando sei a casa.

Lavinia arriva a casa.

LAVINIA   Ciao Clara, sono a casa!
CLARA   Ciao, c'è anche Martina, stiamo studiando.
LAVINIA   Scusate, non ___ voglio disturbare. Clara, una domanda veloce: per caso stai leggendo *Il nome della rosa*?
CLARA   Vorrei, ma non ___ trovo.
LAVINIA   Deve essere qui per forza!
CLARA   Spero di sì, non posso mai leggere i nostri libri perché tu ___ dai ai tuoi amici.
LAVINIA   Tu fai la stessa cosa con i nostri vestiti!
MARTINA   Ragazze, faccio una tisana rilassante per tutte. ___ aspetto in cucina!

> Un **giallo** è un libro, un racconto o un film di genere poliziesco e d'investigazione. Il nome deriva dal colore delle copertine dei primi romanzi di questo genere. Chi scrive gialli è un o una giallista.

16. IL VERBO PIACERE

Leggi e osserva i verbi **evidenziati**.

- Ti **piace** la musica di Elisa?
- ▶ Sì, perché?
- Sabato c'è un suo concerto all'Auditorium, ti va di venire con me?
- ▶ Molto volentieri! Mi **piacciono** le sue canzoni.

I verbi **evidenziati** sono forme del verbo **piacere**.

Generalmente il verbo **piacere** si usa:

alla terza persona singolare con i nomi singolari	Ti **piace** la musica di Elisa?
alla terza persona plurale con i nomi plurali	Mi **piacciono** le sue canzoni.
alla terza persona singolare con i verbi all'infinito	Mi **piace** dormire.

Il verbo **piacere** si usa con i pronomi indiretti (risponde alla domanda A CHI?).

PRONOMI INDIRETTI	
mi (a me)	**Mi** piace il calcio. (= a me)
ti (a te)	**Ti** piace la musica classica? (= a te)
gli (a lui) le (a lei)	**Gli** piacciono i libri di storia. (= a lui) **Le** piace la pasta al pesto. (= a lei)
ci (a noi)	**Ci** piace la nostra città. (= a noi)
vi (a voi)	**Vi** piacciono i miei occhiali? (= a voi)
gli (a loro)	**Gli** piace ballare. (= a loro)

Osserva: l'ordine della frase con il verbo **piacere** è **oggetto indiretto + verbo + soggetto**.

16 IL VERBO PIACERE

Esercizio 1.
Abbina le frasi alle immagini.

1. a me e a Laura

2. a Cristina

3. a Mauro e Nicola

4. a Vittorio

5. a te e a Massimo

6. a me

a. Non mi piace fare spese online. ☐
b. Gli piace cucinare. ☐
c. Vi piacciono le ciambelle. ☐
d. Non gli piacciono i funghi. ☐
e. Le piacciono le piante. ☐
f. Ci piace nuotare. ☐

Esercizio 2.
Sottolinea l'opzione corretta.

1. Sara e Gino, vi **piace / piacciono** i film dell'orrore?
2. So che non ti **piace / piacciono** la musica classica.
3. Non ci **piace / piacciono** i vostri amici.
4. Sara è sportiva, le **piace / piacciono** correre.
5. Non mi **piace / piacciono** i tuoi stivali.
6. Devo fare un regalo a Marco e Gianna, gli **piace / piacciono** il vino?

IL VERBO PIACERE 16

Esercizio 3.
Completa con il presente del verbo **piacere** e i pronomi indiretti, come nell'esempio.

1. (*a mia madre*) ___Le piace___ guardare la tv.
2. (*a me*) Non _____ le persone maleducate.
3. (*a Roberta*) _____ disegnare?
4. (*a Mario*) Non _____ i cibi piccanti.
5. (*a me e a Giulia*) _____ giocare a carte.
6. (*a te e a Guido*) _____ il mio nuovo appartamento?
7. (*a Laura e a Nino*) Non _____ viaggiare.
8. (*a me*) _____ i tuoi disegni!
9. (*a me e a Luca*) _____ chiacchierare.

Esercizio 4.
Che cosa piace 🙂 e cosa non piace 🙁 a queste persone? Scrivi le frasi, come nell'esempio.

1. a Ludovica il gelato 🙂

2. a Carlo la carne 🙁

3. a me i pomodori 🙂

4. a Gigi e a Ciro le olive 🙁

5. a me e a Sara le fragole 🙂

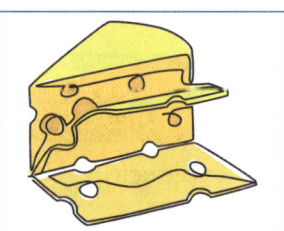
6. a te e a Ginevra il formaggio 🙂

1. Le piace il gelato.
2. _____
3. _____
4. _____
5. _____
6. _____

Anche / neanche e il verbo piacere

Quando la frase è affermativa:
se la risposta è affermativa usiamo **anche**,
se è negativa usiamo **no**.

▶ *A me piace il calcio, e a te?*
● *Anche a me.* / ● *A me no.*

Quando la frase è negativa:
se la risposta è negativa usiamo **neanche**,
se è affermativa usiamo **sì**.

▶ *Non mi piacciono i capperi, e a te?*
● *Neanche a me.* / ● *A me sì.*

16 IL VERBO PIACERE

Esercizio 5.
Leggi le frasi e rispondi con **anche a me**, **neanche a me**, **a me sì**, **a me no**, come negli esempi.

1. ▶ Mi piace correre. • _Anche a me!_
2. ▶ Non mi piace il jazz. • _Neanche a me!_
3. ▶ Non mi piace il calcio. • _A me sì!_
4. ▶ Mi piacciono i dolci. • _A me no!_
5. ▶ Non mi piace l'Opera. • _____
6. ▶ Mi piacciono le lasagne. • _____
7. ▶ Mi piace Roma. • _____
8. ▶ Non mi piacciono i film violenti. • _____
9. ▶ Mi piace la montagna. • _____

Il verbo piacere con le altre persone

Usiamo il verbo **piacere** con tutte le persone.

	PRESENTE INDICATIVO	
io	piaccio	Io **piaccio** ai miei colleghi perché li aiuto con il lavoro.
tu	piaci	Tu **piaci** a Raffaele, sai?
lui / lei / Lei	piace	Il nostro progetto **piace** al professore!
noi	piacciamo	Noi **piacciamo** ai bambini perché siamo pazienti.
voi	piacete	Voi **piacete** ai proprietari, l'appartamento è vostro!
loro	piacciono	I tuoi disegni **piacciono** a Roberto

Esercizio 6.
Sottolinea la forma corretta del verbo.

1. Dario **piaccio / piaci / piace** alle persone perché è gentile.
2. Io e Roberto non **piacciamo / piacete / piacciono** ai vicini di casa, perché ascoltiamo la musica ad alto volume.
3. Sabrina, tu mi **piaccio / piaci / piace** con questo vestito verde, stai bene!
4. Tu e Sofia **piacciamo / piacete / piacciono** ai miei genitori!
5. Filippo, io non ti **piaccio / piaci / piace** più? Allora la nostra relazione finisce qui.
6. I film di Sorrentino **piacciamo / piacete / piacciono** a molte persone.

IL VERBO PIACERE 16

Esercizio 7.
Completa con la forma corretta del verbo **piacere**.

> piaci • piacciono • piaccio • piace

▶ Ciao Sabrina, che stai facendo?
● Mi sto preparando per conoscere i genitori di Lucio!
▶ Sei emozionata?
● Un po'. E se non _____ ai suoi?
▶ Ma tu _____ a tutti! Che cosa dice Lucio?
● Dice che devo stare tranquilla e che devo godermi la serata.
▶ Ha ragione! E poi scusa, Lucio non _____ ai tuoi e questo non è un problema.
● Sì, è vero.
▶ Dove andate?
● Andiamo al Bar Centrale per l'aperitivo e poi in un ristorante in via Veneto per cena. Questi due posti _____ ai suoi.
▶ Speriamo bene, allora!

i suoi = abbreviazione informale per dire *i suoi genitori*
i tuoi = abbreviazione informale per dire *i tuoi genitori*

Esercizio 8.
Completa con il presente del verbo **piacere**.

1. Tu non mi _____ quando fai l'antipatico.
2. Purtroppo tu e Valeria non _____ al capo.
3. La musica di Vasco Rossi _____ anche ai più giovani.
4. Sono triste perché non _____ ai miei compagni di classe.
5. I Negramaro e i Coldplay _____ molto alla mia amica Marta.
6. Io e Valentino _____ ai nostri colleghi perché siamo altruisti.

Altri verbi come piacere

	mancare	interessare	servire	sembrare
io	manco	interesso	servo	sembro
tu	manchi	interessi	servi	sembri
lui / lei / Lei	manca	interessa	serve	sembra
noi	manchiamo	interessiamo	serviamo	sembriamo
voi	mancate	interessate	servite	sembrate
loro	mancano	interessano	servono	sembrano

16 IL VERBO PIACERE

Esercizio 9.
Completa con il presente dei verbi.

1. La mia amica Grazia vive a Berlino, mi (*mancare*) _____ molto.
2. ▶ Andiamo al mare?
   ● Mi (*sembrare*) _____ una buona idea!
3. Sto andando al supermercato, ti (*servire*) _____ qualcosa?
4. Ti (*interessare*) _____ questi libri? Puoi prenderli.
5. Cinzia sta preparando una torta, ma le (*mancare*) _____ le uova.
6. Come ti (*sembrare*) _____ Renata? Non la trovi diversa?
7. A me e Livio non (*interessare*) _____ i vostri problemi.
8. (*Mancare*) _____ tre giorni al tuo matrimonio, sei emozionato?
9. Puoi parlare della tua idea? Ci (*interessare*) _____!
10. Quei ragazzi laggiù (*sembrare*) _____ i tuoi cugini, sono loro?

Esercizio 10.
Scrivi delle frasi, come nell'esempio.

1. A Michele | servire | uno zaino nuovo.   *Gli serve uno zaino nuovo.*
2. A Sandra e Lucia | interessare | i documentari di storia.
3. A Manuela | mancare | sua sorella.
4. A te e Ludovica | piacere | il mio motorino?
5. A me e Tommaso | servire | lo zucchero per fare la torta.
6. Ludovico | a me | sembrare | stanco.
7. A Stefania | mancare | due esami per laurearsi.
8. A Leonardo | piacere | le polpette al sugo.
9. Questo | a me | sembrare | un bel posto!

Esercizio 11.
Completa con il presente dei verbi.

🔊 audio 16

Fabrizia si sveglia sempre alle 7:00, poi fa colazione e si lava.
Alle 8:30 si siede alla sua scrivania e inizia a lavorare.
Per il suo nuovo lavoro non deve andare in ufficio, può lavorare a casa, quindi non le (*servire*) _____ vestirsi in modo elegante. Durante il giorno fa molte videochiamate con i suoi nuovi colleghi. Sta imparando a conoscerli, ma le (*sembrare*) _____ ancora un po' distanti. Quanto le (*mancare*) _____ il suo vecchio lavoro in ufficio! Le (*mancare*) _____ ridere e scherzare con i suoi vecchi colleghi durante la pausa caffè.
Non le (*piacere*) _____ lavorare a casa, perché le (*sembrare*) _____ di lavorare da sola.
Ci sono però dei vantaggi: non deve più prendere l'auto e passare molto tempo nel traffico, non deve più spendere per mangiare fuori tutti i giorni, non deve più tornare a casa tardi la sera. Ma non le (*interessare*) _____ queste cose, il contatto umano con le persone per lei è più importante.
Per questo Fabrizia sta pensando di tornare al suo vecchio lavoro...

IL VERBO PIACERE   16

Ti va...?

Come **ti piace** funziona anche la struttura **ti va**, tipica dell'italiano parlato.

Ti va? = Vuoi?

Vuoi un caffè? → *A te va un caffè? = Ti va un caffè?*
Non voglio le ciliegie. → *A me non vanno le ciliegie. = Non mi vanno le ciliegie.*
Vuole un bicchiere di vino? → *A Lei va un bicchiere di vino? = Le va un bicchiere di vino?*

Quando c'è un verbo all'infinito aggiungiamo la preposizione semplice **di**.

Non voglio andare al cinema stasera. → *Non mi va **di** andare al cinema stasera.*
Volete uscire? → *Vi va **di** uscire?*

Esercizio 12.
Completa con le frasi della lista.

non mi va di • mi va • mi va di • ti va di (x2) • ti va • non mi piace • non mi piacciono

● _____ andare al cinema stasera? C'è il nuovo film di Indiana Jones.
▶ _____ vedere quel film. _____ i film d'avventura.
● Ma _____ uscire insieme oppure vuoi restare a casa?
▶ _____ uscire insieme, sì.
● Allora possiamo mangiare qualcosa insieme. _____ il sushi?
▶ Lo sai che il sushi _____, preferisco una pizza.

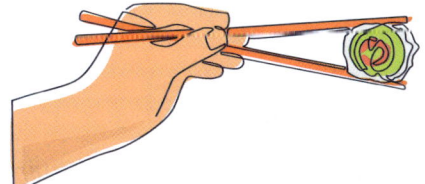 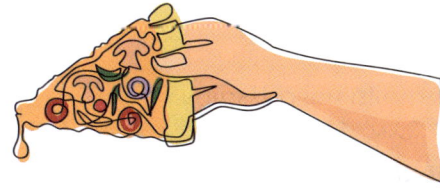

Esercizio 13.
Completa il dialogo con il presente del verbo corretto (**interessare, piacere, mancare, servire**) o la struttura **ti va / vanno** e i pronomi indiretti.

COMMESSO Buongiorno, come posso aiutarLa?
CLIENTE   Buongiorno, _____ vedere la macchina fotografica in vetrina. Quanto costa?
COMMESSO Costa 405 euro.
CLIENTE   È bella, _____ molto! Ma è un po' costosa.
COMMESSO _____ di provarla? Può fare una foto a questa pianta!
CLIENTE   Oh, funziona bene! La prendo.
COMMESSO _____ altro?
CLIENTE   No, grazie. Basta così.
COMMESSO Paga in contanti o con la carta?
CLIENTE   In contanti. Questi sono 400. Oh no, _____ 5 euro!
COMMESSO Va bene così, Le faccio un piccolo sconto!

17. IL PASSATO PROSSIMO

Leggi e osserva i verbi **evidenziati**.

▶ Buongiorno, che cosa **avete fatto** domenica?
● Io **ho guardato** un film!
■ Io **sono andata** da mia zia!
▶ E Carlos e Juan?
● **Hanno fatto** le valigie e **sono tornati** in Spagna!

I verbi **evidenziati** sono coniugati al **passato prossimo**.
Il **passato prossimo** è un tempo verbale del modo indicativo.

Il modo indicativo

presente	imperfetto
passato prossimo	trapassato prossimo
passato remoto	trapassato remoto
futuro semplice	futuro anteriore

video 17

Il **passato prossimo** si usa per:

per raccontare un'azione finita nel passato	Ieri **ho guardato** un film. Nel 2011 Carla **ha incontrato** Luca.
per raccontare un'azione delimitata nel passato	Gianni e Vicky **hanno lavorato** tutta la mattina. Lorenzo **è stato** a scuola dalle 8:00 alle 13:00.
per raccontare una serie di azioni finite nel passato (una dopo l'altra)	Ieri Livio **ha studiato**, **ha pranzato** e poi **è uscito** con i suoi amici.
per esprimere un giudizio con il verbo **essere** alla fine di un evento	**È stata** una bella serata! ▶ Com'**è stato** il concerto? ● Emozionante!

Il **passato prossimo** si forma con il presente di **essere** o **avere** + il **participio passato** del verbo.

Ieri **ho guardato** un film. • Nel 2011 Carla **ha incontrato** Luca.
Luigi **ha guardato** un film. • Anna **è andata** da sua zia.
Carlos e Juan **hanno fatto** le valigie e **sono tornati** in Spagna.

IL PASSATO PROSSIMO 17

Esercizio 1.
Completa il passato prossimo con il verbo **essere** o **avere**.

1. Greta e Arianna (*essere*) _____ andate al concerto di Elodie.
2. Tu e Rocco (*avere*) _____ ascoltato il mio messaggio vocale?
3. Io e Cecilia (*avere*) _____ incontrato Tommaso in palestra.

4. (*Io – Avere*) _____ fatto una torta.
5. Francesca (*avere*) _____ trovato il tuo libro in libreria!
6. Luisa (*avere*) _____ fatto la valigia.

Come formare il participio passato?

Le terminazioni regolari del participio passato sono:

per i verbi in -are → **-ato**	mang*iare* → mang**iato**, guard*are* → guard**ato**, ecc.
per i verbi in -ere → **-uto**	ricev*ere* → ricev**uto**, av*ere* → av**uto**, ecc.
per i verbi in -ire → **-ito**	fin*ire* → fin**ito**, part*ire* → part**ito**, ecc.

Esercizio 2.
Completa le frasi con il participio passato, come nell'esempio.

1. Ho (*avere*) __avuto__ una brutta giornata!
2. Io e Luciano abbiamo (*cenare*) _____ a casa di Lisa.
3. Hai (*sentire*) _____ le notizie al telegiornale?
4. Renato ha (*credere*) _____ alle tue parole.
5. Ciao amore, sono (*tornare*) _____!
6. Non ho (*capire*) _____ la spiegazione.
7. Io e Sabrina ti abbiamo (*telefonare*) _____ tre volte!
8. Alberto è (*uscire*) _____.
9. Ho (*pensare*) _____ molto alla nostra storia.
10. Hai (*dormire*) _____ bene?

> ⚠️ Per formare il participio di *conoscere* aggiungiamo **-iuto**.
> conoscere → conosc**iuto**

17 IL PASSATO PROSSIMO

Esercizio 3.
Completa con il passato prossimo del verbo, come nell'esempio. In tutte le frasi l'ausiliare è **avere**.

1. Simona (*raccontare*) _____ la sua vita a Gianni.
2. Federico, ti (*io – aspettare*) _____ per un'ora!
3. Cinzia e Dario (*costruire*) _____ la loro casa!
4. Martina (*visitare*) _____ il museo d'arte contemporanea.
5. Tua sorella (*comprare*) _____ un cellulare nuovo.
6. Io e Veronica (*ricevere*) _____ un regalo.
7. (*Tu – Seguire*) _____ le istruzioni?
8. Luigi (*salire*) _____ le scale fino all'ultimo piano.

Verbi con participio passato irregolare

Alcuni verbi hanno il participio passato irregolare.

aprire	aperto	mettere	messo
bere	bevuto	nascere	nato
chiedere	chiesto	perdere	perso
chiudere	chiuso	prendere	preso
decidere	deciso	rompere	rotto
dire	detto	succedere	successo
essere	stato	vedere	visto
fare	fatto	vincere	vinto
leggere	letto	vivere	vissuto

Esercizio 4.
Completa con i participi passati della lista.

> preso • nato • bevuto • rotto • visto • messo

1. Ho _____ la tua borsa sul tavolo, così la prendi quando vai via.
2. Lavinia ha _____ la mia bicicletta e non mi ha detto niente!
3. Francesco ha _____ un film emozionante.
4. Ho _____ troppo caffè!
5. Stefano e Alessio hanno _____ una decisione.
6. Quando è _____ il figlio di Cristiano?

Esercizio 5.
Completa con il participio passato dei verbi.

> Maria ha (*realizzare*) _____ il suo sogno: ha (*aprire*) _____ la sua galleria d'arte nel cuore della città. Grazie al suo talento, Maria ha (*attirare*) _____ l'attenzione di molte persone e ha (*vendere*) _____ molte opere! Un collezionista di New York le ha (*chiedere*) _____ di lavorare per lui!
> Il primo mese della sua galleria è (*essere*) _____ un successo!

IL PASSATO PROSSIMO

Avere o essere?

Usiamo l'ausiliare **avere** con i verbi transitivi (che rispondono alla domanda CHI? CHE COSA?), come: *fare, dire, mangiare, studiare, leggere, scrivere*, ecc.	**Ho fatto** un caffè. Laura **ha detto** la verità. **Abbiamo mangiato** un panino. Franco **ha studiato** il capitolo 4 del libro. Carla, **hai letto** quell'articolo? Lina e Marco **hanno scritto** un racconto.
Usiamo l'ausiliare **essere** con verbi come: *essere, piacere, lavarsi, andare, stare, diventare*, ecc.	Aldo **è tornato** a casa tardi. Viviana **è stata** due volte a Parigi. **Siamo stati** bene alla tua festa.
Osserva: quando l'ausiliare è **essere**, il participio passato cambia in base al soggetto (maschile / femminile, singolare / plurale).	Lorenzo **è andato** a casa. Martina **è andata** a casa. Lorenzo e Marco **sono andati** a casa. Martina e Roberta **sono andate** a casa.

Usiamo l'ausiliare **essere** anche con:

tutti i verbi riflessivi	*alzarsi, vestirsi, sposarsi, allenarsi*, ecc.
i verbi di movimento, come *andare*	*venire, tornare, uscire, entrare, cadere, partire, salire, scendere, arrivare*, ecc.
i verbi come *piacere*	*sembrare, bastare, mancare*, ecc.
i verbi di stato	*stare, restare, rimanere*
i verbi di cambiamento, come *diventare*	*cambiare, nascere, crescere, morire, invecchiare*, ecc.

Con alcuni verbi di movimento usiamo l'ausiliare **avere**.
camminare → Per visitare la città **abbiamo camminato** per dieci chilometri.
viaggiare → Marco **ha viaggiato** molto l'anno scorso.

Con alcuni verbi possiamo usare sia l'ausiliare **avere** che l'ausiliare **essere**.
vivere → Luisa **ha vissuto** / **è vissuta** a Berlino.

Esercizio 6.
Abbina l'azione alle persone.

1. Si sono divertite alla festa!
2. Siamo andati al cinema.
3. È partita ieri.
4. Ha vinto!
5. Ieri si sono vestiti di blu.
6. Avete prenotato il ristorante?

a. tu e Riccardo
b. io e Tommaso
c. Federica
d. Carlo e Pietro
e. la mia squadra di calcio
f. Lucia e Matilde

17 IL PASSATO PROSSIMO

Esercizio 7.
Scegli l'ausiliare: **essere** o **avere**?

1. Elena **è / ha** uscita con la sua amica Lorella.
2. **Sono / Ho** sentito una bella canzone alla radio.
3. **Siamo / Abbiamo** partiti per le vacanze!
4. Luisa e Rosa **sono / hanno** dormito solo tre ore.
5. La squadra blu **è / ha** vinto la partita!
6. Flaminia **è / ha** cambiata molto! Non pensi?

Esercizio 8.
Completa il participio passato, come nell'esempio.

1. Sofia e Chiara sono uscit_e_.
2. I tuoi regali mi sono piaciut__, grazie!
3. Carlotta, sei arrivat__ a casa?
4. Manuel ha preparat__ la cena.
5. Elena e Cristina si sono arrabbiat__ con noi.
6. Abbiamo ballat__ molto alla festa di Serena!
7. Guido e Alessandro si sono incontrat__ al bar.
8. I miei hanno fatt__ una crociera.

Esercizio 9.
Completa con il passato prossimo del verbo. Poi associa la descrizione alla foto corretta.

1. (*Lui – Nascere*) _____ il 27 ottobre 1952 in un piccolo paese in Toscana. (*Lui – iniziare*) _____ la sua carriera in televisione negli anni '70, ma il grande successo (*arrivare*) _____ nel 1997 con il film *La vita è bella*. Questo film (*vincere*) _____ tre premi Oscar.

2. (*Loro – Decidere*) _____ di chiamarsi come un vino della loro terra d'origine, il Salento in Puglia. (*Loro – Raggiungere*) _____ il successo grazie al loro stile musicale rock, pop e folk. Le loro canzoni (*diventare*) _____ molto popolari in Italia e anche all'estero.

3. (*Lei – Essere*) _____ una figura importante nel campo delle neuroscienze. (*Lei – Studiare*) _____ medicina all'Università di Torino e nel 1986 (*ricevere*) _____ il Premio Nobel per la medicina. (*Vivere*) _____ molti anni della sua vita a Roma, dove (*fondare*) _____ il suo laboratorio di ricerca.

a. i Negramaro

b. Roberto Benigni

c. Rita Levi-Montalcini

IL PASSATO PROSSIMO 17

Esercizio 10.
Completa con il passato prossimo dei verbi nella lista.

> dire • imparare • progettare • finire • girare • andare (x2) • iniziare • visitare • durare • inserire • rimanere

- Ciao Elena, come va? Com'_____ il tuo fine settimana?
- Benissimo! _____ la Reggia di Caserta.
- Oh, che bello, anche io voglio visitarla! Le mie cugine _____ lì un mese fa e mi _____ che è bellissima!
- Sì, è un posto stupendo, io e mio fratello _____ a bocca aperta! E poi _____ molte cose durante la visita!
- Ad esempio?
- Allora, prima di tutto, è la residenza reale più grande del mondo: 47mila metri quadri di edificio e 120 ettari di parco.
- Caspita!
- Luigi Vanvitelli, il famoso architetto napoletano del '700, _____ la Reggia per Carlo di Borbone. La costruzione _____ nel 1752 e _____ nel 1845.
- _____ un bel po'.
- Sì, quasi cento anni. Lo sai che nel 1997 l'Unesco _____ la Reggia nella lista dei patrimoni dell'umanità?
- Davvero? Non vedo l'ora di vederla di persona!
- Un'ultima curiosità: lì (loro) _____ i primi due episodi della saga di Guerre Stellari!

> **Caspita**: è un'espressione che si usa per esprimere sorpresa, meraviglia.
> - Ieri ho dormito 12 ore.
> - Caspita!

17 IL PASSATO PROSSIMO

Il passato prossimo e i pronomi diretti LO, LA, LI, LE

Quando i pronomi diretti **LO, LA, LI, LE** sono prima del verbo al passato prossimo con l'ausiliare **avere**, il participio passato cambia in base al pronome diretto (maschile / femminile, singolare / plurale).

▶ Hai preso tu il mio libro?
● No, non **l'ho preso** io.

▶ Avete visto Sara?
● Sì, **l'abbiamo vista** in biblioteca.

▶ Hai salutato Marco e Luca?
● Sì, **li ho salutati**!

▶ Avete letto le istruzioni della videocamera?
● No, non **le abbiamo lette**.

Osserva: mettiamo l'apostrofo con i pronomi diretti singolari **LO** e **LA**, ma non con i pronomi plurali **LI** e **LE**.

▶ Avete comprato il pane?
● No, non **l'**abbiamo comprato.

▶ Hai visto Marina stamattina?
● Sì, **l'**ho vista.

▶ Avete letto i giornali?
● No, non **li** abbiamo letti. ☒ No, non l'abbiamo letti.

▶ Hai comprato le banane?
● Sì, **le** ho comprate. ☒ Sì, l'ho comprate.

Esercizio 11.
Rispondi, come nell'esempio.

1. ▶ Hai ascoltato la nuova canzona di Mina?
   ● Sì, _l'ho ascoltata_!
2. ▶ Avete dato il pacco a Dario?
   ● No, _____ a Davide!
3. ▶ Francesca, hai trovato le tue chiavi?
   ● Sì, _____ per fortuna!
4. ▶ Hai visto quelle farfalle?
   ● Sì, _____, sono bellissime!
5. ▶ Hai finito i cereali di nuovo!
   ● Non _____ io!
6. ▶ Non ho capito l'esercizio, me lo spieghi?
   ● Neanche io _____!
7. ▶ Nonna, hai chiuso le finestre prima di uscire?
   ● Certo che _____!
8. ▶ Avete preparato le valigie?
   ● Sì, _____ ieri!

Esercizio 12.
Completa con il passato prossimo e il pronome diretto.

1. Sabrina e Romina sono sempre in ritardo, ieri (*aspettare*) _____ per un'ora!
2. Ho comprato dei fiori e (*mettere*) _____ in un vaso per decorare la casa.
3. Barbara, hai preparato una torta deliziosa! I miei amici (*mangiare*) _____ con molto piacere.
4. Al museo ho ammirato le opere d'arte e (*fotografare*) _____.
5. ▶ Hai avuto notizie di Giacomo?
   ● Sì, (*sentire*) _____ stamattina.
6. ▶ Che cosa è successo alle mie scarpe?!
   ● Scusa, (*rompere*) _____ il mio cane!

IL PASSATO PROSSIMO 17

Esercizio 13.
Completa con i pronomi diretti e la forma corretta del participio passato.

- Sono tornata!
- ▶ Hai comprato le fette biscottate [1] per la colazione di domani?
- • Sì, ___ ho comprat_!
- ▶ E i tovaglioli [2]? ___ hai comprat_?
- • Sì, ho preso anche quelli.
- ▶ Hai preso il caciocavallo [3]?
- • ___ ho pres___, sì.
- ▶ E la passata di pomodoro [4]?
- • Quella no, non ___ ho trovat___.
- ▶ Ma come non ___ hai trovat___? Il supermercato è pieno di passata di pomodoro!
- • La prossima volta vai tu a fare la spesa!

Il passato prossimo e i verbi modali

Con i verbi modali **volere**, **potere** e **dovere** l'ausiliare cambia in base al verbo all'infinito che li segue.	*Filippo* **ha dovuto** lavorare *molto ieri.* (*lavorare* = ausiliare avere) *Oggi non* **sono potuto** andare *in palestra.* (*andare* = ausiliare essere) *Laura non* **ha voluto** invitare *Antonio.* (*invitare* = ausiliare avere) **Siamo dovute** tornare *a piedi per lo sciopero degli autobus.* (*tornare* = ausiliare essere)
Quando usiamo l'ausiliare **essere** l'ultima lettera del participio passato concorda con il soggetto.	*Maria è dovut**a** partire all'improvviso.* *Marco e Luigi non sono potut**i** venire alla festa.*

Esercizio 14.
Sottolinea l'ausiliare corretto.

1. Cristina e Loredana non **sono / hanno** voluto invitarmi a cena.
2. Giuseppe **è / ha** dovuto studiare per l'esame di matematica.
3. Patrizia **è / ha** potuto viaggiare in molti Paesi grazie al suo lavoro.
4. Matteo non **è / ha** potuto uscire a causa del maltempo.
5. I miei figli non **sono / hanno** voluto vestirsi stamattina, sono rimasti in pigiama!
6. Io e Vittorio **siamo / abbiamo** voluto festeggiare il nostro compleanno in montagna.
7. Mario e Sandro **sono / hanno** dovuti andare in farmacia.
8. Ieri Gianluca si **è / ha** potuto allenare perché non **è / ha** lavorato.

Con i **verbi riflessivi** l'ausiliare cambia in base alla posizione del pronome riflessivo.

Sara e Pino **si sono voluti sposare**.
Sara e Pino **hanno voluto sposarsi**.

ALMA Edizioni | VIDEOgrammatica della lingua italiana

17 IL PASSATO PROSSIMO

Esercizio 15.
Completa con il passato prossimo dei verbi.

> Lidia e Giovanna sono molto amiche, ma non si vedono spesso a causa del loro lavoro. Finalmente ieri pomeriggio sono riuscite a vedersi! (*Loro – Volere*) _____ fare una passeggiata per passare un po' di tempo insieme. Hanno camminato per il centro di Roma, si sono raccontate le ultime novità e (*potere*) _____ ammirare il tramonto. All'improvviso è arrivata la pioggia e (*loro – dovere*) _____ tornare a casa velocemente! È stata comunque una bella serata, perché (*loro – potere*) _____ stare insieme per qualche ora.

Esercizio 16.
Completa con il passato prossimo dei verbi. Usa i pronomi diretti quando è necessario.

dialogo 1
- Ciao Emma. Che cosa (*tu – fare*) _____ ieri?
- (*Io – Fare*) _____ una gita nel bosco con Sonia! (*Noi – Camminare*) _____ lungo il sentiero e (*vedere*) _____ tanti piccoli animali. (*Noi – Tornare*) _____ a casa stanche, ma felici perché (*divertirsi*) _____ molto!
- (*Voi – Ricordarsi*) _____ di fare le foto?
- Certo! (*Noi – Mostrare le foto*) _____ ai nostri genitori. Le vuoi vedere anche tu?
- Sì, con piacere!

dialogo 2
- (*Tu – Sapere*) _____ di Tommaso?
- No, non lo sento da tanto tempo.
- Beh, la scorsa estate al mare in Puglia (*lui – conoscere*) _____ Alessia, una ragazza di Verona, e in pochi giorni (*loro – innamorarsi*) _____ perdutamente!
- Come (*lui – conoscere lei*) _____ di preciso?
- Durante una festa in spiaggia. E quando la vacanza (*finire*) _____ (*loro – volere*) _____ andare a vivere insieme e pochi mesi dopo (*loro – sposarsi*) _____!
- Che storia! E dove (*loro – andare*) _____ a vivere?
- In Puglia, dove (*loro – incontrarsi*) _____! Purtroppo, però (*loro – dovere*) _____ lasciarsi a causa di incomprensioni.
- Beh, non (*loro – avere*) _____ molto tempo per conoscersi sul serio. Mi dispiace!

Esercizio 17.
Ricostruisci le frasi e completa il testo senza ripetizioni (usa i pronomi diretti o indiretti). 🔊 audio 17

> Durante una passeggiata al parco Sara ha trovato uno smartphone su una panchina. (*Guardarsi*) _____ intorno, ma non (*vedere*) _____ nessuno, quindi (*prendere*) _____ lo smartphone e poi (*accendere lo smartphone*) _____. (*Controllare*) _____ le chiamate recenti e (*chiamare*) _____ una ragazza di nome Lory. La ragazza ha risposto! Sara (*spiegare a Lory*) _____ la situazione e Lory (*chiedere a Sara*) _____ di raggiungere lei e Andrea, il proprietario dello smartphone, al bar in corso Italia. Sara è arrivata al bar e (*cercare*) _____ Lory e Andrea, poco dopo (*vedere Lory e Andrea*) _____ seduti ad un tavolo, (*avvicinarsi*) _____ e (*salutare Lory e Andrea*) _____. Così Sara (*potere restituire*) _____ lo smartphone al suo proprietario!

18. L'IMPERFETTO

Leggi e osserva i verbi **evidenziati**.

- Anna, ricordi quando **eravamo** bambini e **passavamo** il tempo a giocare?
▶ Sì, e poi c'**era** la nonna che la sera ci **raccontava** le storie!
- **Eravamo** felici!

I verbi **evidenziati** sono coniugati all'**imperfetto**.
L'**imperfetto** è un tempo verbale passato del modo indicativo.

video 18

Il modo indicativo

presente	**imperfetto**
passato prossimo	trapassato prossimo
passato remoto	trapassato remoto
futuro semplice	futuro anteriore

L'**imperfetto** si usa per parlare di informazioni passate, in particolare:

per le descrizioni fisiche e caratteriali	Paola **era** bionda l'anno scorso. Simone **era** timido da bambino.
per le descrizioni atmosferiche (del tempo)	Ieri **c'era** il sole. La settimana scorsa **faceva** freddo.
per le abitudini e le azioni ripetute	Di solito io e la mia famiglia **andavamo** in vacanza al mare. Gianni **beveva** sempre il tè in ufficio.

L'**imperfetto** è usato anche:

con la costruzione **stare + gerundio** per descrivere un'azione in corso nel passato	Scusa, **stavo dormendo**!
con la costruzione **stare per** al passato	**Stavo** per chiamarti!
per parlare di azioni contemporanee nel passato	Mentre Laura **studiava**, Giacomo **cucinava**.
per raccontare il contenuto di un sogno	**Ero** in un giardino pieno di farfalle e **cantavo**.

18 L'IMPERFETTO

La maggior parte dei verbi italiani ha una coniugazione regolare all'**imperfetto**.

verbi in -ARE

camminare
- io — cammin-**avo**
- tu — cammin-**avi**
- lui / lei / Lei — cammin-**ava**
- noi — cammin-**avamo**
- voi — cammin-**avate**
- loro — cammin-**avano**

camminare → Francesca **camminava** ogni giorno nel parco.
parlare → Tobia e Silvio **parlavano** sempre di calcio!
andare → Tu e mia sorella **andavate** a scuola insieme.
ballare → Io e Rosa **ballavamo** il tango in Argentina.

verbi in -ERE

vedere
- io — ved-**evo**
- tu — ved-**evi**
- lui / lei / Lei — ved-**eva**
- noi — ved-**evamo**
- voi — ved-**evate**
- loro — ved-**evano**

vedere → **Vedevi** spesso i tuoi parenti?
leggere → **Leggevo** molto da bambina.
mettere → Chiara **metteva** sempre lo zucchero nel caffè, ora non più.
volere → I cani di Luigi **volevano** uscire a tutte le ore!

verbi in -IRE

finire
- io — fin-**ivo**
- tu — fin-**ivi**
- lui / lei / Lei — fin-**iva**
- noi — fin-**ivamo**
- voi — fin-**ivate**
- loro — fin-**ivano**

finire → Le vacanze **finivano** a settembre.
dormire → Luca e Marisa **dormivano** sempre durante i viaggi in macchina.
aprire → Il bar in via Rossi **apriva** ogni mattina alle 9:00.
offrire → La zia di Caterina ci **offriva** sempre i biscotti.

Esercizio 1.
Ora completa la tabella.

io	tu	lui / lei / Lei	noi	voi	loro
lavorare *lavoravo*	parlare	ascoltare	portare	abitare	andare
volere	scrivere	credere	correre	mettere	prendere
sentire	dormire	partire	offrire	capire	preferire

Esercizio 2.
Sottolinea l'opzione corretta.

1. All'università io e Roberto **giocavamo / giocavano** spesso a calcio.
2. La mia famiglia **andava / andavamo** al ristorante tutti i venerdì.
3. L'estate scorsa il Museo d'Arte Contemporanea **chiudeva / chiudevano** alle 20:00.
4. Lorenza e i suoi cugini **studiava / studiavano** il tedesco a scuola.
5. Perché non **potevate / potevano** uscire tu e Lidia ieri?
6. I nostri posti per lo spettacolo erano lontani, non **sentivamo / sentivano** nulla!

L'IMPERFETTO

Esercizio 3.
Completa con l'imperfetto dei verbi.

1. Mentre Elisa (*preparare*) _____ la cena, Roberto (*apparecchiare*) _____.
2. Quando Valerio (*andare*) _____ all'università, (*uscire*) _____ sempre la sera.
3. Quando ero piccola mi (*piacere*) _____ guardare i cartoni animati in tv!
4. Ieri il sole (*splendere*) _____, ma (*fare*) _____ freddo!
5. Stamattina mentre (*prepararsi*) _____, Serena (*pensare*) _____ alle cose da fare.
6. Ho fatto un brutto sogno: (*pranzare*) _____ con persone che non (*conoscere*) _____ e che non (*avere*) _____ la testa!
7. Gli studenti (*prendere*) _____ appunti mentre la professoressa (*spiegare*) _____.
8. Matilde e Franco si sono lasciati, che peccato! (*Stare*) _____ proprio bene insieme.

L'imperfetto dei verbi irregolari

I verbi **essere**, **fare**, **dire** e **bere** hanno una coniugazione irregolare all'imperfetto.

	essere	fare	dire	bere
io	ero	facevo	dicevo	bevevo
tu	eri	facevi	dicevi	bevevi
lui / lei / Lei	era	faceva	diceva	beveva
noi	eravamo	facevamo	dicevamo	bevevamo
voi	eravate	facevate	dicevate	bevevate
loro	erano	facevano	dicevano	bevevano

Esercizio 4.
Sottolinea i verbi corretti e completa con l'imperfetto.

1. **essere / avere / giocare**
   Quando _____ bambino, _____ sempre nel parco vicino casa.
2. **fare / svegliarsi / avere**
   Ogni mattina Carlotta _____ presto e _____ colazione in giardino.
3. **piovere / avere / leggere**
   Mentre Vittorio _____, fuori _____ a dirotto.
4. **essere / bere / avere**
   Mio zio _____ una brutta abitudine: _____ molto vino.
5. **fare / dire / abitare**
   Quando Dario e Matteo _____ in centro, mi _____ sempre di andare a trovarli!
6. **fare / preparare / guardare**
   Mentre Lorena _____ la cena, sua figlia _____ la tv.

18 L'IMPERFETTO

Esercizio 5.
Scrivi le descrizioni al passato: trasforma le **parti**, come nell'esempio.

1. Il **nuovo** professore di scienze **è simpatico**. **Ci aiuta sempre** con gli esercizi!
   Il ___vecchio___ professore di scienze ___era antipatico___. ___Non ci aiutava mai___ con gli esercizi!
2. La **nuova** auto di Franco **è veloce**! E poi **è grande: ha** cinque posti.
   La _____ auto di Franco _____! E poi _____: _____ solo due posti.
3. I **nuovi** amici di mio fratello **sono educati, salutano sempre** quando **entrano** in casa.
   I _____ amici di mio fratello _____, _____ quando _____ in casa.
4. Oggi **fa bel** tempo!
   Ieri _____ tempo!
5. Ora Sonia e Ludovica **hanno** i capelli **corti** e **ricci**.
   L'anno scorso Sonia e Ludovica _____ i capelli _____ e _____ .
6. **Non mi piacciono** le **nuove** regole in ufficio: **non possiamo** fare la pausa caffè!
   _____ le _____ regole in ufficio: _____ fare la pausa caffè!

Esercizio 6.
Scegli il verbo corretto e completa con l'imperfetto.

> piacere • invitare • passare • noleggiare • affittare • venire • divertirsi • avere

🔊 audio 18

Michael era un ragazzo olandese che _____ sempre in Italia durante l'estate. Di solito _____ una grande casa nella campagna poco fuori Roma e _____ una moto per andare in città. Gli _____ la tranquillità della campagna, ma ogni tanto _____ bisogno del caos cittadino. Alcune sere _____ a organizzare delle grigliate in giardino e _____ i suoi vicini di casa a cena, (loro) _____ delle belle serate tutti insieme.

> **Noleggiare** è usato per gli oggetti come biciclette, moto, auto, ecc.
> **Affittare** è usato per le case, gli appartamenti, gli uffici, ecc.

Esercizio 7.
Completa i dialoghi con l'imperfetto dei verbi.

NONNA Quando (essere) _____ bambina, mi (piacere) _____ andare in un negozio di dischi che (stare) _____ in via Rossi per ascoltare la musica. (Passare) _____ molte ore in quel posto ogni fine settimana!

NIPOTE (Dovere) _____ andare lì per ascoltare la musica? Non (potere) _____ ascoltarla a casa?

NONNA Non (potere) _____, perché non (noi – avere) _____ un giradischi a casa, (essere) _____ un oggetto costoso!

L'IMPERFETTO 18

GIORGIA Belli questi vasi! Ma tu non (*frequentare*) _____ un corso di ceramica?

SANDRA Sì, quando (*essere*) _____ più giovane (*andare*) _____ alla scuola in via Verdi ogni giovedì sera.

GIORGIA Che cosa (*voi – fare*) _____ durante il corso?

SANDRA (*Noi – Imparare*) _____ le tecniche per lavorare l'argilla e (*creare*) _____ dei vasi.

GIORGIA (*Essere*) _____ difficile?

SANDRA All'inizio sì, ma poi sono diventata brava. Infatti (*regalare*) _____ sempre i miei vasi perché (*piacere*) _____ molto alle mie amiche.

GIORGIA Perché hai smesso?

SANDRA Perché purtroppo la scuola non offre più il corso, c' (*essere*) _____ pochi iscritti.

Esercizio 8.
Completa con l'imperfetto dei verbi della lista, come negli esempi.

essere • abitare • andare • aiutare • offrire • tornare • giocare

Nel mio vecchio palazzo _abitava_ una signora di nome Valeria. I suoi due figli _____ sempre a palla nel giardino comune. Mi ricordo che ogni giovedì la signora Valeria _____ a fare la spesa al mercato. Quando _____ io la _____ a portare le buste pesanti al terzo piano, perché non c_____ l'ascensore. Per ringraziarmi mi _____ sempre un caffè.

trovarsi • sembrare • conoscere • fare • splendere • svegliarsi • volare

L'anno scorso Barbara _faceva_ sempre lo stesso sogno: _____ in un luogo che non _____, ma le _____ familiare. Il sole _____ nel cielo azzurro e tante farfalle colorate _____ intorno a lei. Ogni mattina Barbara _____ rilassata!

fare • bere • essere • dare • andare

Mi ricordo che ogni pomeriggio dopo scuola io e Francesca _____ dai suoi nonni per fare merenda. Sua nonna ci _____ sempre una fetta di crostata di albicocche, _____ il nostro dolce preferito. E poi (*noi*) _____ sempre il succo di mela di suo nonno, lo _____ lui con le mele del suo albero.

18 L'IMPERFETTO

Esercizio 9.
Ieri sera queste persone non hanno risposto al telefono, che cosa stavano facendo?
Scegli il verbo corretto e descrivi le azioni in corso nel passato con **stare + gerundio**, come nell'esempio.

> fare i compiti • ~~lavare i piatti~~ • bere una birra • dormire • aprire la porta di casa
> cenare con la famiglia • annaffiare le piante • gettare la spazzatura

1. Luca _stava lavando i piatti._
2. Leonardo e Giusy _____
3. Jasmine _____
4. Il signor Torrisi _____

5. La signora Marisa _____
6. Edoardo e Filippo _____
7. Riccardo _____
8. Cecilia _____

Esercizio 10.
Completa il dialogo con le forme verbali della lista.

> era (x2) • stavo per accendere • facevo • stava ascoltando • stavo pensando • stavo per chiamarti • erano

- Pronto?
▶ Ciao Valentina, ti disturbo?
- Ciao Sergio, non mi disturbi. Tutto il contrario: _____ io!
▶ Davvero?
- Sì, usciamo insieme domenica?
▶ _____ la stessa cosa! Ti va di andare al Festival del Libro?
- È una bella idea, ma i biglietti sono finiti.
▶ Come lo sai?
- Stamattina mentre _____ colazione, Teresa _____ un programma alla radio e gli ospiti _____ proprio gli organizzatori del Festival del Libro. _____ il computer e prendere i biglietti sul sito, ma il computer _____ scarico. Allora l'ho messo in carica, ma quando l'ho riacceso _____ troppo tardi!

19. PASSATO PROSSIMO O IMPERFETTO?

Leggi e osserva i verbi **evidenziati**.

Mentre Lorenzo **faceva** la spesa **ha incontrato** Maria.

Andrea **è tornato** a casa mentre Carla **leggeva** sul divano.

Quando Valerio e Grazia **hanno visto** Antonio **stavano passeggiando** per il parco.

Sono usati nella stessa frase per descrivere un fatto che è accaduto (**passato prossimo**) mentre un'azione era già in corso (**imperfetto**).

azione in corso nel passato (**imperfetto**) — *Mentre* **faceva** *la spesa*

azione finita nel passato (**passato prossimo**) — *Lorenzo* **ha incontrato** *Maria*

azione in corso nel passato (**imperfetto**) — *Mentre Carla* **leggeva** *sul divano*

azione finita nel passato (**passato prossimo**) — *Andrea* **è tornato** *a casa*

azione in corso nel passato (**imperfetto**) — **stavano passeggiando** *per il parco*

azione finita nel passato (**passato prossimo**) — *Quando Valerio e Grazia* **hanno visto** *Antonio*

19 PASSATO PROSSIMO O IMPERFETTO?

> È possibile sostituire *mentre* + **imperfetto** con *durante* + **sostantivo**.
> *Mentre* facevo una gita in barca, ho visto un tramonto stupendo.
> *Durante* una gita in barca, ho visto un tramonto stupendo.

Esercizio 1.
Sottolinea l'opzione corretta.

1. Quando Marco è tornato a casa, Martina **ha dormito / dormiva**.
2. Mentre cercava la sua borsa, Carla **ha trovato / stava trovando** le chiavi di Vito.
3. Quando è iniziato a piovere, io **ho aspettato / stavo aspettando** l'autobus.
4. Mentre era al mare, Giulio **ha imparato / imparava** a nuotare.
5. Ho visto Stefania mentre **sono stato / ero** al bar.
6. Stavo facendo colazione, quando il postino **ha bussato / bussava** alla porta.

Esercizio 2.
Sottolinea l'opzione corretta.

1. Mentre **stavo leggendo / ho letto**, mio fratello mi **chiamava / ha chiamato**.
2. Durante la cerimonia di laurea, il professore **consegnava / ha consegnato** i diplomi a tutti gli studenti.
3. Ieri Elsa **perdeva / ha perso** gli occhiali da sole mentre **tornava / è tornata** a casa.
4. **Stavo guidando / Ho guidato** e all'improvviso un gatto **attraversava / ha attraversato** la strada.
5. **Conoscevo / Ho conosciuto** persone interessanti durante la mia vacanza.
6. Mentre **aspettavo / ho aspettato** in fila alla cassa del supermercato, **ricevevo / ho ricevuto** una chiamata importante.

Esercizio 3.
Scrivi le frasi, come nell'esempio.

1. Giorgio | rompersi il braccio | mentre | andare in bicicletta.
   Giorgio si è rotto il braccio mentre andava in bicicletta.
2. Lorena | mangiare un pacco di biscotti | mentre | guardare la tv.
   _____
3. Mentre | Vittorio | essere in vacanza | fare un'escursione.
   _____
4. Mia sorella | uscire | mentre | io | stare per | fare la doccia.
   _____
5. Mentre | Sabrina | correre | perdere il cellulare.
   _____
6. Luca | telefonare a Bianca | mentre | lei | studiare in biblioteca.
   _____
7. Carlo e Lucia | arrivare | mentre | Fabio | stare | preparare la cena.
   _____

PASSATO PROSSIMO O IMPERFETTO?

Esercizio 4.
Completa con il passato prossimo o l'imperfetto dei verbi.

1. A scuola la materia preferita di Cristina (*essere*) _____ la geografia.
2. Ieri sera (*io – vedere*) _____ un bel film al cinema.
3. Durante la loro infanzia, Federico e Ginevra (*giocare*) _____ sempre insieme.
4. Lo scorso fine settimana Dario (*incontrare*) _____ il suo amico John in centro.
5. Virginia (*tornare*) _____ da un viaggio di lavoro martedì sera.
6. Quando Roberta (*avere*) _____ 10 anni (*prendere*) _____ lezioni di pianoforte tutti i giovedì.
7. Stamattina Mario (*scrivere*) _____ una cartolina e poi (*andare*) _____ all'ufficio postale.
8. Quando Luisa (*entrare*) _____, noi (*parlare*) _____ proprio di lei!
9. Da piccola Paola (*avere*) _____ paura del buio.
10. Quel giorno il mare (*essere*) _____ calmo e la gente (*prendere*) _____ il sole.

Esercizio 5.
Sottolinea l'opzione corretta: passato prossimo o imperfetto?

- Alla fine che cosa **hai fatto / facevi** sabato scorso?
- **Ho deciso / Decidevo** di partire per un'avventura!
- Cioè?
- **Sono partita / Stavo partendo** per un piccolo villaggio di pescatori sulla costa.
- Quello dove **sei andata / andavi** sempre da piccola?
- Esatto! Però non **ho ricordato / ricordavo** la strada: mentre **ho attraversato / attraversavo** il bosco, **mi sono persa / mi perdevo**.
- È comprensibile, **è passato / passava** tanto tempo!
- Quando **sono arrivata / arrivavo** al villaggio **è stata / era** ormai sera e non **ci sono state / c'erano** più stanze libere per dormire negli alberghi del posto. Così **ho deciso / decidevo** di dormire in spiaggia.
- E il tempo com'**è stato / era**?
- Purtroppo mentre **sono stata / ero** lì, **è iniziato / iniziava** a piovere. Per fortuna alcune persone in un camper mi **hanno visto / vedevano** sotto la pioggia e mi **hanno invitato / invitavano** a entrare.
- **Sono state / Erano** gentili!
- Sì. **Ho fatto / Facevo** nuove amicizie e alla fine **è stata / era** una giornata memorabile!

19 PASSATO PROSSIMO O IMPERFETTO?

Esercizio 6.
Completa con l'imperfetto o il passato prossimo dei verbi.

Ieri (*essere*) _____ domenica e quindi, come ogni domenica, io e Giulia (*andare*) _____ al bar per fare colazione con cappuccino e cornetto, è la nostra tradizione! (*Essere*) _____ ancora un po' assonnate mentre (*entrare*) _____ nel nostro bar preferito, *Dolce Mattina*, ma il profumo del caffè ci (*risvegliare*) _____. "Buongiorno, ragazze! Il solito?" ci (*chiedere*) _____ la barista, mentre già (*preparare*) _____ la nostra colazione. "Sì, grazie!", (*rispondere*) _____. (*Sedersi*) _____ fuori perché (*fare*) _____ bel tempo, (*fare*) _____ colazione e poi (*chiacchierare*) _____ per un po'.

Esercizio 7.
Completa con l'imperfetto o il passato prossimo dei verbi della lista.

divertirsi • organizzare • invitare • prenotare • avere • stare + parlare • andare
sapere • arrivare • stare + gonfiare • stare per + scegliere • riuscire • essere

Lo scorso fine settimana io e Giovanna _____ una festa a sorpresa per il compleanno di Katia. _____ un agriturismo in campagna e _____ il nostro gruppo di amici. _____ tutti presenti: Luisa, Frank, Filippo, Eleonora e Davide. Filippo _____ il compito di portare Katia all'agriturismo (ovviamente Katia non _____ niente). Qualcosa però _____ storto! Filippo e Katia _____ prima del previsto e noi non _____ pronti: Luisa e Davide _____ i palloncini, Frank _____ al telefono, io e Giovanna _____ le canzoni da mettere per la festa. Insomma... Non _____ a gridare "Sorpresa!", però _____ lo stesso!

L'**agriturismo** è un'azienda agricola dove gli ospiti possono dormire e gustare i prodotti locali.

È un tipo di turismo lento, che valorizza il territorio e il lavoro delle persone.

20. LE PREPOSIZIONI DI TEMPO: DA, A, PER, TRA / FRA, IN

Leggi e osserva le parole **evidenziate**.

- Lily, **da** quanto tempo studi l'italiano?
- **Da** un anno e mezzo. Ora vorrei iscrivermi ad un corso intensivo online che dura **da** settembre **a** metà novembre, (**per**) due mesi e mezzo.
- Mi sembra un'ottima idea!
- E tu studi qualche lingua straniera al momento, a parte l'inglese?
- Al momento no. In passato però ho studiato il tedesco **per** quattro anni e **da** piccola studiavo il francese. Mi piace imparare le lingue!
- Allora devi ricominciare a studiarle!
- Hai ragione! Però ora torniamo in ufficio, **tra** cinque minuti inizia la riunione!
- Sì, finisco il caffè in un secondo e arrivo.

Le parole **evidenziate** sono **preposizioni di tempo**.

DA o PER?

presente indicativo + **da** + indicazione di tempo	indica un'azione iniziata nel passato e in corso nel presente	Lily **studia** l'italiano **da** un anno e mezzo (ha iniziato un anno e mezzo fa e continua a studiarlo nel presente).
passato prossimo + **per** + indicazione di tempo	indica un'azione iniziata e finita nel passato	Giada **ha studiato** il tedesco **per** quattro anni (in passato, ora non studia più).

Esercizio 1.
Scegli l'opzione corretta, come nell'esempio.

		azione in corso	azione passata
1.	Carlos studia l'arabo <u>**da**</u> / **per** tre settimane.	☑	☐
2.	Matteo ha studiato il tedesco **da** / **per** due anni.	☐	☐
3.	Benedetta ha viaggiato **da** / **per** molti anni.	☐	☐
4.	Luca e Mattia non si parlano **da** / **per** quando hanno litigato.	☐	☐
5.	Francesca sta parlando al telefono **da** / **per** ore!	☐	☐
6.	Sabrina e Andrea hanno vissuto a Londra **da** / **per** sei mesi.	☐	☐
7.	Giulio lavora nell'azienda di famiglia **da** / **per** sempre.	☐	☐
8.	Ho mal di testa **da** / **per** giorni.	☐	☐

20 LE PREPOSIZIONI DI TEMPO: DA, A, PER, TRA / FRA, IN

Esercizio 2.
Completa con il presente o il passato prossimo del verbo.

1. Marina (*studiare*) _____ da giorni per l'esame di fisica, non ha ancora finito!
2. Luigi e Valeria (*cucinare*) _____ per ore per il buffet della festa e gli invitati hanno mangiato poco, che peccato!
3. L'anno scorso Rosa (*viaggiare*) _____ per tutta l'estate.
4. Renato (*lavorare*) _____ al progetto da due settimane, non vede l'ora di finirlo!
5. (*Io – Cercare*) _____ le chiavi dell'auto da mezz'ora, non le trovo!
6. Giacomo ha accettato l'invito per la festa di Simona, non (*loro – vedersi*) _____ da molto tempo.

DA, A o PER?

da... a...	indica un'azione limitata nel tempo	*Il corso di lingua dura **da** settembre **a** metà novembre* (il corso inizia a settembre e finisce a metà novembre).
da + aggettivo (*grande, piccolo, giovane*, ecc.)	indica una fase della vita	*Franco faceva nuoto **da piccolo*** (= quando era piccolo). *Giulia vuole fare la veterinaria **da grande*** (= quando sarà grande – vedi il capitolo 28).
per + indicazione di tempo	indica la durata dell'azione	*Laura resta a Milano (**per**) una settimana.* (l'uso di *per* è opzionale)

Esercizio 3.
Completa con la preposizione corretta: **da**, **a** o **per**?

1. Chi si sposa vuole stare insieme _____ tutta la vita.
2. Laura è a Parigi per lavoro _____ martedì _____ sabato.
3. Ho fatto l'abbonamento in palestra _____ tre mesi.
4. ● Che cosa vuoi fare _____ grande?
   ▶ L'astronauta!
5. Lucio va in vacanza _____ un mese, beato lui!
6. Mia nonna faceva l'infermiera _____ giovane.

Esercizio 4.
Completa con le preposizioni della lista.

da (x4) • a (x2) • per (x2)

Matilde è una ragazza piena di energia. Ha sempre fatto sport: _____ piccola faceva nuoto, poi ha imparato a giocare a pallavolo e infine a tennis. _____ qualche mese è in pausa per un piccolo problema alla spalla. Secondo lei, è stata ferma _____ troppo tempo e vuole provare un nuovo sport! Sta pensando al calcio, perché le piace l'idea di correre in campo e segnare gol! La scuola di calcio è aperta _____ ottobre _____ maggio, ma il corso per principianti dura quattro mesi, _____ gennaio _____ aprile. Non vede l'ora di ricominciare!

LE PREPOSIZIONI DI TEMPO: DA, A, PER, TRA / FRA, IN

TRA / FRA o IN?

tra / fra + indicazione di tempo	indica un'azione che succede in un momento preciso nel futuro	*Tra / Fra* cinque minuti inizia la riunione.
in + indicazione di tempo	indica il tempo necessario per fare una cosa	*Finisco il caffè in un secondo e arrivo!*

Esercizio 5.
Tra / Fra o in? Scegli l'opzione corretta, come nell'esempio.

1. Sara finisce gli esami _tra / fra_ due settimane e poi va in vacanza!
2. Devi prepararti _____ cinque minuti, non abbiamo molto tempo!
3. La lezione inizia _____ poco, gli studenti sono già in classe.
4. Ciao, adesso non posso parlare, mi puoi richiamare _____ un'ora?
5. Questo argomento è facile, lo impari _____ dieci minuti!
6. Sono le 20:45, il supermercato chiude alle 21:00. Devo fare la spesa _____ 15 minuti!

Esercizio 6.
Completa con le preposizioni della lista.

> per • da • tra / fra

- Non vedo Maria _____ lunedì.
- Ho parlato con lei _____ mezz'ora stamattina.
- E come sta?
- Sta bene, ma è impegnata a fare le valigie.
- Perché?
- Parte _____ una settimana, lunedì prossimo, non te l'ha detto?
- No, non lo sapevo.

> da • tra / fra • in

- Dove vai? Abbiamo una riunione _____ 15 minuti, ti ricordi?
- Sì, certo! Vado a prendere un caffè e torno.
- Puoi prendere un caffè anche per me? È _____ ieri che non lo bevo e sono stanco! Però devi fare presto.
- Va bene! Faccio tutto _____ 10 minuti.

> in • tra / fra • da

- Buonasera, il mio cellulare non funziona più _____ un paio d'ore, può controllarlo?
- Sì, però il negozio chiude _____ dieci minuti, non riesco a riparare il suo cellulare _____ così poco tempo. Può lasciarlo qui e tornare domani mattina?
- Non posso, domattina devo partire. Grazie comunque.

20 LE PREPOSIZIONI DI TEMPO: DA, A, PER, TRA / FRA, IN

A, IN o DI?

a + i mesi dell'anno (*a gennaio, a febbraio, a marzo*, ecc.) e le parole *mezzogiorno* e *mezzanotte* (*a mezzogiorno, a mezzanotte*).	Il mio compleanno è **a** marzo. I miei nonni pranzano **a** mezzogiorno.
di + le parti del giorno (*di mattina, di pomeriggio, di sera*, ecc.) e i giorni della settimana (*di lunedì, di giovedì, di domenica*, ecc.).	Carla studia meglio **di** sera. Mi piace visitare i musei **di** domenica.
in + le stagioni (*in inverno, in primavera, in estate, in autunno*)	Il castagnaccio è un dolce toscano che si mangia **in** autunno. Gli Internazionali di tennis si giocano a Roma **in** primavera.

Nel linguaggio poetico è frequente anche l'uso della preposizione **di** con i nomi delle stagioni che cominciano con vocale.
*Si sta come **d'autunno** sugli alberi, le foglie.* (Soldati, Giuseppe Ungaretti, 1918)

Esercizio 7.
Completa con la preposizione corretta: **a**, **in** o **di**?

1. Di solito i musei sono chiusi ____ lunedì.
2. Mi piace come cambiano i colori degli alberi ____ autunno.
3. Carla pranza sempre ____ mezzogiorno in punto!
4. Il compleanno di Cristina è ____ luglio.
5. Secondo te, è meglio organizzare la festa ____ pomeriggio o ____ sera?
6. Marco preferisce andare in palestra ____ mattina.

Esercizio 8.
Completa con la preposizione di tempo corretta.

- ● Pronto?
- ▶ Ciao Matteo, ti disturbo?
- ● Ciao Luisa! No, sono in stazione a Milano, sto per tornare a Roma.
- ▶ Ah, volevo invitarti a fare un pic-nic a Villa Pamphili oggi ____ mezzogiorno.
- ● Volentieri, non faccio un pic-nic ____ anni!
- ▶ Ma sei in viaggio, come fai?
- ● Prendo il treno veloce, quello che porta da Milano a Roma ____ 2 ore e 45 minuti.
- ▶ Ah, benissimo! Se parti ora, arrivi in tempo. Allora per il cibo, ti va una pasta fredda con pomodori, olive e mozzarella, o preferisci un panino?
- ● Forse è più facile preparare dei panini.
- ▶ Va bene. Ah, un'altra cosa: io resto a Villa Pamphili ____ due o tre ore, poi vado al cinema con Federica. Vuoi venire con noi?
- ● Grazie, ma non posso. Ho un appuntamento con Giacomo alle 17:00, non lo vedo ____ molto tempo.
- ▶ Ah, è tornato finalmente! So che è stato in giro per l'Europa ____ molti mesi.
- ● Sì, ____ settembre ____ gennaio.

LE PREPOSIZIONI DI TEMPO: DA, A, PER, TRA / FRA, IN

Esercizio 9.
Completa con la preposizione corretta: **a**, **da**, **in** o **per**? Poi decidi se è una preposizione di luogo o di tempo.

	preposizione di luogo	preposizione di tempo
1. Bruna non parla con Stefania ____ anni.	☐	☐
2. Potete andare a prendere Marta ____ scuola?	☐	☐
3. Io e Leonardo arriviamo ____ aeroporto alle 15:00.	☐	☐
4. Mi alleno il martedì e il giovedì ____ mezzogiorno.	☐	☐
5. Vieni ____ me più tardi?	☐	☐
6. Ieri Pietro ha letto ____ 4 ore di seguito!	☐	☐
7. Angela giocava a pallavolo ____ piccola.	☐	☐
8. Se passate ____ il parco, arrivate prima.	☐	☐

Esercizio 10.
Completa con le preposizioni di luogo o di tempo.

Milano è una città famosa per i suoi eventi internazionali, come ad esempio la Settimana della Moda e il Salone del Mobile.

Il primo evento, la Settimana della Moda, si svolge due volte all'anno: ____ febbraio e ____ settembre. I più importanti stilisti si preparano ____ mesi per presentare le loro collezioni in questa importante manifestazione.

Il secondo evento, il Salone del Mobile, si svolge ogni anno ____ aprile. ____ molti anni, questo evento promuove la produzione italiana nel settore dell'arredamento. Gli eventi della settimana della moda sono organizzati ____ città, nel centro di Milano, mentre quelli del Salone del Mobile sono organizzati fuori città. Per questi due eventi arrivano ____ Milano molti appassionati e professionisti ____ tutto il mondo.

21. LE PREPOSIZIONI SEMPLICI E ARTICOLATE

Leggi e osserva le parole evidenziate.

- Ciao Margherita, è la prima volta che ti vedo **con** gli occhiali **da** vista!
- Sì, è la prima volta che li metto!
- Che cosa stai leggendo?
- Un libro **di** storia.
- **Su** cosa?
- **Sulla** Seconda Guerra Mondiale.
- Lo leggi **per** piacere o **per** studio?
- Entrambe le cose! Devo finirlo velocemente perché non è mio, è **di** Giacomo e anche lui deve leggerlo **per** l'esame.
- Quindi stasera non esci **con** me e Sabrina?
- No, ho tante pagine **da** leggere. Voi fate qualcosa **di** divertente?
- Andiamo **al** cinema, è uscito il nuovo film **di** Marco Bellocchio. Ora devo andare!
- Ma vai **in** bicicletta? Stasera piove, lo sai?
- Pazienza!

Le parole evidenziate sono **preposizioni**.

DI, DA, IN, CON, SU o PER?

di	indica il possesso	Il libro è **di** Giacomo.
	indica l'autore o l'autrice di un film / libro	È uscito il nuovo film **di** Bellocchio.
	indica il materiale di un oggetto	Il tavolo è **di** legno.
	indica l'argomento di un libro, di una lezione, ecc.	Sto leggendo un libro **di** storia. Sei andato alla lezione **di** latino?
	si usa nella struttura **qualcosa / niente + di + aggettivo**	Fate qualcosa **di** divertente stasera?
da	si usa nella struttura **qualcosa / niente / molto / troppo + da + infinito**	Voglio qualcosa **da** bere. Non c'è niente **da** mangiare.
	si usa nella struttura **nome + da + infinito**	Ho tante pagine **da** leggere.
	si usa nella struttura **nome + da + nome** per indicare la funzione di un oggetto	È la prima volta che ti vedo con gli occhiali **da** vista!
in	si usa con i mezzi di trasporto	• Vai **in** bicicletta? Stasera piove! ▸ Allora vado **in** macchina.
con	si usa per introdurre una compagnia e uno strumento	• Non esci **con** me e Sabrina? ▸ Lavoro **con** il computer.

LE PREPOSIZIONI SEMPLICI E ARTICOLATE

su	si usa per introdurre un argomento specifico	*Ho comprato un libro **su** Leonardo Da Vinci.* *Leggo un libro **sulla** Seconda Guerra Mondiale.* (preposizione articolata, vedi pagina 124)
per	si usa per introdurre il motivo o l'obiettivo dell'azione	*Leggi **per** piacere o **per** studio?* *Studio **per** l'esame di domani.*

Esercizio 1.
Leggi le frasi e scegli il significato delle **preposizioni**, come nell'esempio.

	possesso	materiale	argomento	strumento	obiettivo	funzione
1. A casa ho 20 tazzine **da** caffè, forse sono troppe?	☐	☐	☐	☐	☐	☐
2. Le lezioni **di** geografia sono sempre interessanti.	☐	☐	☐	☐	☐	☐
3. Marco si allena **per** la maratona.	☐	☐	☐	☐	☐	☐
4. Vorrei comprare un tavolo **di** cristallo per il soggiorno.	☐	☐	☐	☐	☐	☐
5. Vai in montagna? Ti serve una giacca **da** neve!	☐	☐	☐	☐	☐	☐
6. Marta ha perso il cellulare, per il momento sta usando quello **di** Sofia.	☐	☐	☐	☐	☐	☐
7. È bene pulire lo schermo del computer **con** un prodotto specifico.	☐	☐	☐	☐	☐	☐

Esercizio 2.
Sottolinea l'opzione corretta.

1. Fabio ha comprato un romanzo **di / su** fantascienza, lo inizia domani.
2. Silvia va spesso a teatro **con / da** i suoi amici, è il loro passatempo preferito.
3. Gianni e Valerio stanno studiando **per / con** il test d'ammissione all'università.
4. Carla preferisce andare a Venezia **in / su** treno.
5. Ho aggiustato le tue scarpe **con / per** una colla speciale.
6. ▶ Il tuo maglione è **di / con** lana?
   ● Sì, è molto caldo!

Esercizio 3.
Completa con la preposizione corretta: **di** o **da**?

1. Bianca è stanchissima dopo il lavoro, vuole guardare qualcosa _____ divertente in tv.
2. Valentina deve andare alla festa di Nina, ma non ha niente _____ mettere.
3. Facciamo qualcosa _____ bello per il mio compleanno?
4. Sto leggendo l'ultimo romanzo _____ Baricco, tu l'hai letto?
5. Ho trovato un bellissimo quadro _____ regalare a Clara!
6. Oggi Fabio ha troppo _____ fare in ufficio!

LE PREPOSIZIONI SEMPLICI E ARTICOLATE

Le preposizioni articolate

Nel dialogo hai letto anche queste preposizioni: *sulla* Seconda Guerra Mondiale e *al* cinema. Sono preposizioni articolate, formate dall'unione delle preposizioni semplici e degli articoli determinativi. Osserva la tabella.

	il	lo	la	la (i)	gli	le
di	del	dello	della	dei	degli	delle
a	al	allo	alla	ai	agli	alle
da	dal	dallo	dalla	dai	dagli	dalle
in	nel	nello	nella	nei	negli	nelle
su	sul	sullo	sulla	sui	sugli	sulle
con	con il	con lo	con la	con i	con gli	con le
per	per il	per lo	per la	per i	per gli	per le
tra	tra il	tra lo	tra la	tra i	tra gli	tra le
fra	fra il	fra lo	fra la	fra i	fra gli	fra le

Con, per, tra, fra non formano una sola parola con l'articolo.
La farmacia si trova *tra il* supermercato e la biblioteca.

Generalmente le **preposizioni articolate** si usano:

quando l'informazione è specifica, non generica	Mi siedo *su* una sedia (luogo generico) → Mi siedo **sulla** sedia rossa (luogo specifico) Sono *in* farmacia (luogo generico) → Sono **nella** farmacia in Via Mattei (luogo specifico).
quando il nome che segue è un nome determinato (con l'articolo determinativo)	Vengo **dall'**Italia. Ho visto un documentario interessante **sull'**Amazzonia.
quando il nome che segue è al plurale	Sto viaggiando **negli** Stati Uniti. Mi manca l'aria **negli** spazi chiusi.
con gli orari usiamo il femminile plurale (eccezione: *l'una* è singolare)	Ci vediamo **alle** 20:00. La lezione inizia **alle** 8:45. Ieri sera Marco è tornato a casa **all'**una di notte.

LE PREPOSIZIONI SEMPLICI E ARTICOLATE

Esercizio 4.
Sottolinea l'opzione corretta, poi abbina il modo di dire al suo significato, come nell'esempio.

1. Mettere la pulce **nel** / **nell'**orecchio.
2. Essere **al** / **allo** settimo cielo.
3. Essere **sulla** / **sulle** stessa lunghezza d'onda.
4. Fare il passo più lungo **dalla** / **della** gamba.
5. Avere le farfalle **nello** / **nel** stomaco.
6. Non avere peli **sulla** / **sul** lingua.
7. Cadere **dal** / **dalle** nuvole.
8. Chi ben comincia è a metà **dell'** / **del** opera.

a. essere sinceri
b. prendere impegni troppo grandi
c. avere le stesse opinioni
d. essere nervosi, ansiosi o emozionati
e. essere molto sorpresi
f. suscitare dubbi o sospetti
g. essere felicissimi
h. iniziare bene è un passo importante verso il successo

Esercizio 5.
Completa con la preposizione articolata, come nell'esempio.

1. Ho prenotato un tavolo per due (*a*) _al_ ristorante cinese in via Berti.
2. Stasera fanno un bello spettacolo (*a*) _____ Teatro Rossetti.
3. Puoi prendere quattro forchette? Sono (*in*) _____ primo cassetto.
4. Ho trovato le tue chiavi (*in*) _____ mie tasche.
5. Saverio ha mal di denti, deve andare (*da*) _____ dentista domani.
6. Scrivo (*a*) _____ sorella di Mara per invitarla (*a*) _____ cena di mercoledì.
7. Alice preferisce allenarsi (*in*) _____ palestra sotto casa che (*a*) _____ parco.

Esercizio 6.
Scegli le preposizioni semplici della lista, poi completa il dialogo con le preposizioni articolate.

a (x2) • in • di • per (x2)

- Che fai questo fine settimana?
▶ Niente, non ho programmi. Tu?
- Vorrei andare _____ cinema. Ho due biglietti per vedere *Diabolik* sabato. Ti va di venire con me?
▶ Volentieri, a che ora?
- I biglietti sono _____ spettacolo _____ 19:00. Ci vediamo un po' prima?
▶ Sì, _____ 18:00, così facciamo un aperitivo e mi racconti che hai fatto durante le vacanze!
- Ok!
▶ Ci vediamo direttamente in piazza Cavour?
- Sì, _____ locale carino dove ha fatto la sua festa Riccardo, ti ricordi?
▶ Sì, va bene! Allora grazie ancora _____ invito!

Diabolik è un personaggio dei fumetti molto popolare in Italia, creato nel 1962. È un criminale imprendibile e che uccide senza pietà le sue vittime per realizzare i suoi piani. È anche il protagonista di alcuni film.

21 LE PREPOSIZIONI SEMPLICI E ARTICOLATE

Esercizio 7.
Sottolinea la preposizione corretta: semplice o articolata?

La settimana **di / della** lingua italiana **in / nel** mondo

Si tratta **di / del** un evento internazionale che si svolge ogni anno **in / nel** mese **di / dell'** ottobre con l'obiettivo **di / del** promuovere la lingua italiana e favorire lo scambio culturale **tra / tra l'** Italia e il resto **di / del** mondo. Ogni edizione è dedicata **a / al** un argomento diverso: letteratura, cinema, scienza, tecnologia, ecc. Questo evento è organizzato **da / dall'** Accademia della Crusca (un importante centro **di / della** ricerca scientifica che studia e promuove l'italiano) e **da / dal** Ministero degli Affari Esteri e della Cooperazione Internazionale.

Esercizio 8.
Completa con la preposizione semplice o articolata.

1. Il gatto _____ Raffaella dorme sempre _____ divano verde.
2. La prossima settimana Giovanni deve lavorare tutti i giorni _____ mezzogiorno _____ 21:00.
3. Il nostro cane sta giocando _____ giardino _____ vicino.
4. Preferisci vivere _____ città o _____ campagna?
5. _____ centro storico _____ Firenze ci sono molte botteghe orafe.
6. Tu dove tieni gli occhiali _____ sole? Io li tengo sempre _____ tasca destra _____ mia giacca.

Esercizio 9.
Completa con le preposizioni della lista.

di • a • da • in • tra • del • delle • degli • nell' • dal • al

🔊 audio 21

Gli italiani e lo sport

Lo sport è protagonista _____ nostre vite. _____ ultimo anno il 56% _____ italiani si è allenato regolarmente, più _____ palestra che _____ casa o _____ parco. Anche la vendita _____ articoli sportivi, come racchette _____ tennis e biciclette, è aumentata _____ 15%. Ci sono il calcio, la corsa, l'escursionismo, il nuoto e il ciclismo _____ gli sport più praticati. Molti italiani hanno anche guardato eventi sportivi _____ vivo: non solo calcio, ma anche nuoto, pallavolo, tennis e pallacanestro.

22. IL COMPARATIVO

Leggi e osserva le parole evidenziate.

Roma è **più grande di** Milano.
Roma è **meno costosa di** Milano.
Roma è affascinante **come/quanto** Milano.

Le parole evidenziate sono **comparativi**.

Il comparativo **più / meno... di / che** è usato per paragonare le qualità di persone, cose, azioni o luoghi.

Usiamo **di** quando la parola che segue è:	un nome	Roma è **più** grande **di** Milano. Il calcio è **più** popolare **dello** sci.
	un pronome personale	Giulia è **meno** simpatica **di** te!
	un pronome possessivo	Il tuo orologio è **più** bello **del** mio.
	questo / quello	Questo zaino è **più** leggero **di** quello.
	l'avverbio ieri, prima, oggi, adesso, ecc.	Oggi sono **meno** stanca **di** ieri.
Usiamo **che** quando la parola che segue è:	un verbo all'infinito	Prendere il treno è **più** comodo **che** guidare l'auto.
	un aggettivo	Questa piccola borsa è **più** bella **che** funzionale.
	una preposizione	Gino è **più** arrabbiato con te **che** con Sara.
	un nome al plurale o non numerabile (pasta, latte, frutta, caffè, ecc.)	A Roma ad agosto ci sono **più** turisti **che** romani. Mangio **più** riso **che** pasta.
	un avverbio	È **più** comodo qui **che** lì.

22 IL COMPARATIVO

Esercizio 1.
Osserva la **parola** e scegli l'opzione corretta: **di** o **che**?

		di	che
1.	Parlare è più difficile ____ **capire** in una lingua straniera.	☐	☐
2.	In italiano Jane è più brava ____ **Rachel**.	☐	☐
3.	Ieri ero più felice ____ **oggi**.	☐	☐
4.	Il clima di questo posto è più umido ____ **caldo**.	☐	☐
5.	La casa di Stefania è più bella ____ **quella** di Lilli.	☐	☐
6.	Questo lavoro è più utile ____ **divertente**.	☐	☐
7.	Riccardo è più timido ____ **me**.	☐	☐
8.	Luisa è più brava a cantare ____ **a ballare**.	☐	☐

Esercizio 2.
Completa con **di** o **che**.

1. Sandro lavora meno ____ Carlo.
2. Sonia preferisce abitare in campagna ____ in città.
3. I miei figli mangiano più verdura ____ frutta.
4. Gianluca ha più amici ____ Raffaele.
5. Verona è meno popolosa ____ Firenze.
6. Siete più generosi ____ loro.
7. A settembre fa meno caldo ____ a luglio.
8. Oggi sono più stanca ____ ieri.

Esercizio 3.
Completa le frasi con **di** o **che**. Attenzione: in due frasi devi aggiungere anche l'articolo determinativo!

1. La torre di Pisa è più visitata ____ campanile di Giotto.

2. La borsa rossa è più grande ____ quella arancione.

3. Secondo Laura, leggere è meno divertente ____ guardare un film.

4. Lorenzo beve più tè ____ caffè.

5. Sabrina ha i capelli più lunghi ____ Grace.

6. Queste scarpe sono più belle ____ mie!

IL COMPARATIVO 22

Esercizio 4.
Osserva le immagini, scegli un aggettivo della lista (attenzione, c'è un aggettivo in più) e crea le frasi con il comparativo **più... di / che** o **meno... di / che**.

grande • sano • forte • sereno • felice

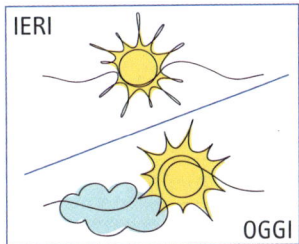   

1. Oggi il tempo è _____ ieri.
2. Il barboncino è _____ bassotto.
3. Sara è _____ Luca.
4. L'insalata è _____ patatine fritte.

Il comparativo di uguaglianza

In italiano c'è anche il comparativo di uguaglianza **come / quanto**.

Roma è affascinante **come / quanto** Milano.
Maria è appassionata di musica **come / quanto** suo fratello.
Il film è interessante **come / quanto** il libro.

Esercizio 5.
Completa le frasi con il comparativo dell'aggettivo. Attenzione: fai l'accordo quando è necessario!

1. Di solito gennaio è (+ *freddo*) _____ marzo.
2. Dormire in albergo è (+ *comodo*) _____ dormire in campeggio.
3. Le canzoni pop italiane sono (− *popolare*) _____ quelle americane.
4. Una giacca di lana è (+ *caldo*) _____ una giacca di jeans.
5. Il Parmigiano Reggiano è (= *buono*) _____ il Grana Padano.
6. In Italia viaggiare in treno è (+ *comune*) _____ negli Stati Uniti.

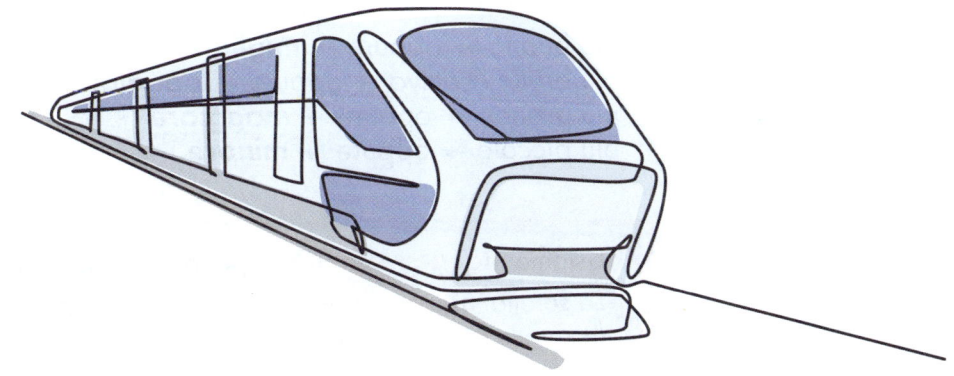

22 IL COMPARATIVO

Esercizio 6.
Abbina gli aggettivi agli animali, poi scrivi le frasi, come nell'esempio.

lento • testardo • vanitoso • rosso • ~~furbo~~ • muto

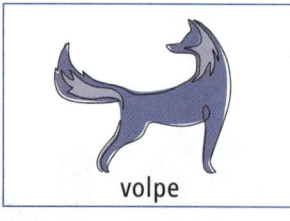
volpe
1. _furbo_

pavone
2. _____

mulo / asino
3. _____

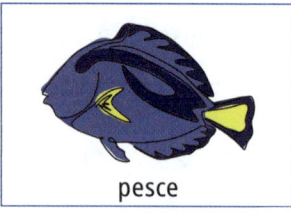
pesce
4. _____

lumaca
5. _____

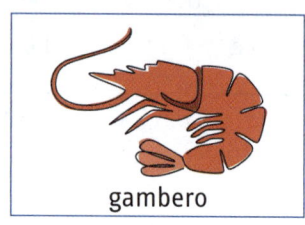
gambero
6. _____

1. _furbo come una volpe_
2. _____
3. _____
4. _____
5. _____
6. _____

Ora completa le frasi, come nell'esempio. Fai l'accordo dell'aggettivo, quando è necessario.

1. Daniela sa fare il suo lavoro, è _furba come una volpe_ !
2. Filippo arriva sempre per ultimo, è _____ .
3. Riccardo è molto timido ed è _____ quando si trova con persone che non conosce!
4. Barbara è stata al mare e ha preso troppo sole, ora è _____ !
5. Raffaele si guarda sempre allo specchio, è _____ .
6. Ginevra non vuole mai cambiare idea, è _____ !

Comparativi irregolari

Alcuni aggettivi hanno anche una forma particolare di comparativo.

più buono → oppure → **migliore**
più brutto/cattivo → oppure → **peggiore**
più grande → oppure → **maggiore**
più piccolo → oppure → **minore**

⚠️ Usiamo **maggiore** e **minore** per parlare dell'età.
La sorella **maggiore** (= più grande) di Marta lavora a Milano, la sorella **minore** (= più piccola) va ancora a scuola.

Usiamo **più grande** e **più piccolo** per parlare di dimensioni.
La casa di Rachele è **più grande** della casa di Rocco.

IL COMPARATIVO 22

Esercizio 7.
Scegli l'opzione corretta.

1. La torta di Rita è _____ di quella che ho preparato io.
   a. ☐ più buona   b. ☐ migliore   c. ☐ *entrambe le opzioni*
2. Il nuovo edificio è _____ di quello che c'era prima.
   a. ☐ più brutto   b. ☐ peggiore   c. ☐ *entrambe le opzioni*
3. Questo appartamento sembra _____ di quello dove abito io.
   a. ☐ più piccolo   b. ☐ minore   c. ☐ *entrambe le opzioni*
4. Roma è _____ di Milano.
   a. ☐ più grande   b. ☐ maggiore   c. ☐ *entrambe le opzioni*
5. Il tuo progetto è _____ del mio!
   a. ☐ più buono   b. ☐ migliore   c. ☐ *entrambe le opzioni*

Esercizio 8.
Completa con le forme comparative corrette, come nell'esempio.
Usa **di**, **che** o **come**. Fai l'accordo dell'aggettivo quando è necessario.

🔊 audio 22

▶ Oggi ti offro il pranzo alla trattoria *da Rosina*, andiamo!
● Che bello, grazie! Mi piace mangiare al ristorante.
▶ In realtà il ristorante e la trattoria sono due cose diverse.
● Ah davvero? Quali sono le differenze?
▶ Per prima cosa, l'atmosfera del ristorante è (+ *elegante*) ___più elegante di___ quella della trattoria, che è molto familiare. Vedrai quanto sono simpatici i camerieri da Rosina, Giorgio e Monica, ti accolgono e ti parlano come degli amici!
● Ok! Li conosci bene?
▶ Sì, Giorgio è il fratello (+ *grande*) _____ mio amico Federico, Monica è la sorella (+ *piccolo*) _____ Davide, un mio collega.
● Ah, ho capito! Io comunque ho fame, vorrei prendere qualcosa come una tartare di pesce!
▶ Mhm... Beh, non c'è nel menù. La trattoria offre una cucina locale e regionale, quindi piatti (+ *semplice*) _____ e (- *sofisticato*) _____ quelli di un ristorante.
● Capisco... Prenderò qualcos'altro.
▶ Comunque sei hai fame, stiamo andando nel posto giusto! Le porzioni nelle trattorie sono decisamente (+ *abbondante*) _____ nei ristoranti.
● Ah, quindi costa di più?
▶ In realtà, no! Di solito i prezzi del ristorante sono (+ *alto*) _____ quelli della trattoria.
● Ah, ok. E invece la pizzeria?
▶ È (= *informale*) _____ la trattoria.
Anche i prezzi sono (= *economico*) _____ quelli della trattoria. L'unica differenza è che la pizzeria offre principalmente pizza!

23. IL SUPERLATIVO

Leggi e osserva le parole **evidenziate**.

Roma è **la** città **più grande d'**Italia.
La regione della Valle d'Aosta è **la meno popolata d'**Italia.
Il Gran Sasso è **la** montagna **più alta degli** Appennini.
Il Veneto è **la** regione **più visitata tra** quelle italiane.

Le parole **evidenziate** sono **superlativi relativi**.

Il superlativo relativo

Il **superlativo relativo** è usato per esprimere la qualità di una persona, di una cosa o di un luogo all'interno di un gruppo, con un paragone. La struttura del superlativo relativo è:

articolo determinativo + (nome) + **più / meno** + aggettivo + **di** o **tra / fra**	*Roma è **la** città **più grande** d'Italia.* *La Valle d'Aosta è **la** regione **meno popolata** d'Italia.* *Il Gran Sasso è **la** montagna **più alta degli** Appennini.* *Il Veneto è **la più visitata tra** le regioni italiane.*

Come per il comparativo, anche per il superlativo relativo alcuni aggettivi hanno una forma particolare:
più buono / bravo → **migliore** • più brutto / cattivo → **peggiore**
più grande → **maggiore** • più piccolo → **minore**

Esercizio 1.
Collega le frasi, come nell'esempio.

1. La città pugliese di Otranto è chiamata "la porta d'oriente",
2. Bologna è soprannominata "la dotta", cioè "la sapiente",
3. Roma è chiamata "caput mundi",
4. La città di Napoli è soprannominata "la città delle 500 cupole",
5. Ferrara è "la città delle biciclette",
6. Genova è "la superba",

a. perché durante l'Impero Romano era il centro più importante del mondo.
b. perché per centinaia di anni è stata la città marittima più potente d'Europa.
c. perché questo mezzo di trasporto è il più popolare tra i suoi abitanti.
d. perché la sua università è la più antica d'Europa.
e. perché è la più orientale d'Italia.
f. perché è la più ricca di chiese d'Italia, forse del mondo!

IL SUPERLATIVO 23

Esercizio 2.
Completa con il superlativo relativo degli aggettivi, fai l'accordo quando è necessario, come nell'esempio.

1. mammifero | + veloce | di
   Il ghepardo è ___il mammifero più veloce della___ Terra.

2. deserto | + caldo | di
   Il Sahara è _____ mondo.

3. canzone | – conosciuto | di
   Questa è _____ artista.

4. episodio | + brutto | di
   L'ottavo è _____ serie.

5. città | + popoloso | di
   Tokyo è _____ mondo.

6. pizza | + semplice | di
   La marinara è _____ menù.

7. quadro | + famoso | di
   La *Gioconda* è _____ Leonardo da Vinci.

8. strada | – trafficato | di
   Via Rossi è _____ città.

9. montagna | + alto | di
   L'Everest è _____ Terra.

Esercizio 3.
Riscrivi le frasi con le forme particolari del superlativo relativo, come nell'esempio.

1. Lorenzo è lo studente più bravo della nostra classe.
   Lorenzo è lo studente migliore della nostra classe.

2. Il ristorante che si trova in piazza Verdi è il più cattivo del quartiere.

3. Il ritardo di Maurizio è il problema più piccolo di questa situazione!

4. Il mio amico Valerio è il più grande esperto di profumi della città.

5. Questa è l'opera d'arte più brutta della tua collezione!

6. Secondo me, il secondo di pesce è stato il piatto più buono della cena.

23 IL SUPERLATIVO

Leggi e osserva le parole evidenziate.

Roma è una città **molto bella / bellissima**!
La Valle d'Aosta è una regione **molto piccola / piccolissima**!
Il Po è un fiume **molto importante / importantissimo** per l'agricoltura.
Il Veneto è una regione **molto popolare / popolarissima** tra i turisti!

Le parole evidenziate sono **superlativi assoluti**.

Il superlativo assoluto

Il **superlativo assoluto** è usato per esprimere la qualità di una persona, di una cosa o di un luogo in modo assoluto, senza paragone.

Possiamo formare il superlativo assoluto in due modi:

molto + aggettivo	Roma è una città **molto bella**. La Valle d'Aosta è una regione **molto piccola**. Il fiume Po è **molto importante** per l'agricoltura. Il Veneto è **molto popolare** tra i turisti.
aggettivo + suffisso -issimo/a/i/e	Roma è una città bell**issima**. La Valle d'Aosta è una regione piccol**issima**! Il fiume Po è important**issimo** per l'agricoltura. Il Veneto è popolar**issimo** tra i turisti.

⚠️ Alcuni aggettivi come *meraviglioso, straordinario, terribile, fantastico, stupendo*, ecc., non hanno il superlativo assoluto perché il loro significato è già al grado superlativo.

Esercizio 4.
Forma il superlativo assoluto degli aggettivi (con **molto**). Attenzione: devi fare l'accordo tra aggettivo e soggetto!

1. Marisa è (*bravo*) _____ in matematica.
2. Questo film è (*noioso*) _____.
3. Luigi e Roberto hanno fatto un'escursione in montagna, sono (*stanco*) _____!
4. Le tue amiche sono (*simpatico*) _____!
5. La professoressa di fisica è (*severo*) _____.
6. Giada e Rosa hanno studiato tutto il fine settimana, si sentono (*preparato*) _____ per l'esame.

Esercizio 5.
Riscrivi le frasi con il superlativo assoluto degli aggettivi (con **-issimo/a/i/e**), quando è possibile.

1. Sabrina è molto arrabbiata con Francesco.
   _____
2. L'auto di Marco è molto nuova, l'ha comprata ieri!
   _____
3. Il tuo vestito è stupendo, dove l'hai comprato?
   _____
4. Che bello quel giardino, è molto fiorito!
   _____
5. Questa bevanda ha un gusto terribile, non la bevo!
   _____
6. Grazie per avermi offerto la cena, sei stata molto gentile!
   _____

IL SUPERLATIVO 23

Esercizio 6.
Seleziona l'opzione corretta.

🔊 audio 23

Queste sono le serie tv italiane **le più popolari / più popolari** all'estero:

1. **I Medici** | Il dramma storico sulla vita della potente famiglia di Firenze è la serie tv italiana **più vista / la più vista** all'estero!
2. **Gomorra** | Una serie **popolarissima / più popolare** in Francia, in Belgio, in Marocco e in Algeria! Racconta le dinamiche della criminalità organizzata a Napoli ed è basata sull'omonimo romanzo di Roberto Saviano.
3. **The Young Pope** | La storia dell'immaginario Papa Pio XIII è **più seguita / seguitissima** soprattutto in Russia, in Ucraina e in Lettonia.
4. **Winx Club** | La serie d'animazione creata da Iginio Straffi è **amatissima / più amata** dai più piccoli in 150 Paesi.
5. **Baby** | Questa serie tv è ispirata a fatti realmente accaduti a Roma. Tra le serie tv di questa lista è **la meno seguita / meno seguita**, ma è **più apprezzata / apprezzatissima** in Spagna e in Cile.

Esercizio 7.
Completa le frasi con l'opzione corretta. Attenzione: c'è un'opzione in più!

più pericolosi • più grandi • più famosi • buonissimi • la più estesa tra • più grande d' • i più famosi • altissimo

1. La Sicilia si trova nel Mar Mediterraneo, è l'isola _____ Italia.
2. È anche _____ le regioni italiane.
3. Le città _____ dell'isola sono Palermo, Catania, Messina e Siracusa.
4. In Sicilia c'è l'Etna, un vulcano _____ (3357 metri), uno dei vulcani attivi _____ del mondo.
5. Ci sono molti dolci _____ in Sicilia: tra quelli della tradizione _____ sono la cassata, il cannolo e la pasta di mandorle.

Esercizio 8.
Completa con la forma corretta di superlativo (relativo o assoluto) dell'aggettivo. Attenzione: fai l'accordo quando è necessario!

1. Grazie per i tuoi consigli, sono stati (*utile*) _____!
2. Per fortuna Benedetta ha scelto le scarpe (*costoso*) _____ negozio e così ha potuto comprarsi anche una (*bello*) _____ borsa.
3. Io e Grazia ridiamo sempre quando siamo con Vittorio, è (*simpatico*) _____!
4. Il 21 giugno è il giorno (*lungo*) _____ anno.
5. L'estate scorsa ho fatto un viaggio (*bello*) _____ in Sardegna, la prossima volta devi venire con me!
6. Il Molise è la regione (*visitato*) _____ Italia, perché non è molto conosciuta.

24. IL SI IMPERSONALE

Leggi e osserva i verbi **evidenziati**.

> A volte non **si dorme** bene perché, anche se **si è stanchi**, non **ci si addormenta** facilmente. Quando **si dorme** male, **si lavora** male. Qual è la soluzione? Se **si vuole riposare** bene, è meglio non usare i dispositivi elettronici prima di andare a letto.

I verbi **evidenziati** sono verbi alla forma impersonale con il pronome **si**.

Il **si impersonale** è usato per parlare di azioni generali che riguardano tante persone, non c'è un soggetto specifico. La struttura è:

si + terza persona singolare del verbo	Quando **si dorme** male, **si lavora** male. = Quando le persone dormono male, lavorano male. • Quando uno dorme male, lavora male. • Quando una persona dorme male, lavora male. • Quando la gente dorme male, lavora male.
Dopo i verbi **essere** e **diventare** l'aggettivo è al maschile plurale.	**Si è stanchi** dopo una giornata di lavoro.
Con i tempi composti (passato prossimo, futuro anteriore, ecc) si usa l'ausiliare **essere**.	**Si è viaggiato** velocemente in aereo.
I verbi modali (**potere**, **volere**, **dovere**) vanno tra il pronome **si** è l'infinito del verbo.	**Si può cominciare** subito!

Esercizio 1.
Completa con la forma impersonale dei verbi al presente, poi collega le frasi come nell'esempio.

In Italia...
1. (andare) ___si va___ a scuola
2. (pranzare) _____ in famiglia
3. (parlare) _____ spesso di cibo
4. (guidare) _____
5. (fare) _____ attenzione

a. mentre si mangia.
b. dai 18 anni in su.
c. di domenica.
d. da settembre a giugno.
e. a che cosa si indossa in determinate occasioni.

Esercizio 2.
Completa con la forma impersonale dei verbi al presente.

1. (Rischiare) _____ di fare un incidente se (guidare) _____ male.
2. È più comodo viaggiare se (partire) _____ con poche valigie.
3. Nelle riunioni (parlare) _____ sempre di progetti per il futuro.
4. Non sempre (vincere) _____ se (fuggire) _____ in amore!
5. Alle feste di Marina (ballare) _____ molto!
6. (Mangiare) _____ sempre bene in questo ristorante.

IL SI IMPERSONALE 24

Esercizio 3.
Sottolinea la forma corretta.

1. Martina **legge / si legge** sempre per addormentarsi.
2. Secondo le statistiche, **legge / si legge** di più quando **va / si va** in vacanza.
3. Mia madre oggi non **lavora / si lavora**, ha preso il giorno libero.
4. Oggi non **lavora / si lavora** perché è festa.
5. Non **parla / si parla** con la bocca piena!
6. Olivia **parla / si parla** sempre con la bocca piena!
7. Che **fa / si fa** nel tempo libero nel tuo Paese?
8. Che **fa / si fa** Fernando nel suo tempo libero?

Esercizio 4.
Trasforma le frasi, come nell'esempio.

1. Quando uno è innamorato pensa sempre alla persona amata.
   Quando si è innamorati si pensa sempre alla persona amata.
2. Quando uno è stanco diventa irritabile.
3. Quando uno è felice sorride sempre.
4. Quando uno è giovane è senza pensieri.
5. Quando uno invecchia diventa più saggio.
6. Quando uno è curioso impara con facilità!
7. Quando uno è rilassato è più creativo.

Esercizio 5.
Trasforma al passato prossimo, come nell'esempio.

1. Si fa il possibile per risolvere il problema.
   Si è fatto il possibile per risolvere il problema.
2. Si parla molto di economia in tv.
3. Quest'anno si spende di più per le vacanze estive.
4. Si mangia di più in inverno che in estate.
5. Si sa perché Giovanna e Andrea si sono lasciati?
6. Si pensa di annullare la riunione di martedì.
7. Si legge meno negli ultimi anni.
8. Si viaggia per brevi periodi.

Esercizio 6.
Scrivi delle frasi per esprimere dei divieti al presente, come nell'esempio.

1. Disturbare durante la lezione. (*dovere*)
   Non si deve disturbare durante la lezione.
2. Fumare nei luoghi pubblici. (*potere*)
3. Rispondere al cellulare al cinema. (*potere*)
4. Andare in motorino senza casco. (*potere*)
5. Sporcare per terra. (*dovere*)
6. Parlare con la bocca piena. (*dovere*)
7. Mangiare in biblioteca. (*potere*)
8. Parlare al conducente. (*dovere*)

24 IL SI IMPERSONALE

Esercizio 7.
Completa con il verbo corretto.

si socializza • si vive • si è felici • si sta

Uno studio ha dimostrato che _____ meglio nelle città dove ci sono molti spazi verdi. Infatti, i parchi e i giardini riducono lo stress e migliorano la qualità dell'aria. Inoltre, _____ all'aria aperta per più tempo e tra le persone, quindi _____ di più. Il risultato è molto positivo: _____!

🔊 audio 24

Il SI impersonale con i verbi riflessivi

Per fare la forma impersonale di un verbo riflessivo usiamo il pronome **ci si**. Infatti la terza persona singolare di un verbo riflessivo contiene già il pronome **si** (riflessivo), perciò il pronome **si** della forma impersonale diventa **ci**.

ci + si + terza persona singolare del verbo	**verbo riflessivo** *Dopo una giornata stressante una persona non **si addormenta** facilmente.* **verbo impersonale e riflessivo** *Dopo una giornata stressante non **ci si addormenta** facilmente.*
	verbo riflessivo *A casa di Marco la gente **si diverte** sempre.* **verbo impersonale e riflessivo** *A casa di Marco **ci si diverte** sempre.*

Esercizio 8.
Completa con la forma impersonale dei verbi riflessivi.

1. Quando si è in ritardo (*prepararsi*) _____ in fretta.
2. Quando si viaggia leggeri (*godersi*) _____ di più il viaggio.
3. Quando un film è lento (*annoiarsi*) _____ a guardarlo.
4. Quando (*allenarsi*) _____ bene si sta meglio!
5. (*Sentirsi*) _____ liberi quando si finisce di lavorare.
6. Quando (*innamorarsi*) _____ non si capisce più niente!

Esercizio 9.
Sottolinea l'opzione corretta.

Anno nuovo, vita nuova?

Ogni anno a gennaio **si ha / ci si ha** voglia di cambiare. **Pensa / Si pensa** sempre alle stesse cose: **ci si deve iscrivere / si deve iscrivere** in palestra, **ci si vuole mangiare / si vuole mangiare** meglio, leggere di più, trascorrere meno tempo al cellulare o al computer, eccetera. Di solito **ci si impegna / si impegna** per un mese o due, ma poi **ci si arrende / si arrende**. Forse anche questo fa parte delle tradizioni di fine ed inizio anno: **ci si diverte / si diverte** a immaginare una nuova vita con nuove abitudini!

IL SI IMPERSONALE 24

Il SI passivante

Osserva:

| il **si** impersonale | *La domenica non **si lavora**.*
*In Italia **si mangia** bene.* |

In questo caso il verbo impersonale è usato in senso assoluto, il verbo non si riferisce a nessuno nome.

| il **si** passivante | *In Italia **si mangia** <u>la pasta</u>.* (terza persona singolare del verbo)
*In Italia **si mangiano** <u>gli spaghetti</u>.* (terza persona plurale del verbo) |

In questo caso il verbo è seguito da un nome. Quando il nome è singolare, il verbo è alla terza persona singolare, quando il nome è plurale, il verbo è alla terza persona plurale.

Esercizio 10.
Completa la ricetta con la forma corretta del **si passivante**. Poi rispondi alla domanda.

1. (*Preparare*) _____ il caffè, preferibilmente con la moka.
2. Per fare la crema: (*prendere*) _____ le uova e (*separare*) _____ i tuorli dal bianco.
3. In una ciotola (*mescolare*) _____ i tuorli con lo zucchero, poi (*versare*) _____ il mascarpone. In un'altra ciotola (*lavorare*) _____ il bianco d'uovo per ottenere una consistenza morbida e ariosa, che poi (*aggiungere*) _____ al mascarpone. È importante mescolare con movimenti dal basso verso l'alto.
4. A questo punto (*bagnare*) _____ i biscotti savoiardi nel caffè e (*mettere*) _____ in una teglia di vetro, poi (*versare*) _____ un po' di crema sui savoiardi. Questo si ripete fino a che non (*finire*) _____ gli ingredienti.
5. Alla fine (*mettere*) _____ il dolce in frigorifero. Dopo molte ore (o meglio, tutta la notte) è pronto!

Di che dolce si tratta?

☐☐☐☐☐☐☐☐

24 IL SI IMPERSONALE

Esercizio 11.
Abbina ogni azione alla festa corrispondente, poi crea delle frasi con il **si impersonale** (**si** o **ci si**) o **passivante**, come nell'esempio.

> brindare al nuovo anno • mascherarsi per andare a una festa • ~~organizzare una grigliata con gli amici~~
> stare in spiaggia con gli amici • celebrare la festa della Repubblica Italiana • fare i regali alla famiglia e agli amici

1. A Pasquetta... _si organizza una grigliata con gli amici._
2. A Natale... _____
3. Il 2 giugno... _____
4. A Carnevale... _____
5. A Capodanno... _____
6. A Ferragosto... _____

Esercizio 12.
Completa con il **si impersonale** (**si** o **ci si**) o con il **si passivante** dei verbi della lista al presente o all'imperfetto. Segui l'esempio.

> telefonare (x2) • leggere • conoscersi (x2) • inviare • informarsi • ~~fotografare~~ (x2) • pubblicare

Quante cose sono cambiate!

1. Ora _si fotografa_ con il cellulare o con la macchina fotografica digitale, in passato _si fotografava_ con la macchina fotografica analogica.
2. In passato _____ di persona alle feste, ora _____ sui social media.
3. Prima _____ le cartoline agli amici dai luoghi di vacanza, ora _____ le foto delle vacanze sui social media.
4. Ora _____ le notizie su Internet, in passato _____ nelle biblioteche, sui giornali o alla radio.
5. Prima _____ dalle cabine telefoniche, ora _____ dal cellulare.

I giorni festivi in Italia
(in questi giorni non si lavora e non si va a scuola)

1 gennaio	Capodanno	**15 agosto**	Assunzione di Maria / Ferragosto
6 gennaio	Epifania	**1 novembre**	Ognissanti
25 aprile	Liberazione dal nazifascismo (1945)	**8 dicembre**	Immacolata Concezione
1 maggio	Festa del lavoro	**25 dicembre**	Natale
2 giugno	Festa della Repubblica	**26 dicembre**	Santo Stefano

Altri giorni festivi:
> tutte le domeniche
> il Lunedì di Pasqua / Pasquetta (non ha una data fissa)
> le festività locale del Santo patrono
   (per esempio, a Roma il 29 giugno è la festa di San Pietro e San Paolo)

Un'altra data da ricordare (non è un giorno festivo) è il 17 marzo, anniversario dell'Unità d'Italia (1861).

25. LA PARTICELLA CI

Leggi e osserva la parola **evidenziata**.

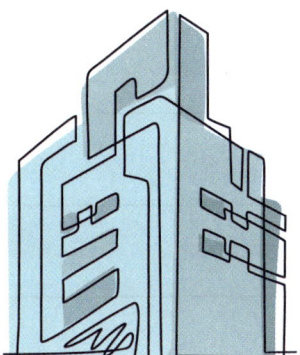

- Quando vai al museo di arte moderna?
- ▶ **Ci** sto andando proprio ora!
- Ma come? Sapevi che volevo andar**ci** anche io!
- ▶ Non **ci** ho pensato, mi dispiace. Se vuoi **ci** andiamo insieme.
- Va bene. Ma il biglietto? **Ce** l'hai già?
- ▶ No, lo faccio alla biglietteria del museo.

La parola **evidenziata** è la particella **ci**.

La particella **ci** può essere di tre tipi:

ci pronome locativo	**Ci** sto andando proprio ora! Volevo andar**ci** anche io!
ci pronome dimostrativo	Non **ci** ho pensato.
ci rafforzativo	**Ce** l'hai già?

Il ci locativo

Il **ci** locativo si usa per sostituire un luogo.	• Quando vai <u>a Roma</u>? ▶ **Ci** vado domani. (ci = a Roma) • Ieri ho pranzato <u>nel nuovo ristorante</u> a Piazza Verdi. ▶ Molto buono, **ci** vado spesso. (ci = in quel ristorante)
Il **ci** locativo si trova davanti al verbo coniugato. Quando c'è un verbo modale nella frase (**volere**, **potere**, **dovere**), il **ci** locativo può andare prima o dopo il verbo.	• Sei andato al museo di arte moderna? ▶ Non ancora, **ci** <u>voglio</u> andare presto! / ▶ Non ancora, <u>voglio</u> andar**ci** presto!

Esercizio 1.

Che cosa sostituisce **ci**? Sottolinea la parte di frase, come nell'esempio.

1. ▶ Perché sei <u>in questo ufficio</u>?
   • Perché **ci** lavoro!
2. ▶ Quando vieni a Palermo?
   • **Ci** vengo lunedì prossimo.
3. ▶ Venite a cena da me stasera?
   • Sì, **ci** veniamo volentieri!
4. ▶ Perché Lucia va spesso in campagna?
   • Perché **ci** abita sua nonna.
5. ▶ Chi viene al cinema?
   • **Ci** vengo io!
6. ▶ Quante volte a settimana andate in palestra?
   • **Ci** andiamo tre volte.
7. ▶ Con chi vanno in vacanza i tuoi cugini?
   • **Ci** vanno con i loro amici.
8. ▶ Quando andate a fare la spesa?
   • **Ci** andiamo nel fine settimana.

25 LA PARTICELLA CI

Esercizio 2.
Riscrivi le **parti** con il **ci locativo**, come nell'esempio.

1. ● Simona, vieni da me stasera?
   ▶ No, vengo **da te** domani. → *No, ci vengo domani.*
2. ● Quando andate al mare?
   ▶ Andiamo **al mare** domenica. → _____
3. ● Tu e Roberto andate alla festa di Nando?
   ▶ Sì, andiamo **alla festa di Nando**. → _____
4. ● Se hai mal di pancia, devi andare dal medico!
   ▶ Sì, lo so, devo andare **dal medico**. → _____
5. ● Quante volte sei stato a Parigi?
   ▶ Sono stato **a Parigi** tre volte. → _____
6. ● Sei mai andata in Giappone?
   ▶ No, non sono mai andata **in Giappone**. → _____

Esercizio 3.
Sottolinea la particella **ci** quando è pronome locativo.

> Sabato mattina io e Leonardo ci siamo svegliati presto per andare al mercato dei fiori. Abbiamo deciso di andarci, perché due nostri amici ci hanno parlato bene di questo mercato. Il mercato è aperto solo la mattina dalle 4:00 alle 10:00, ci si deve andare prestissimo per comprare i fiori più belli! Quando siamo entrati nel mercato, tante persone camminavano tra i banchi e sceglievano i fiori. Quanti colori! Che profumo! Ci è piaciuto tantissimo!

Esercizio 4.
Completa il dialogo con il **ci locativo** dove necessario.
Attenzione: ci sono 3 spazi in più!

● Sei mai stata a Pisa?
▶ Sì, ___ sono stata un paio di mesi fa. Perché?
● Sto pensando di andar___ questo sabato.
▶ Come ___ vai?
● In treno, è la soluzione più comoda. Hai qualche consiglio da darmi?
▶ Beh, ___ devi andare in piazza dei Miracoli, è un sito patrimonio dell'Unesco e devo dire che è davvero impressionante vederla dal vivo. La mattina presto è il momento migliore per andar___, perché durante il giorno è una zona molto affollata.
● Ok, prendo nota. E dove posso mangiare qualcosa di tipico?
▶ Secondo me, ___ devi andare nel centro storico, ma fuori dalla zona più turistica. Ad esempio, in piazza Garibaldi ___ trovi tante opzioni.
● Ok, grazie!

LA PARTICELLA CI

Il ci dimostrativo

Il **ci dimostrativo** si usa con il significato di **a questo**, **su questo**, **con lui / lei / loro**.

- Pensi ancora <u>alla tua ex moglie</u>?
- No, non **ci** penso più! (ci = alla mia ex moglie)
- Parlate ancora <u>con Valentina</u>?
- No, non **ci** parliamo più. (ci = con lei)

Il **ci dimostrativo** si trova davanti al verbo coniugato. Quando c'è un verbo modale nella frase (**volere**, **potere**, **dovere**), il **ci dimostrativo** può andare prima o dopo il verbo.

- Posso contare <u>sul tuo aiuto</u>?
- Sì, **ci** puoi contare. / Sì, puoi contar**ci**.

Puoi usare il **ci dimostrativo** con i verbi *pensare a, credere a, parlare a, giocare a, tenere a, dedicarsi a, abituarsi a, riuscire a, provare a, contare su, concentrarsi su, riflettere su, parlare con, uscire con, vedersi con.*

Giochi spesso <u>a tennis</u>? → **Ci** giochi spesso?
Livia esce spesso <u>con Nina</u>. → Livia **ci** esce spesso.
Ho riflettuto molto <u>sul mio passato</u>. → **Ci** ho riflettuto molto.

Esercizio 5.
Che cosa sostituisce **ci**? Sottolinea la parte di frase, come nell'esempio.

1. ▶ Hai riflettuto bene <u>sulla mia offerta</u>?
   ● Sì, **ci** ho riflettuto bene, ma non l'accetto.
2. ▶ Stai pensando al lavoro?
   ● No, no, non **ci** sto pensando!
3. ▶ Perché tieni tanto a quell'orologio?
   ● **Ci** tengo tanto perché è un regalo di mio padre.
4. ▶ Uscite spesso con Dario e Laura?
   ● In realtà non **ci** usciamo quasi mai.
5. ▶ Chi vuole giocare a Monopoly?
   ● **Ci** voglio giocare io!
6. ▶ Perché non riuscite ad andare d'accordo?
   ● Non **ci** riusciamo perché siamo troppo diversi!
7. ▶ Secondo te, posso contare su Paola?
   ● Sì, **ci** puoi contare senza problemi!
8. ▶ Quando parli con Fabio?
   ● **Ci** parlo tra poco.

Esercizio 6.
Sottolinea la particella **ci** quando è pronome dimostrativo.

▶ Perché parli ancora con Federico? E perché ci esci stasera?
● Ci parlo ancora e ci esco stasera perché è un mio amico.
▶ Ma non è stato sincero con noi.
● Nella vita si può sbagliare.
▶ Ci ha mentito perché non tiene abbastanza alla nostra amicizia.
● Non è vero, ci tiene molto! Ci ha chiesto scusa, ha capito il suo errore. Comunque, stasera andiamo al locale in via Adami per bere una birra dopo cena, ci vieni anche tu?
▶ Non lo so, ci penso.

25 LA PARTICELLA CI

Esercizio 7.
Riscrivi le **parti** con il **ci dimostrativo**, come nell'esempio.

1. Il tennis è lo sport preferito di Sara, le piace giocare **a tennis** con gli amici.
   Il tennis è lo sport preferito di Sara, le piace giocarci con gli amici.

2. ▶ Hai pensato a cosa fare domani?
   ● No, sto ancora pensando a **cosa fare domani**.
   _____

3. Non posso credere **al racconto di Giacomo**, è assurdo!
   _____

4. ▶ Franco, sei riuscito a risolvere quel problema?
   ● Sì, sono riuscito **a risolvere quel problema**!
   _____

5. Renato ha una bella collezione di dischi, tiene molto **alla sua collezione di dischi**.
   _____

6. Alice ama il suo lavoro di fotografa, si dedica **al suo lavoro** con passione.
   _____

7. ▶ Quando esci con Lisa e Dario?
   ● Esco **con Lisa e Dario** stasera.
   _____

Il ci rafforzativo

Il **ci rafforzativo** si usa con un pronome diretto (**lo, la, li, le**) e il verbo **avere** (solo quando esprime il possesso). In questo caso **ci** diventa **ce**. Attenzione: non sostituisce una parte di frase, ma si aggiunge al pronome diretto e al verbo **avere** per facilitare la pronuncia.	● *Hai il biglietto per il museo?* ▶ *Sì, **ce** l'ho.* ● *Per caso hai una penna?* ▶ *Non **ce** l'ho, mi dispiace.* ● *Chi ha i soldi per un gelato?* ▶ ***Ce** li abbiamo noi!* ● *Ma non avevi tu le chiavi?* ▶ *No, **ce** le ha Silvia!*

Osserva:

davanti al verbo **avere** i pronomi diretti **lo** e **la** diventano **l'**	● *Piove. Hai l'ombrello?* ▶ *Sì, ce lo ho.* → *Sì, ce **l'**ho.* ● *Hai una penna?* ▶ *No, non ce la ho.* → *No, non ce **l'**ho.*
i pronomi diretti **li** e **le** invece non cambiano	● *Hai i soldi per la spesa?* ▶ *No, ce **li** ha Sandra.* ☒ *No, ce l'ha Sandra.* ● *Chi ha le chiavi?* ▶ *Ce **le** ha Luigi.* ☒ *Ce l'ha Luigi.*

LA PARTICELLA CI

Esercizio 8.
Completa il dialogo alla reception di un albergo con il **ci rafforzativo**, il pronome diretto e la forma corretta del verbo **avere**, come nell'esempio.

Il cliente chiede...	Il receptionist risponde...
Avete un parcheggio?	No, *non ce l'abbiamo.*
Avete il servizio in camera?	Sì, _____
Avete asciugamani extra?	Sì, _____
Per la colazione, avete opzioni per celiaci?	Sì, _____
Il receptionist chiede...	**Il cliente risponde...**
Ha un indirizzo mail?	No, _____
Ha un documento d'identità?	Sì, _____
Ha una mappa della città?	No, _____

Esercizio 9.
Sottolinea le ripetizioni da sostituire con la particella **ci**, poi riscrivi le frasi.

▶ Dove sei stato in vacanza?
● Sono stato a Ischia!
▶ Io passavo a Ischia tutte le estati da piccola, sai?
● Ma dai! È un'isola stupenda, ho sbagliato a non andare a Ischia prima.
▶ Sei riuscito a prenotare per andare alle terme?
● Purtroppo non sono riuscito a prenotare per andare alle terme, la prossima volta devo pensare a prenotare per andare alle terme in anticipo! Hai anche qualche ristorante da consigliarmi per la prossima volta?
▶ Certo, ti scrivo i nomi su questo tovagliolo, hai una penna?
● No, non ho una penna, ma posso scrivere nelle note dello smartphone.

_____
_____
_____
_____
_____

26. LA PARTICELLA NE

Leggi e osserva le parole evidenziate.

- Ho fatto una torta, **ne** vuoi una fetta?
- Volentieri.
- Che **ne** pensi?
- Non è male, ma è poco dolce.
- Ho messo la giusta quantità di zucchero.
- **Ne** serviva di più, secondo me.
- Secondo te, **ne** serve sempre di più! La tua è una dipendenza, **ne** devi uscire!

La parola evidenziata è la particella **ne**.

La particella **ne** può essere di tre tipi:

ne pronome partitivo	**Ne** vuoi una fetta? • **Ne** serviva di più.
ne pronome locativo	**Ne** devi uscire!
ne pronome dimostrativo	Che **ne** pensi?

video 26

Il ne partitivo

Il **ne** partitivo si usa per indicare **una parte** di **un tutto**.
Va prima del verbo e può indicare:

una quantità specifica	Ci sono molti alberghi in questa zona, ma io **ne** consiglio sempre <u>uno</u>: l'Hotel Stella. (ne = di alberghi)
	Quante magliette hai comprato? **Ne** ho comprate <u>quattro</u>. (ne = di magliette)
una quantità indefinita	Sto preparando una zuppa, **ne** vuoi <u>un po'</u>? (ne = di zuppa)
	Mi piacciono i libri, **ne** ho <u>tanti</u> a casa! (ne = di libri)
Si usa anche con le parole **niente / nulla, nessuno, neanche**, ecc.	Com'è andata la festa di Valeria? Non lo so e non **ne** voglio sapere <u>niente</u>! (ne = della festa)
	Conosci qualche collega di Franco? Non **ne** conosco <u>nessuno</u>! (ne = di colleghi)
Il **ne partitivo** si comporta come i pronomi diretti, quindi il participio passato cambia in base al nome che **ne** sostituisce (singolare / plurale, maschile / femminile):	Viviana adora <u>i film romantici</u>, **ne** ha visti cinque la settimana scorsa!
	▸ Ma quante <u>mele</u> hai comprato? • **Ne** ho comprate otto!

LA PARTICELLA NE 26

Osserva: **ne** o **lo**, **la**, **li**, **le**?

▶ Vi è piaciuta la torta?
● Sì, **ne** abbiamo mangiate <u>due fette</u>!
● Sì, **ne** abbiamo mangiata <u>metà</u>!
● Sì, **l'**abbiamo mangiata <u>tutta</u>!

▶ Il caffè è finito?
● No, **ne** è rimasto <u>un po'</u>.
● Sì, **l'**ha bevuto <u>tutto</u> Guido!
● No, **ne** sono rimaste <u>due tazze</u>.

Con la parola **tutto/a/i/e** usiamo i pronomi diretti **lo**, **la**, **li**, **le**.

Esercizio 1.
Abbina la domanda alla risposta, come nell'esempio.

1. Luca ne ha bevuti troppi stamattina. [f]
2. Ne ho visti tre questa settimana. [ ]
3. La signora Bianca ne ha comprato un chilo. [ ]
4. Ne ho mangiata troppa! [ ]
5. I nostri amici ne hanno ordinate cinque. [ ]
6. Fabrizio ne ha invitati dieci alla sua festa. [ ]

a. di patate

b. di amici

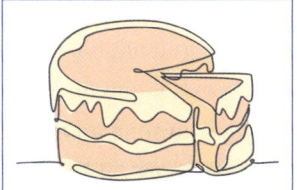

c. di torta

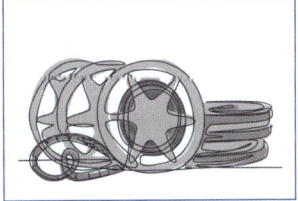

d. di film

e. di birre

f. di caffè

Esercizio 2.
Riscrivi le **parti** del dialogo con il **ne partitivo**.

PESCIVENDOLO	Buongiorno Signora, come posso aiutarla?
CLIENTE	Buongiorno, ho invitato due amici a cena stasera e vorrei preparare dei piatti a base di pesce. Però sono ancora indecisa su cosa fare!
PESCIVENDOLO	Le consiglio di preparare un antipasto di alici marinate.
CLIENTE	Accetto il consiglio, **prendo 200 grammi di alici marinate.** _____
PESCIVENDOLO	Poi che altro le do?
CLIENTE	Dei gamberi per il primo piatto. **Prendo un chilo di gamberi.** _____
PESCIVENDOLO	Benissimo, ha pensato anche al secondo?
CLIENTE	Sì, preparo dell'orata al forno. **Prendo tre filetti di orata**, uno a testa. _____
PESCIVENDOLO	Basta così?
CLIENTE	Sì, grazie! Domani le faccio sapere com'è andata la cena!

26 LA PARTICELLA NE

Esercizio 3.
Completa il participio passato, come nell'esempio.

1. Ho comprato una cassata siciliana e ne ho mangiat_a_ metà.
2. Non avevo il latte per la colazione e ne ho comprat__ due litri.
3. Stefano legge tanti libri, solo questa settimana ne ha lett__ cinque!
4. ▶ Quante torte hai ordinato per la festa?
   ● Ne ho ordinat__ solo una.
5. Servivano 15 sedie per la cena, ma Greta ne ha portat__ solo 10.
6. Mauro aveva troppi pantaloni nell'armadio, ne ha vendut__ un po'.
7. Quel ciambellone sembrava troppo buono, ne ho pres__ una fetta.

Esercizio 4.
Sottolinea il pronome corretto: **ne** o **lo**, **la**, **li**, **le**?

1. ▶ Sei stata allo Stadio dei Marmi?
   ● Sì, quante statue! **Ne / Le** ho fotografate tutte!
2. ▶ Hai letto le mail stamattina?
   ● No, non **ne / la** ho ancora letta nessuna.
3. ▶ Io sono all'episodio 8. Tu a quale episodio sei arrivato?
   ● Io **ne / li** ho visti tutti.
4. ▶ Hai ancora tutte quelle scarpe?
   ● No, **ne / le** ho vendute molte.
5. ▶ Buongiorno, vorrei quel filone di pane integrale.
   ● **Ne / Lo** vuole solo un pezzo o **ne / lo** prende tutto?

Esercizio 5.
Completa con l'opzione corretta: **ne** o un pronome diretto? Scrivi anche l'ultima lettera del participio passato quando necessario.

SAMIRA   Buongiorno! Come stai?
SANDRA   Salve! Tutto bene, grazie e tu?
SAMIRA   Anche io bene, grazie. Sandra, posso farti una domanda?
SANDRA   Quante ___ vuoi!
SAMIRA   Ma che espressione è "Salve"? Non ___ ho mai sentit_!
SANDRA   È un saluto molto usato in italiano, che viene da un verbo latino che significa "essere in buona salute"!
SAMIRA   Un altro saluto da imparare, allora non ___ ho studiat_ tutti! Ma è formale o informale?
SANDRA   È abbastanza generico, a metà strada tra "Buongiorno" e "Ciao", ___ puoi usare in molti contesti e con tutti.
SAMIRA   Capito, grazie!
SANDRA   E di che! Senti, per pranzo ho portato un'insalata di farro con le verdure. ___ ho preparat_ tanta, quindi se ti va, ce ___ è una porzione anche per te.
SAMIRA   Volentieri, grazie.

LA PARTICELLA NE 26

Il ne locativo

Il **ne locativo** si usa con il significato di **da un luogo** (anche figurato). Va prima del verbo e si usa principalmente con il verbo **uscire**.

*Nicola è entrato in quell'edificio e non **ne** è più uscito.* (= da quell'edificio)

*La situazione era imbarazzante, per fortuna **ne** sono uscito subito!* (= da quella situazione, luogo figurato)

Esercizio 6.
Sostituisci le frasi con l'opzione corretta.

ne uscivo • ne aveva una • ne ho una

Anna e Gianni stanno aspettando l'autobus alla fermata, ma Anna ha un forte mal di testa. Così, Gianni si offre di andare in farmacia a comprare l'aspirina, ma... poi arriva Federica alla fermata dell'autobus.

- Fede, hai un'aspirina? Ho un forte mal di testa.
- Forse ho un'aspirina nello zaino. Ora controllo... Sì, eccola! _____
- Grazie mille!
- Ma Gianni dov'è? Non eravate insieme?
- Sì, si è offerto di andare in quella farmacia per comprare l'aspirina, ma sono passati 10 minuti.
- Eccolo, sta uscendo ora!
- Anna, ecco le tue aspirine!
- Grazie, ma... ho risolto.
- Cioè?
- Federica aveva un'aspirina nello zaino. Tu non uscivi più da quella farmacia! _____
- Non uscivo più da quella farmacia perché c'era una fila lunghissima! _____

Il ne dimostrativo

Il **ne dimostrativo** si usa con il significato di **di questo**.

*Parlavano sempre del loro cane, ora non **ne** parlano più.* (= del loro cane)

Puoi usare il **ne dimostrativo** con questi verbi: *parlare di, avere bisogno di, avere voglia di, avere idea di, sapere di, rendersi conto di, approfittare di, dubitare di, innamorarsi di, fare a meno di, essere sicuri di, prendersi cura di,* ecc.

*A Giulia serviva un tagliaerba, **ne** ha ancora bisogno?*
- *Sei sicuro di quello che dici?*
- ***Ne** sono sicurissimo!*

*Ho tante piante in balcone, me **ne** prendo cura tutti i giorni.*

Esercizio 7.
Riscrivi le frasi, come nell'esempio.

1. Vale la pena **di guardare quella serie tv**!
   Ne vale la pena!

2. Barbara ha bisogno **del tuo sostegno** per il suo progetto.
   _____

3. Lorenzo è affascinato **dal nostro talento**!
   _____

4. Per fortuna Laura è uscita **da quella brutta situazione**.
   _____

5. Che cosa pensate **del film**?
   _____

6. Non so niente **del suo passato**.
   _____

LA PARTICELLA NE

Esercizio 8.
Rispondi alle domande, come nell'esempio.

1. ● Hai idea **di come risolvere questo problema**?
   ▶ *No, non ne ho idea*_____!
2. ● Tu e Carla avete voglia **di andare al cinema**?
   ▶ Sì, _____!
3. ● Vuoi parlare **del tuo esame**?
   ▶ No, _____!
4. ● Sei sicuro **di quello che dici**?
   ▶ Sì, _____!
5. ● Signora, vuole approfittare **dell'offerta del giorno**?
   ▶ No, _____!
6. ● Hai voglia **di un gelato**?
   ▶ Sì, _____!
7. ● Oggi Valerio è uscito **dalla sua stanza**?
   ▶ No, ancora _____!
8. ● Dubiti **della mia sincerità**?
   ▶ No, _____!

Esercizio 9.
Scegli la funzione di **ne** nelle frasi.

	pronome partitivo	pronome locativo	pronome dimostrativo
1. Mio fratello è partito stamattina, **ne** sento già la mancanza.	☐	☐	☐
2. Il forno si è rotto, **ne** devo comprare uno nuovo.	☐	☐	☐
3. Questo è un tuo problema, non **ne** voglio sapere nulla!	☐	☐	☐
4. Ho un cellulare in più e non lo uso, tu **ne** hai bisogno?	☐	☐	☐
5. ● Guardiamo un video divertente? ▶ No, grazie, **ne** ho visti troppi oggi!	☐	☐	☐
6. Flora sta attraversando un momento difficile, ma **ne** può uscire con il nostro aiuto.	☐	☐	☐

Esercizio 10.
Sottolinea l'opzione corretta: **ci** o **ne**?

1. Firenze è una bella città, **ci / ne** vivo bene!
2. ● Quante bottiglie di vino hai comprato?
   ▶ **Ci / Ne** ho comprate due.
3. La storia di Nadia è strana, non **ci / ne** credo.
4. Ho appena fatto una torta al cioccolato, **ci / ne** vuoi una fetta?
5. Roberto è orgoglioso di sua figlia e **ci / ne** parla sempre!
6. Questo anello è un ricordo di mia nonna, **ci / ne** tengo molto.

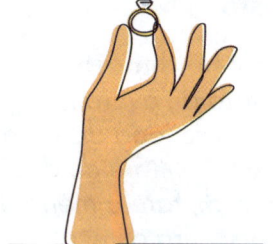

Esercizio 11.
Completa il dialogo con **ci** o **ne**.

● Pronto, Giovanni?
▶ Ciao Marco, come stai?
● Tutto bene, grazie! Come vanno le cose a Milano?
▶ Non ___ abito più da due mesi.
● Davvero? Non ___ credo! Che cosa è successo?
▶ Non ___ voglio parlare.
● Va bene... E adesso dove abiti?
▶ Sono tornato a Roma.
● Allora usciamo insieme nel fine settimana, che ___ pensi?
▶ Forse è una buona idea uscire e distrarmi un po'. ___ penso e ti faccio sapere, va bene?
● Ok. Aspetto un tuo messaggio!

27. I PRONOMI COMBINATI

Leggi e osserva le parole evidenziate.

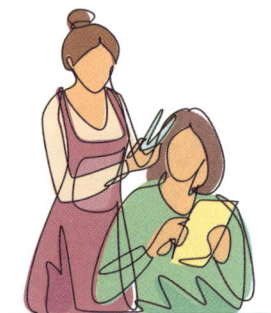

> ▶ Anche tu stai leggendo quel libro!
> ● Sì, perché? Chi lo sta leggendo oltre a me?
> ▶ Barbara.
> ● Ah sì, **gliel'**ho consigliato io!
> ▶ Allora devo leggerlo anche io.
> ● Sì, **te lo** consiglio!

video 27

Le parole evidenziate sono **pronomi combinati**.

Le combinazioni possono essere:

pronomi indiretti + pronomi diretti (**lo**, **la**, **li**, **le**)	pronomi riflessivi + ne
pronomi indiretti + ne	ci + ne
pronomi riflessivi + pronomi diretti	ci + pronomi diretti
pronomi riflessivi + ci	

Pronomi indiretti + pronomi diretti (lo, la, li, le)

	lo	la	li	le
mi	me lo	me la	me li	me le
ti	te lo	te la	te li	te le
gli / le	glielo	gliela	glieli	gliele
ci	ce lo	ce la	ce li	ce le
vi	ve lo	ve la	ve li	ve le
gli	glielo	gliela	glieli	gliele

Osserva:
- i pronomi indiretti si trovano sempre prima dei pronomi diretti
  Te lo consiglio!
- la **i** finale dei pronomi indiretti diventa **e**
  Bello questo maglione. Me lo presti?
- per la terza persona singolare si usa sempre il pronome indiretto **gli**, che forma una sola parola con i pronomi diretti (**glielo**, **gliela**, **glieli**, **gliele**)
  Paolo ha bisogno dei soldi, quando glieli porti?

27 I PRONOMI COMBINATI

Esercizio 1.
Abbina le frasi, come nell'esempio.

1. Olga ha dato un libro a te.
2. Olga ha dato un libro a noi.
3. Olga ha dato una penna a voi.
4. Olga ha dato una penna a Paolo.
5. Olga ha dato dei soldi a me.
6. Olga ha dato dei soldi a Linda e Maria.
7. Olga ha dato dei soldi a Linda e sua nipote.
8. Olga ha dato delle mele a Luigi e Sandro.

a. Glieli ha dati.
b. Gliel'ha data.
c. Te l'ha dato.
d. Me li ha dati.
e. Gliele ha date.
f. Ve l'ha data.
g. Ce l'ha dato.
h. Glieli ha dati.

Esercizio 2.
Riscrivi le frasi con il pronome combinato in base alle informazioni tra parentesi, come nell'esempio.

1. Non ho detto il mio segreto (*lo*) a Fabio (*gli*).
   Non gliel'ho detto.

2. Hai fatto gli auguri (*li*) a Roberta (*le*)?
   _____

3. Franco ha mandato un mazzo di fiori (*lo*) a te e Luca (*vi*).
   _____

4. Marco prepara una sorpresa (*la*) a Marina (*le*).
   _____

5. Bianca e Dario hanno prestato dei soldi (*li*) a Carlo (*gli*).
   _____

6. Paolo ha regalato un libro (*lo*) a me e Camilla (*ci*).
   _____

7. Quando spedisci la lettera (*la*) a Stefania (*le*)?
   _____

8. Perché non presenti a me (*mi*) i tuoi colleghi (*li*)?
   _____

Esercizio 3.
Rispondi alle domande, come nell'esempio.

1. ▶ Franco, hai restituito i soldi a Francesco?
   ● Sì, *glieli ho restituiti.*

2. ▶ Lisa, hai mostrato le tue fotografie a Raffaella?
   ● No, _____

3. ▶ Silvia e Gianni, avete chiesto il numero di telefono a Maria?
   ● Sì, _____

4. ▶ Valeria, hai insegnato la ricetta a Tommaso?
   ● Sì, _____

5. ▶ Matteo, ha comunicato la data della riunione ai suoi colleghi?
   ● No, _____

6. ▶ Anna e Alberto hanno portato le chiavi a te?
   ● No, _____

7. ▶ Tu e Lorenza avete fatto un regalo a Rosa?
   ● Sì, _____

I PRONOMI COMBINATI 27

Pronomi indiretti + NE

Con i pronomi indiretti possiamo usare anche la particella **ne**.

*Dario sa tante barzellette, **me ne** racconta sempre una quando ci vediamo!*
*Tu e Sara adorate i biscotti? Allora **ve ne** porto un pacco!*
*Rita vuole un po' d'acqua, **gliene** puoi dare un bicchiere, per favore?*

	ne
mi	me ne
ti	te ne
gli / le	gliene
ci	ce ne
vi	ce ne
gli	gliene

Osserva:
- i pronomi indiretti si trovano sempre prima della particella **ne**
  Me ne racconta sempre una!
- la **i** finale dei pronomi indiretti diventa **e**
  Ve ne porto un pacco!
- per la terza persona singolare si usa sempre il pronome indiretto **gli**, che forma una sola parola con i pronomi diretti (**gliene**)
  Gliene puoi dare un bicchiere, per favore?

Esercizio 4.
Trasforma le frasi con i pronomi indiretti e la particella **ne**, come nell'esempio.

1. Presti a me uno dei tuoi anelli per la festa?   *Me ne presti uno per la festa?*
2. Il professore ha dato molti compiti ai suoi studenti.
3. Ho scritto tre mail ai miei colleghi stamattina.
4. Regali a me uno dei tuoi bracciali?
5. Abbiamo portato a Sara un po' di taralli dalla Puglia.
6. A te e a Federico servono altri giorni liberi?
7. Perché non regali uno dei tuoi vestiti a noi?

Esercizio 5.
Sottolinea l'opzione corretta, come nell'esempio.

1. Quei fichi sembrano buonissimi, **me ne** / **me lo** dai uno?
2. Abbiamo saputo del tuo recente viaggio in India, perché non **ce ne** / **ce lo** parli?
3. Nessuno vuole regalare quel libro a Vito, quindi **gliene** / **glielo** regalo io!
4. Ho prestato l'ombrello a Rita, ma non **me ne** / **me l'**ha ancora restituito!
5. Gianluca scrive poesie e **te ne** / **te l'**ha dedicata una!
6. Guardate che bei bignè alla crema! **Ce ne** / **Ce lo** compriamo uno?
7. Il signor Vittorio prepara dei biscotti deliziosi e **ce ne** / **ce li** offre sempre molti!

27 I PRONOMI COMBINATI

Pronomi riflessivi + pronomi diretti / + ci / + ne

Con i pronomi riflessivi possiamo usare:

i pronomi diretti — *Mi dimentico (= dimenticarsi) sempre la password!* → **Me la** *dimentico sempre!*

	lo	la	li	le
mi	me lo	me la	me li	me le
ti	te lo	te la	te li	te le
si	se lo	se la	se li	se le
ci	ce lo	ce la	ce li	ce le
vi	ve lo	ve la	ve li	ve le
si	se lo	se la	se li	se le

la particella ci — *Mi trovo (= trovarsi) bene a Pisa.* → **Mi ci** *trovo bene.*
Tu e Lorena vi state abituando (= abituarsi) alla vita in campagna. → *Tu e Lorena* **vi ci** *state abituando.*

	ci
mi	mi ci
ti	ti ci
si	ci si
ci	ci
vi	vi ci
si	ci si

Osserva:
- per la terza persona singolare si usa il pronome **ci si** (vale la stessa regola del **si impersonale**)
  Barbara è andata a vivere in campagna, **ci si** *è abituata in fretta.*
- per la prima persona plurale non è possibile combinare il pronome riflessivo e la particella **ci**. Perciò, quando **ci** è locativo, è sostituito dagli avverbi **qui / qua, lì / là**.
  Io e Rocco ci vediamo (= vedersi) alla festa domani. → *Io e Rocco* **ci** *vediamo lì domani.*

la particella ne — *Fabio si è ricordato (= ricordarsi) di telefonare.* → **Se ne** *è ricordato.*

	ne
mi	me ne
ti	te ne
si	se ne
ci	ce ne
vi	ve ne
si	se ne

Osserva:
- i pronomi riflessivi si trovano sempre prima delle particelle **ci** e **ne**
  Tu e Lorena **vi ci** *state abituando.*
- la **i** finale dei pronomi riflessivi diventa **e** solo davanti alla particella **ne**
  Se ne *è ricordato.*

154   ALMA Edizioni | VIDEOgrammatica della lingua italiana

I PRONOMI COMBINATI 27

Esercizio 6.
Leggi le frasi, scegli il pronome corretto per sostituire la parte **evidenziata**, poi riscrivi le frasi come nell'esempio.

		ci	ne
1.	Sara si è abituata **al nuovo orario**. Sara _ci si è abituata_____.	☑	☐
2.	Bruno non si rende conto **di essere antipatico**. Bruno non _____.	☐	☐
3.	Carlotta si dimentica sempre **di prendere gli occhiali**. Carlotta _____ sempre.	☐	☐
4.	Nadia si è innamorata **di Luigi**. Nadia _____.	☐	☐
5.	Tu e Mattia vi siete trasferiti **a Padova**? Tu e Mattia _____?	☐	☐
6.	Giacomo e Lucia non si sono preoccupati **di avvisarmi**. Giacomo e Lucia non _____.	☐	☐
7.	Sandra si vede **con Benedetta** stasera. Sandra _____ stasera.	☐	☐

Esercizio 7.
Completa con il presente indicativo dei verbi e la particella tra parentesi, come nell'esempio.

1. Dario esce spesso con Michele, (ci – vedersi) ___ci si vede___ più volte a settimana.
2. Questo è il mio quadro preferito, (ne – innamorarsi) _____ ogni volta che lo guardo!
3. Siete molto fortunati e non (ne – rendersi conto) _____!
4. Ho voglia di fare un bagno in quest'acqua cristallina, (ci – tuffarsi) _____ subito!
5. Questa è una tua responsabilità, perché (ne – dimenticarsi) _____ sempre?
6. Come va nel vostro nuovo ufficio? (Ci – Trovarsi) _____ bene?
7. Che bello il vostro giardino, si vede che (ci – dedicarsi) _____ molto.

27 I PRONOMI COMBINATI

CI + NE e CI + pronomi diretti

Possiamo combinare la particella **ci** con:

la particella **ne** (ce ne)	▶ Hai messo troppo sale nel sugo! ● Non è vero, **ce ne** ho messo solo un pizzico. (ce = nel sugo, ne = di sale) ▶ Quanti anni ha vissuto a Napoli Carla? ● **Ce ne** ha vissuti sei. (ce = a Napoli, ne = di anni)
il pronome combinato **ce ne** è usato spesso con i verbi esserci, metterci, volerci	C'è troppa luce in questa stanza! → **Ce n'**è troppa! Di solito ci metto un'ora a fare la spesa. → Di solito **ce ne** metto una. Ci vogliono 10 minuti per compilare il questionario. → **Ce ne** vogliono 10.

Osserva:
- la particella **ci** è sempre prima della particella **ne**
  Ce ne metto una.
- la **i** finale della particella **ci** diventa **e** davanti alla particella **ne**
  Ce ne vogliono 10.
- davanti al verbo **essere** la particella **ne** diventa **n'**
  Ce n'è troppa!

i pronomi diretti (con i verbi portare, mettere)	Per fortuna non devo andare a scuola a piedi, **mi ci** porta mio padre in macchina. (mi = a me, ci = a scuola) Chi ha messo i miei pantaloni puliti in lavatrice? **Ce li** ho messi io per sbaglio! (ce = in lavatrice, li = i pantaloni)

Esercizio 8.
Trasforma le frasi con il pronome combinato, come nell'esempio.

1. Lorenzo ha visto tanti film in quel vecchio cinema. — *Ce ne ha visti tanti.*
2. Ho passato troppo tempo in biblioteca!
3. Barbara ha messo troppo peperoncino nel sugo.
4. C'erano tanti errori nel tuo esame.
5. La signora Rosa porta sempre i suoi nipoti al parco.
6. Ultimo ha fatto molti concerti allo Stadio Olimpico.
7. Mio figlio ha portato alcuni suoi amici a casa.
8. Quante magliette hai messo nella valigia?
9. Stefano, metti tu il sale nell'acqua della pasta?

I PRONOMI COMBINATI 27

Esercizio 9.
Sottolinea l'opzione corretta.

1. Ho comprato delle fragole, **ce ne / ce le** sono ancora alcune in frigo.
2. Sara ha studiato le regole per tutta la notte, ma non **se le / se ne** ricorda più.
3. ▶ Ma c'è lo zucchero nel caffè?
   ● Oh no, non **ce l' / ce n'** ho messo!
4. Tu e Luigi non eravate amici? Perché non **me ne / mi ci** parli più?
5. Il libro di Mario è nello zaino di Roberta, chi **ce l' / ce ne** ha messo?
6. Ti ricordi quella lettera anonima? **Me l' / Me ne** ha scritta Fabio!
7. Mi servono due valigie, qui **ce l' / ce n'** è solo una.
8. Fiona aveva bisogno di una bicicletta, **gliel' / gliene** ho prestata una io.

Esercizio 10.
Completa con i pronomi combinati della lista. Attenzione: ci sono due pronomi in più!

> glielo • ce lo • ve lo • ce ne • se la • gliene • se n'

Ci sono cose da ricordare quando si va al ristorante in Italia? _____ sono un paio!

Il conto | Avete finito di mangiare, ma il cameriere non _____ porta? Tranquilli, non _____ è dimenticato, _____ dovete chiedere voi! Infatti, in Italia i camerieri non portano il conto al tavolo se i clienti non lo chiedono, perché è considerato un gesto maleducato.

La mancia | Si lascia o no? La mancia non è obbligatoria in Italia, quindi la decisione è vostra. Avete mangiato e siete stati bene? Il servizio è stato buono? Allora, il ristorante _____ merita!

Esercizio 11.
Completa con i pronomi combinati.

🔊 audio 27

Agli italiani piace viaggiare in treno, _____ muovono due italiani su tre.
Come lo sappiamo? _____ dice uno studio condotto da una popolare applicazione per prenotare e comprare i biglietti ferroviari. Gli italiani scelgono il treno per i viaggi di piacere e non solo, anche per quelli di lavoro, e i motivi sono vari. Per prima cosa, è la scelta più ecologica perché inquina meno di altri mezzi di trasporto.
In secondo luogo, è molto comodo perché arriva nel centro città.
Inoltre, è economico, soprattutto se si compra il biglietto in anticipo e se si controllano i siti web per le offerte, _____ sono sempre tante!
I viaggiatori abituali possono anche usufruire di altre promozioni, perché le compagnie ferroviarie _____ riservano sempre molte!
Insomma, il treno è l'opzione migliore per viaggiare bene e a poco prezzo e _____ sono accorti anche i turisti stranieri che, per scoprire la Penisola, si muovono con i treni ad alta velocità che in poche ore collegano le città d'arte italiane più importanti, da Roma a Venezia, da Firenze a Napoli.

28. IL FUTURO SEMPLICE

Leggi e osserva i verbi **evidenziati**.

Da grande **farò** la veterinaria e **vivrò** in una grande casa in campagna con un grande giardino.
Con me ci **saranno** tanti animali!

I verbi **evidenziati** sono coniugati al **futuro**.

Il modo indicativo

Il **futuro semplice** è un tempo verbale futuro del modo indicativo:

presente	imperfetto
passato prossimo	trapassato prossimo
passato remoto	trapassato remoto
futuro semplice	futuro anteriore

Il **futuro semplice** si usa:

per parlare di azioni che si svolgono in un momento successivo a quando si parla (azione futura)	Da grande **farò** la veterinaria. Domani **partirò** per Parigi. L'anno prossimo **mi iscriverò** all'università!

Il **futuro semplice** è usato anche:

per esprimere una supposizione, fare un'ipotesi, per dare un'informazione incerta	Luisa non risponde al telefono, **sarà** in palestra a quest'ora (= forse è in palestra). Hai mangiato poco oggi, **avrai** molta fame (= probabilmente hai fame). Che ore sono? Non lo so, **saranno** le 17:00 (= forse sono le 17:00).
per esprimere un dubbio	Questi stivali **andranno** di moda, ma sono davvero brutti (= anche se questi stivali vanno di moda, sono brutti)!

IL FUTURO SEMPLICE

Il futuro semplice dei verbi regolari

La maggior parte dei verbi italiani ha una coniugazione regolare al futuro semplice.

	verbi in -ARE	verbi in -ERE	verbi in -IRE
	parlare	**scrivere**	**finire**
io	parl-**erò**	scriv-**erò**	fin-**irò**
tu	parl-**erai**	scriv-**erai**	fin-**irai**
lui / lei / Lei	parl-**erà**	scriv-**erà**	fin-**irà**
noi	parl-**eremo**	scriv-**eremo**	fin-**iremo**
voi	parl-**erete**	scriv-**erete**	fin-**irete**
loro	parl-**eranno**	scriv-**eranno**	fin-**iranno**
	*Domani **parleremo** con più calma.*	*Ti **scriveremo** un'e-mail al più presto.*	*Quando **finirà** il corso?*

I verbi in -care / -gare e in -ciare / -giare

Per i verbi che terminano in **-care** e **-gare** aggiungiamo una **-h**.

	verbi in -CARE / -GARE	
	cercare	**pagare**
io	cerc-**herò**	pag-**herò**
tu	cerc-**herai**	pag-**herai**
lui / lei / Lei	cerc-**herà**	pag-**herà**
noi	cerc-**heremo**	pag-**heremo**
voi	cerc-**herete**	pag-**herete**
loro	cerc-**heranno**	pag-**heranno**

Esercizio 1.
Ora completa la tabella.

io	tu	lui / lei / Lei	noi	voi	loro
cantare *canterò*	studiare	giocare	portare	pagare	mangiare
chiudere	leggere	credere	correre	prendere	scegliere
sentire	capire	partire	offrire	dormire	aprire

Esercizio 2.
Sottolinea l'opzione corretta.

1. La bambina di Luciana **nascerà / nascherà** a fine anno!
2. Io e Francesco **cercheremo / cerceremo** un buon albergo per il viaggio.
3. Devi parlare con i tuoi genitori, non ti **giudiceranno / giudicheranno**.
4. Non **pageremo / pagheremo** per i suoi errori.
5. ● Chi è Roberto?
   ▶ Un mio amico, lo **conoscerai / conoscherai** alla festa.
6. Quando **giocherete / giocerete** con noi a tennis tu e Maria?

IL FUTURO SEMPLICE

Esercizio 3.
Completa con il futuro semplice dei verbi.

1. Domani pomeriggio io e Federico (*prendere*) _____ un caffè con Carla.
2. Prima o poi i miei zii (*comprare*) _____ una casa in montagna.
3. La prossima settimana Alice (*iniziare*) _____ un nuovo corso all'università.
4. Ti trasferisci all'estero? Anche se mi (*tu - mancare*) _____, sono molto felice per te!
5. Tra due giorni Matteo (*visitare*) _____ Berlino per la prima volta.
6. Dopo la riunione io e i miei colleghi (*parlare*) _____ dei prossimi progetti.
7. (*Loro - Costruire*) _____ un nuovo centro commerciale qui.
8. Ragazzi, promettetemi che non (*litigare*) _____ più!

Il futuro semplice dei verbi irregolari

	essere	avere	fare	dire	andare
io	sarò	avrò	farò	dirò	andrò
tu	sarai	avrai	farai	dirai	andrai
lui / lei / Lei	sarà	avrà	farà	dirà	andrà
noi	saremo	avremo	faremo	diremo	andremo
voi	sarete	avrete	farete	direte	andrete
loro	saranno	avranno	faranno	diranno	andranno

	potere	dovere	volere	sapere	sapere
io	potrò	dovrò	vorrò	saprò	saprò
tu	potrai	dovrai	vorrai	saprai	saprai
lui / lei / Lei	potrà	dovrà	vorrà	saprà	saprà
noi	potremo	dovremo	vorremo	sapremo	sapremo
voi	potrete	dovrete	vorrete	saprete	saprete
loro	potranno	dovranno	vorranno	sapranno	sapranno

	vedere	vivere	dare	bere	venire
io	vedrò	vivrò	darò	berrò	verrò
tu	vedrai	vivrai	darai	berrai	verrai
lui / lei / Lei	vedrà	vivrà	darà	berrà	verrà
noi	vedremo	vivremo	daremo	berremo	verremo
voi	vedrete	vivrete	darete	berrete	verrete
loro	vedranno	vivranno	daranno	berranno	verranno

Esercizio 4.
Sottolinea l'opzione corretta.

1. **Verrò / Venirò** volentieri alla tua festa, grazie per l'invito!
2. Io e Riccardo **daremo / darremo** il regalo a Simona appena la **vedremo / vedrà**.
3. Fabiola, come **anderai / andrai** a Venezia, in aereo o in treno?
4. Secondo te, Gina e Diana **verranno / vorranno** venire con noi?
5. Domani a quest'ora Annalisa **sarà / serà** in viaggio.
6. Voglio regalare questo libro a Nino, ma ce l'**averà / avrà** già?

IL FUTURO SEMPLICE 28

Esercizio 5.
Completa con il futuro semplice dei verbi.

1. Domani Francesco (*dire*) _____ la verità a Veronica.
2. Quando (*tu – potere*) _____ darmi una risposta?
3. Io e Fabio (*venire*) _____ da te più tardi.
4. Appena (*io – tornare*) _____ a casa, ti (*telefonare*) _____.
5. Benedetta (*essere*) _____ a casa, non lavora oggi.
6. Che cosa (*voi – fare*) _____ quando (*essere*) _____ a Roma?

Esercizio 6.
Completa i dialoghi con il futuro semplice dei verbi della lista. Attenzione: c'è un verbo in più in ogni lista!

essere • piovere • fare

- Che tempo _____ sabato?
- Non lo so, devo controllare le previsioni.
- Le ho controllate io, _____ tutto il giorno!

chiedere • vedere • venire

- _____ anche Bianca alla tua festa?
- Sì, ho invitato anche lei!
- Ah bene, così le _____ di parlarmi del suo viaggio in Madagascar!

avere • essere • iniziare • andare

- Lunedì _____ un nuovo lavoro, sono un po' agitato.
- Perché?
- _____ molte responsabilità con il nuovo ruolo.
- _____ benissimo, ne sono sicura!

Esercizio 7.
Trasforma dal **passato prossimo** al futuro semplice, come nell'esempio.

1. Sei mesi fa Mauro **ha fatto** la sua prima gara di atletica.
   Tra sei mesi <u>Mauro farà la sua prima gara di atletica</u>.
2. La scorsa settimana **ho cambiato** lavoro.
   La prossima settimana _____.
3. L'altro ieri io e mia cugina **siamo andate** al centro commerciale.
   Dopodomani _____.
4. Ieri **ho saputo** il risultato del mio esame.
   Domani _____.
5. Mercoledì scorso Anna **è uscita** con i suoi amici di Milano.
   Mercoledì prossimo _____.
6. Un'ora fa Gianni e Cristina **hanno preso** il treno per tornare a casa.
   Tra un'ora _____.
7. Quando **hai comprato** i biglietti aerei?
   Quando _____.

28 IL FUTURO SEMPLICE

Esercizio 8.
Completa le frasi con il futuro semplice dei verbi della lista, poi abbina il luogo alla frase corretta.
Attenzione: c'è un luogo in più!

> dovere • partire • essere • tenersi • avvenire

1. Avviso agli studenti del primo anno: la lezione di linguistica generale _____ alle 15:20 in Aula Magna.
2. Si avvisa la gentile clientela che i resi e i cambi si _____ effettuare alla cassa 4.
3. Si avvisano i gentili passeggeri che l'imbarco per il volo diretto a Roma Fiumicino _____ dal gate B04.
4. Informiamo i viaggiatori che il treno regionale 205003 _____ dal binario 14.
5. Informiamo i gentili visitatori che il prossimo fine settimana la mostra sull'Impressionismo non _____ visitabile per lavori di manutenzione.

a. in stazione ☐　　b. al negozio ☐　　c. in aeroporto ☐

d. all'università ☐　　e. in farmacia ☐　　f. al museo ☐

Esercizio 9.
Completa con il futuro semplice dei verbi della lista.

🔊 audio 28

> tenersi • ospitare • aprire • rimanere • potere • esplorare • essere • sapere • tornare • svolgersi • volere

L'estate è finalmente alle porte e Roma si prepara a stupire con una serie di eventi eccezionali che _____ nei prossimi mesi. Siamo sicuri che quando (tu) _____ di quali eventi si tratta, non ne _____ perdere neanche uno!

Musica sotto le stelle | Una serie di concerti di artisti italiani e internazionali _____ all'Auditorium Parco della Musica e all'Ippodromo delle Capannelle. (Tu) _____ trovare sicuramente il concerto adatto a te!

Arte e cultura | Gli appassionati d'arte non _____ delusi: il Museo Nazionale di Arte Moderna e Contemporanea (MAXXI) _____ una mostra straordinaria dedicata all'arte contemporanea italiana. Inoltre, il Museo dei Fori Imperiali _____ le porte a una mostra speciale che _____ la storia dei gladiatori nell'antica Roma. E questi sono solo due esempi!

Cinema all'aperto | _____ anche quest'anno l'appuntamento con il cinema all'aperto in 24 posti della città: dal quartiere Trastevere al Parco degli Acquedotti! Non solo film, ma anche incontri con registi e attori. L'ingresso _____ gratuito.

29. IL CONDIZIONALE PRESENTE

◀) audio 29

Leggi e osserva i verbi evidenziati.

- **Vorrei** tanto un caffè, mi sto per addormentare!
- Sto andando al bar qui fuori, vieni con me?
- **Verrei** volentieri, ma devo finire di scrivere questo riassunto in fretta, sono già in ritardo per la consegna!
- Ok, non c'è problema, te lo porto qui!

video 29

I verbi evidenziati sono coniugati al **condizionale presente**.

Il modo condizionale

Il **condizionale presente** è un tempo verbale del modo condizionale

presente	passato

Il **condizionale presente** si usa:

per parlare di azioni possibili nel presente, ma che possono realizzarsi solo a certe condizioni	**Verrei** volentieri, ma devo finire di scrivere questo riassunto. **Prenderei** l'autobus, ma c'è lo sciopero. Marco **dovrebbe** studiare, ma non ne ha voglia.
per esprimere un desiderio o un'intenzione	**Vorrei** tanto un caffè. Mi **piacerebbe** andare al mare. **Mangerei** volentieri un gelato!

Il **condizionale presente** è usato anche:

per dare o chiedere un consiglio	Nella tua situazione **andrei** dal dottore. Che cosa **fareste** tu e Mario al mio posto?
per fare domanda o una richiesta in modo gentile	**Vorrei** un caffè, per favore. Mi **aiuteresti**?
per riportare un fatto non confermato (soprattutto negli articoli di giornale)	Il sospettato **avrebbe** solo 17 anni e **sarebbe** in casa di un amico.

29 IL CONDIZIONALE PRESENTE

Il condizionale presente dei verbi regolari

La maggior parte dei verbi italiani ha una coniugazione regolare al **condizionale presente**.

	verbi in -ARE	verbi in -ERE	verbi in -IRE
	parlare	**chiedere**	**chiedere**
io	parl-**erei**	chied-**erei**	chied-**erei**
tu	parl-**eresti**	chied-**eresti**	chied-**eresti**
lui / lei / Lei	parl-**erebbe**	chied-**erebbe**	chied-**erebbe**
noi	parl-**eremmo**	chied-**eremmo**	chied-**eremmo**
voi	parl-**ereste**	chied-**ereste**	chied-**ereste**
loro	parl-**erebbero**	chied-**erebbero**	chied-**erebbero**
	Parlerei con te per ore, ma devo uscire!	*Se vedi Franco, gli chiederesti a che ora inizia la sua festa?*	*Noi preferiremmo partire presto.*

I verbi in -care / -gare

Per i verbi che terminano in **-care** e **-gare** aggiungiamo una **-h**.

	verbi in -CARE / GARE	
	cercare	**pagare**
io	cerc-**herei**	pag-**herei**
tu	cerc-**heresti**	pag-**heresti**
lui / lei / Lei	cerc-**herebbe**	pag-**herebbe**
noi	cerc-**heremmo**	pag-**heremmo**
voi	cerc-**hereste**	pag-**hereste**
loro	cerc-**herebbero**	pag-**herebbero**

Esercizio 1.
Ora completa la tabella, come nell'esempio.

io	tu	lui / lei / Lei	noi	voi	loro
amare *amerei*	abitare _____	giocare _____	mangiare _____	pagare _____	guardare _____
scrivere _____	leggere _____	chiudere _____	credere _____	mettere _____	prendere _____
finire _____	sentire _____	capire _____	offrire _____	aprire _____	partire _____

IL CONDIZIONALE PRESENTE 29

Esercizio 2.
Sottolinea l'opzione corretta.

1. Carlo **mangerei / mangerebbe / mangeresti** volentieri il risotto.
2. Mi **piacerebbe / piacerei / piaceresti** bere una cioccolata calda.
3. Benedetta **organizzerei / organizzerebbe / organizzeresti** una bella festa sabato!
4. Questa penna è Sua? Me la **presteresti / presterebbe / presterei**?
5. La crociera sarà bella, ma io e Claudia **preferiremmo / preferireste / preferirebbero** fare un viaggio più avventuroso.
6. Perché Giulio e Davide non vengono al concerto? **Ci divertiranno / Si divertirebbero / Vi divertireste**!

Esercizio 3.
Qual è la funzione del condizionale presente?

	richiesta	consiglio	informazione non certa	desiderio	azione possibile
1. Mi compreresti il giornale?	☐	☐	☐	☐	☐
2. Quanto vorrei uscire!	☐	☐	☐	☐	☐
3. Le chiederei di seguirmi, grazie.	☐	☐	☐	☐	☐
4. Con la tua voce, io prenderei lezioni di canto!	☐	☐	☐	☐	☐
5. La chiamerei, ma starà lavorando.	☐	☐	☐	☐	☐
6. Secondo la polizia, il terrorista sarebbe un giovane di vent'anni.	☐	☐	☐	☐	☐
7. Al vostro posto, io e Luciana parleremmo con Luca di questo problema.	☐	☐	☐	☐	☐
8. Giocherei con voi, ma non conosco le regole.	☐	☐	☐	☐	☐
9. Ti fanno male i denti? Io chiamerei il dentista.	☐	☐	☐	☐	☐
10. Vi piacerebbe assaggiare quel dolce?	☐	☐	☐	☐	☐

Esercizio 4.
Sottolinea il verbo corretto, poi completa con il condizionale presente del verbo.

1. Sandra ti _chiamerebbe_, ma non ha il tuo numero! **chiamare** / chiedere
2. Nina e Federico _____ tutti i loro soldi per viaggiare. **spendere / pagare**
3. Al posto mio, tu _____ il treno delle 18:00? **viaggiare / prendere**
4. Raffaele e Matteo _____ rivedere i loro amici spagnoli. **desiderare / piacere**
5. Per le nostre vacanze _____ una casa sulla spiaggia per un mese! **comprare / affittare**
6. Non posso dirlo ai miei, non _____! **capire / sentire**

IL CONDIZIONALE PRESENTE

Il condizionale presente dei verbi irregolari

	essere	avere	fare	dire	andare
io	sarei	avrei	farei	direi	andrei
tu	saresti	avresti	faresti	diresti	andresti
lui / lei / Lei	sarebbe	avrebbe	farebbe	direbbe	andrebbe
noi	saremmo	avremmo	faremmo	diremmo	andremmo
voi	sareste	avreste	fareste	direste	andreste
loro	sarebbero	avrebbero	farebbero	direbbero	andrebbero

	potere	dovere	volere	sapere	stare
io	potrei	dovrei	vorrei	saprei	starei
tu	potresti	dovresti	vorresti	sapresti	staresti
lui / lei / Lei	potrebbe	dovrebbe	vorrebbe	saprebbe	starebbe
noi	potremmo	dovremmo	vorremmo	sapremmo	staremmo
voi	potreste	dovreste	vorreste	sapreste	stareste
loro	potrebbero	dovrebbero	vorrebbero	saprebbero	starebbero

	vedere	vivere	dare	bere	venire
io	vedrei	vivrei	darei	berrei	verrei
tu	vedresti	vivresti	daresti	berresti	verresti
lui / lei / Lei	vedrebbe	vivrebbe	darebbe	berrebbe	verrebbe
noi	vedremmo	vivremmo	daremmo	berremmo	verremmo
voi	vedreste	vivreste	dareste	berreste	verreste
loro	vedrebbero	vivrebbero	darebbero	berrebbero	verrebbero

Esercizio 5.
Completa con il condizionale presente dei verbi.

1. Daniele, che cosa (*fare*) _____ con centomila euro?
2. Il nostro viaggio ideale (*essere*) _____ avventuroso!
3. Secondo te, Giorgia e Clara (*venire*) _____ a cena con noi?
4. Signora, (*sapere*) _____ dirmi a che ora apre la farmacia?
5. (*Volere*) _____ sapere dove sono le mie chiavi!
6. Tra un vino italiano e uno francese, quale (*voi – bere*) _____?
7. (*Io – Avere*) _____ una cosa da dirti, possiamo parlare?

Esercizio 6.
Abbina le frasi e coniuga i verbi al condizionale presente.

1. Maurizio è stanco.
2. Francesca ha voglia di gelato.
3. Luca ha visto una bella giacca in vetrina.
4. Antonia ha un forte mal di testa.
5. Io e Tommaso abbiamo il pomeriggio libero.
6. Sara e Andrea hanno litigato.

a. La (*volere*) _____ provare.
b. (*Riposarsi*) _____ volentieri.
c. (*Dovere*) _____ fare pace.
d. Ne (*mangiare*) _____ uno grandissimo!
e. (*Potere*) _____ fare una passeggiata in centro.
f. (*Dovere*) _____ prendere un'aspirina.

IL CONDIZIONALE PRESENTE

Esercizio 7.
Completa con il condizionale presente dei verbi della lista.

| fare • occuparsi • lavorare • comprare • dare • aprire |

Con un milione di euro...

1. Piero _____ un appartamento a Venezia e uno a Madrid.
2. Maria e Silvio _____ il giro del mondo.
3. io e Barbara _____ tutto in beneficenza.
4. Alice _____ un'azienda di dolci.
5. tu e Guido _____ solo sei mesi all'anno!
6. io _____ di tutta la mia famiglia.

Esercizio 8.
Sottolinea il tempo corretto: indicativo o condizionale?

1. Mi **piace / piacerebbe** andare in ufficio in bicicletta, anche se devo cambiare camicia quando arrivo!
2. **Vado / Andrei** in ufficio in bicicletta, ma detesto sudare!
3. Federica **gioca / giocherebbe** a calcio tre volte a settimana quando lavora di mattina.
4. Io e le mie amiche **facciamo / faremmo** più sport, ma non abbiamo tempo.
5. Secondo le ultime notizie, i ladri **sono / sarebbero** in fuga.
6. Susanna e Roberto **si trasferiscono / si trasferirebbero** a Milano, sono contento per loro!

Esercizio 9.
Sottolinea l'opzione corretta: futuro semplice o condizionale presente?

1. Per favore Davide, **verresti / verrai** al supermercato con me?
2. Lui non è una persona affidabile, non **conterei / conterai** sul suo aiuto.
3. In quel ristorante **mangeremo / mangeremmo** benissimo, non vedo l'ora!
4. A quest'ora **staremmo / staremo** già sul divano senza questo traffico!
5. Ho deciso: non **verrò / verrei** da te stasera.
6. Il prossimo anno io e i miei amici **andremo / andremmo** in Indonesia.

Esercizio 10.
Completa il dialogo con il futuro semplice o il condizionale presente dei verbi.

- Mi (*piacere*) _____ visitare il Museo d'Arte Moderna oggi pomeriggio, (*tu - venire*) _____ con me?
- (*Venire*) _____, volentieri, ma devo lavorare!
- Ok, io ci (*andare*) _____ da sola oggi, poi ci (*noi - tornare*) _____ insieme un'altra volta.
- Certo! Così la prossima volta (*essere*) _____ la mia guida!
- Con piacere! Non vedo l'ora di vedere il quadro di Modigliani dal vivo!
- Ma non l'hai saputo? L'hanno rubato!
- Ma come? Quando? Non ne sapevo niente! Si sa chi è stato?
- È successo la settimana scorsa. Non si hanno notizie certe, ma secondo la tv i Carabinieri (*essere*) _____ molto vicini alla soluzione del caso, infatti il ladro (*essere*) _____ un uomo che lavorava al museo.
- Bene. Quando (*noi - andare*) _____ al museo, il quadro (*essere*) _____ di nuovo lì, ne sono sicura!

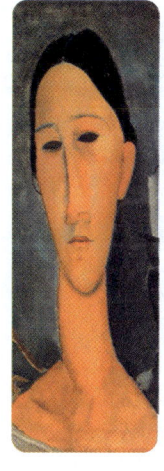

Amedeo Modigliani (Livorno, 1884 - Parigi, 1920) è considerato uno dei più grandi artisti del XX secolo.

Le sue opere sono caratterizzate da linee geometriche, forme stilizzate e allungate, colori intensi.

30. L'IMPERATIVO DIRETTO

🔊 audio 30

Leggi e osserva i verbi **evidenziati**.

- **Metti** in ordine la tua stanza!
▶ Lo faccio dopo, te lo prometto!
- **Fallo** ora!
▶ Ok... Però poi posso uscire con Olivia?
- Va bene, però **non andate** in motorino, **prendete** l'autobus!

video 30

I verbi **evidenziati** sono coniugati all'**imperativo diretto**.

Il modo imperativo

L'**imperativo** è un modo verbale, ha solo il tempo presente.
L'**imperativo diretto** riguarda le persone *tu*, *noi*, *voi* e si usa:

per dare ordini e consigli	*(tu)* **Metti** in ordine la tua stanza! *(voi)* **Prendete** l'autobus!
per esortare	*(voi)* **Guardate** che bel tramonto! *(noi)* **Andiamo** al cinema!

L'imperativo diretto dei verbi regolari

La maggior parte dei verbi italiani ha una coniugazione regolare all'imperativo.
Spesso corrisponde al presente indicativo.

	verbi in -ARE	verbi in -ERE	verbi in -IRE
	parlare	scrivere	dormire
tu	parl-**a**	scriv-**i**	dorm-**i**
noi	parl-**iamo**	scriv-**iamo**	dorm-**iamo**
voi	parl-**ate**	scriv-**ete**	dorm-**ite**
	Parla più forte, non ti sento!	**Scrivi** subito a Maria!	Adesso **dormite**, è tardi!

168   ALMA Edizioni | VIDEOgrammatica della lingua italiana

L'IMPERATIVO DIRETTO

Esercizio 1.
Ora completa le tabelle.

tu	noi	voi
guardare *Guarda!*	comprare	mangiare
leggere	prendere	correre
aprire	offrire	finire

tu	noi	voi
ascoltare	lavorare	aspettare
chiudere	mettere	rispondere
pulire	partire	venire

Esercizio 2.
Sottolinea l'opzione corretta dell'imperativo.

1. Sofia, hai finito? Allora **chiuda / chiudi / chiude** la finestra prima di uscire, per favore!
2. **Leggete / Legge / Leggono** attentamente le istruzioni!
3. Martina, per favore, **scrive / scrivi / scriva** il tuo nome sul foglio.
4. Ragazzi, **ascoltano / ascoltate / ascolterete** la lezione!
5. Quando usciamo, **prendiamo / prendano / prendereste** l'ombrello, sta per piovere.
6. Bruno, **rispondi / risponda / risponde** alla domanda di tuo padre!

L'imperativo diretto dei verbi irregolari

	essere	avere	fare	dire
tu	sii	abbi	fai / fa'	di'
noi	siamo	abbiamo	facciamo	diciamo
voi	siate	abbiate	fate	dite

	sapere	andare	dare	stare
tu	sappi	vai / va'	dai / da'	stai / sta'
noi	sappiamo	andiamo	diamo	stiamo
voi	sappiate	andate	date	state

> ⚠ I verbi modali **volere**, **potere**, **dovere** non hanno una forma imperativa.

Esercizio 3.
Completa con l'imperativo diretto.

1. Rosa, (*essere*) _____ gentile con gli altri!
2. (*Avere*) _____ pazienza e (*aspettare*) _____ il vostro turno.
3. (*Dare*) _____ il nostro meglio durante la partita!
4. (*Tu – Dire*) _____ la verità, sempre.
5. (*Fare*) _____ attenzione quando attraversi la strada.
6. Livio, (*dire*) _____ a tuo fratello di non fare rumore.
7. Ragazze, (*stare*) _____ calme, non è successo niente!
8. Per favore, (*tu – dare*) _____ questo regalo a Luigi.
9. Paolo, (*stare*) _____ un po' zitto, sto ascoltando il telegiornale!
10. (*Andare*) _____ subito a casa e (*dire*) _____ a tua sorella di venire da me.

L'IMPERATIVO DIRETTO

Esercizio 4.
Scegli l'opzione corretta: imperativo diretto o presente indicativo?

	imperativo diretto	presente indicativo
1. Per favore, **stiamo** calmi! Tutto si risolve.	☐	☐
2. Noi **stiamo** bene, e voi?	☐	☐
3. **Dovete** studiare!	☐	☐
4. Io e Francesca **prepariamo** il pranzo e poi **usciamo**.	☐	☐
5. **Andiamo** al mare!	☐	☐
6. Luca, **fa'** qualcosa per aiutarmi!	☐	☐

L'imperativo diretto negativo

Per fare l'imperativo negativo:

noi e **voi** → **non** + verbo all'imperativo	*Non facciamo tardi!* • *Non andate in motorino!!*
tu → **non** + verbo all'infinito	*Non guardare i film dell'orrore!* • *Non uscire a quest'ora!*

Esercizio 5.
Leggi le frasi e scrivi l'ordine con l'imperativo diretto negativo, come nell'esempio.

1. Francesco sta correndo nel corridoio della scuola. — Francesco, *non correre!*
2. Monica beve sei caffè al giorno. — Monica, _____ tutti quei caffè!
3. La nonna di Stefano guarda la tv tutto il giorno. — Nonna, _____ la tv tutto il giorno!
4. Gli studenti stanno usando il cellulare in classe. — Ragazzi, _____ il cellulare in classe!
5. Franco vuole prendere il treno. — Franco, _____ il treno, prendi la macchina!
6. Tiziano e Raffaele sono maleducati. — Tiziano e Raffaele, _____ maleducati, per favore!
7. I bambini stanno mangiando la cioccolata. — Bambini, _____ la cioccolata prima di cena!

L'imperativo diretto e i pronomi

I pronomi diretti, indiretti, riflessivi, *ci*, *ne* e i pronomi combinati si mettono alla fine del verbo e formano un'unica parola.	*Prendilo!* • *Telefonale!* • *Svegliatevi!* • *Contateci!* *Mangiane un po'!* *Portamelo!* • *Parlatemene!*
I verbi *fare*, *dire*, *dare*, *andare* alla seconda persona singolare (tu) raddoppiano la consonante dei pronomi (tranne *gli*).	*Fallo ora!* • *Dammi quel telefono!* *Dammelo!* • *Dicci tutto!* *Vacci subito!*
Alla forma negativa possiamo scegliere dove mettere i pronomi, prima o dopo il verbo.	*Non lo fate! / Non fatelo!* *Non mi parlare! / Non parlarmi!* *Non glielo diciamo! / Non diciamoglielo!* *Non ci andare! / Non andarci!*

L'IMPERATIVO DIRETTO 30

Esercizio 6.
Riscrivi le frasi con i pronomi, come nell'esempio.

1. Presta il tuo vestito a Alessia! — _Prestaglielo_!
2. Compra i biglietti! — _____!
3. Regalate un libro a noi! — _____!
4. Portiamo le chiavi a Tommaso e a Chiara! — _____!
5. Spedisci la cartolina a me! — _____!
6. Diamo una fetta di torta a Carlo! — _____ una fetta!
7. Parliamo del problema domani! — _____ domani!
8. Non mangiate quella pizza! — _____!
9. Non prestare le mie camicie a Giulio! — _____!
10. Andate subito a casa! — _____ subito!

> È comune usare la parola **pure** con l'imperativo diretto per rendere l'ordine più gentile.
> Si usa solo con l'imperativo diretto affermativo.
> *Entra!* → *Entra pure!*   *Iniziamo!* → *Iniziamo pure!*   *Venite!* → *Venite pure!*

Esercizio 7.
Completa le frasi, come nell'esempio.

1. Vuoi fare un regalo? E allora _fallo_!
2. Devi fare i compiti? E allora _____!
3. Vuoi dire una cosa? _____ pure!
4. Devi andare in bagno? _____ pure!
5. Vuoi dirci un segreto? E allora _____!
6. A scuola fai troppe assenze? E allora _____ di meno!
7. Non mi vuoi dare la macchina? E allora _____ la bicicletta!
8. Ci vuoi dare un passaggio? E allora _____!

Esercizio 8.
Scegli tra i verbi della lista e scrivi gli ordini o i consigli, come nell'esempio. Quando necessario, usa i pronomi.

> prendere • mettersi • andare (x2) • alzarsi • ~~sbrigarsi~~ • accendere • dare

1. ● Sono in ritardo.
   ▶ (Tu) _Sbrigati_!
2. ● Che ore sono?
   ▶ È tardi. (Noi) _____!
3. ● Non vedo bene!
   ▶ (Tu) _____ gli occhiali!
4. ● Ho voglia di un tè caldo.
   ▶ (Tu) Certo, _____ pure un po'.
5. ● La stanza è buia, possiamo accendere la luce?
   ▶ Certo, _____ pure.
6. ● Oggi devo lavorare, non posso andare in palestra.
   ▶ Allora, _____ domani.
7. ● Sono stanco, non riesco a lavorare.
   ▶ D'accordo, _____ pure a casa.
8. ● Ho portato questo regalo per Maria, ma lei non c'è.
   ▶ Non preoccuparti, _____ pure a me.

30 L'IMPERATIVO DIRETTO

Esercizio 9.
Completa il dialogo con le informazioni tra parentesi, come nell'esempio.

- Nonna, sabato pomeriggio andrò ad una festa e devo portare un dolce. (*Tu - Aiutare - me*) Aiutami a farne uno, ti prego!
- Certo Gabriele, ti aiuto io! (*Noi - Fare*) _____ una crostata! Prima di tutto, (*noi - lavarsi*) _____ le mani!
- Fatto, nonna.
- Bene! Ora, (*noi - iniziare*) _____ dall'impasto. (*Tu - Preparare - l'impasto*) _____ tu!
- Non so farlo.
- Ti dico io che cosa fare, (*provare - a fare l'impasto*) _____! In una ciotola, (*mettere*) _____ 250 grammi di farina, 100 grammi di zucchero e un pizzico di sale. (*Aggiungere*) _____ 125 grammi di burro e (*iniziare*) _____ a lavorare l'impasto. Poi, (*aggiungere*) _____ anche un uovo e (*continuare*) _____ a impastare per formare una palla.
- Va bene, un attimo... ecco fatto, l'impasto è pronto. E adesso che faccio?
- (*Mettere - l'impasto*) _____ in frigorifero per 30 minuti.

Arriva un'altra nipote.

- Ecco Nina! Tesoro, perché non ci aiuti? (*Prendere*) _____ le fragole e (*tagliare - le fragole*) _____ a fette sottili! Io preparo la crema pasticcera.

Dopo un'ora.

- Gabriele e Nina, (*prendere*) _____ pure l'impasto dal frigorifero e (*stendere - l'impasto*) _____ con un mattarello.
- Così va bene, nonna?

- Sì! Gabriele, ora (*prendere*) _____ una teglia e (*mettere - nella teglia*) _____ l'impasto. Nina, (*aggiungere - nell'impasto*) _____ la crema e poi (*decorare - l'impasto*) _____ con le fragole.
- Per quanto deve cuocere in forno?
- Per circa 30-35 minuti a 180 gradi.

Dopo mezz'ora.

- (*Noi - Tirare*) _____ fuori la crostata dal forno e (*lasciare - la crostata*) _____ raffreddare. Ragazzi, (*non - toccare - la crostata*) _____, è bollente!

31. PRONOMI RELATIVI CHE E CUI

Leggi e osserva la parola **evidenziata**.

- Ma quella ragazza è Silvia!
- Quale ragazza?
- La ragazza al centro della pista!
- Non ti sento! La musica è troppo alta!
- La ragazza **che** sta ballando al centro della pista è Silvia!

video 31

La parola **evidenziata** è un **pronome relativo**.

Il pronome relativo CHE

Il pronome relativo **che** unisce due o più frasi che hanno un elemento in comune.

È invariabile.	*Una ragazza* sta ballando al centro della pista. (una ragazza: soggetto) + *La ragazza* si chiama Silvia. (la ragazza: soggetto) = *La ragazza **che** sta ballando al centro della pista si chiama Silvia.*
Si usa per le persone e per le cose.	
Sostituisce il soggetto o l'oggetto diretto della frase.	*Al museo ho incontrato una persona.* (una persona: oggetto diretto) + *Conosco questa persona.* (questa persona: oggetto diretto) = *Al museo ho incontrato una persona **che** conosco.* / *Conosco la persona **che** ho incontrato al museo.*

Esercizio 1.

Unisci le frasi con il pronome relativo **che**, come nell'esempio.

1. Ho comprato un'auto. | L'auto è elettrica.
   L'auto che ho comprato è elettrica.

2. Ieri sera ho mangiato una pizza margherita. | La pizza margherita era buonissima!
   _____!

3. Ambra ha raccolto le rose. | Le rose erano nel mio giardino.
   _____.

4. I bambini hanno ricevuto i regali. | I regali erano nell'armadio.
   _____.

5. Il bicchiere è sul tavolo. | Usa il bicchiere!
   _____!

6. Matteo ha trovato un libro. | Il libro è stato utile per la sua ricerca di storia.
   _____.

7. Un uomo ha rapinato la banca. | La polizia ha arrestato l'uomo.
   _____.

PRONOMI RELATIVI CHE E CUI

Esercizio 2.
Leggi il dialogo, ci sono cinque **che**, ma solo due hanno la funzione di pronome relativo. Sottolineali.

Alessandro e Gabriele sono sul divano e stanno guardando un film.
- Che noia questo film, perché non guardiamo qualcos'altro?
- A me sta piacendo!
- È il film che ti ha consigliato Mauro?
- Sì, ha detto che dobbiamo avere pazienza, solamente l'inizio è un po' lento.
- Lo spero! Facciamo una pausa così preparo una tisana. Che preferisci, camomilla o melissa?
- Camomilla.
- Ottima scelta, è quella biologica che mi ha portato Laura dalla Toscana!

Il pronome relativo CUI

Il pronome relativo **cui** unisce due o più frasi che hanno un elemento in comune.

È invariabile.	*Ti ho parlato di un problema.* (di un problema: oggetto indiretto)
Sostituisce l'oggetto indiretto della frase.	+ *Il problema è serio.* (il problema: soggetto)
	= *Il problema di cui ti ho parlato è serio.*
Si usa sempre con una preposizione semplice (**di cui, a cui, da cui, in cui, su cui**, ecc.).	*Anna lavora per un'azienda.* (per un'azienda: oggetto indiretto)
	+ *Quest'azienda è innovativa.* (quest'azienda: soggetto)
	= *L'azienda per cui lavora Anna è innovativa.*

Esercizio 3.
Sottolinea la preposizione semplice corretta, come nell'esempio.

1. L'albergo **in** / **da** / **a** cui ho soggiornato era molto accogliente.
2. Filippo ha finito di leggere il libro **di** / **su** / **a** cui ci ha parlato.
3. Valerio e Rosa sono le uniche persone **per** / **in** / **su** cui potete contare.
4. Marta è la ragazza **di** / **a** / **per** cui Luca ha regalato le rose.
5. Francesca è la persona **in** / **da** / **su** cui dipendono tutte le decisioni.
6. Il computer **per** / **con** / **in** cui lavoro è di Giacomo.
7. Il Dottor Trenti è il dentista **a** / **in** / **da** cui devi andare!

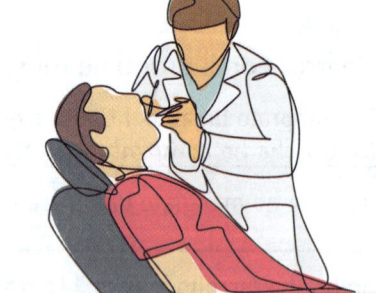

Scegliamo la preposizione semplice in base al verbo della frase:
*parlare **di**, lavorare **per***

PRONOMI RELATIVI CHE E CUI

Esercizio 4.
Unisci le frasi con il pronome relativo **cui**, come nell'esempio.

1. Le ho parlato di un film. | Il film è di Sorrentino.
   Il film di cui le ho parlato è di Sorrentino.

2. Clarissa viene da una piccola città. | La piccola città è vicino al mare.
   _____.

3. Faccio sempre colazione nel bar sotto casa. | Il bar sotto casa è chiuso.
   _____.

4. Voglio molto bene a Maria. | Maria è un'amica.
   _____.

5. Io e Alessandro abitiamo in un appartamento. | L'appartamento è piccolo.
   _____.

6. Sandra e Beppe escono spesso con Simona. | Simona è una mia collega.
   _____.

7. Tu e Cinzia avete dato una mano a un ragazzo. | Il ragazzo è mio cugino.
   _____.

Dare una mano a qualcuno è un'espressione idiomatica che significa "aiutare qualcuno".

Esercizio 5.
Sottolinea l'opzione corretta: **che** o **cui**?

1. Il documentario **che / di cui** ho visto ieri è molto interessante.
2. Il ristorante **che / in cui** abbiamo cenato era molto romantico.
3. L'amico **che / a cui** ho incontrato al parco mi ha raccontato una storia divertente.
4. La casa **che / in cui** vogliamo comprare ha un bellissimo giardino.
5. Il progetto **che / a cui** abbiamo lavorato è stato un successo.
6. La festa **che / a cui** è andata Martina ieri sera è stata molto divertente.
7. Il paese **che / in cui** voglio visitare è situato sulle montagne.
8. La palestra **che / in cui** ci alleniamo io e Laura è aperta tutti i giorni.

31 PRONOMI RELATIVI CHE E CUI

Esercizio 6.
Scegli la frase corretta e scopri la parola nascosta, come nell'esempio.

1.	a. La signora che ho parlato stamattina era simpatica.	A
	b. La signora con cui ho parlato stamattina era simpatica.	S ✗
2.	a. Non c'è una regione italiana in cui si mangia meglio delle altre!	O
	b. Non c'è una regione italiana che si mangia meglio delle altre!	E
3.	a. L'azienda che ho inviato il mio curriculum si trova a Zurigo.	R
	b. L'azienda a cui ho inviato il mio curriculum si trova a Zurigo.	S
4.	a. La ragazza a cui ho chiamato ieri sera è la sorella di Giada.	G
	b. La ragazza che ho chiamato ieri sera è la sorella di Giada.	P
5.	a. Secondo le statistiche, Bologna è la città italiana in cui si vive meglio.	E
	b. Secondo le statistiche, Bologna è la città italiana che si vive meglio.	A
6.	a. Conosci qualcuno con cui andrà alla conferenza domani?	I
	b. Conosci qualcuno che andrà alla conferenza domani?	S
7.	a. Lucia ha invitato a cena degli amici tra cui vedeva da tempo.	L
	b. Lucia ha invitato a cena degli amici che non vedeva da tempo.	O

L'usanza del caffè S ☐ ☐ ☐ ☐ ☐ è un gesto di gentilezza e solidarietà che ha origine a Napoli. Quando si va al bar, si ordina il proprio caffè, ma se ne pagano due: il secondo caffè è per le persone che ne hanno bisogno e non possono pagarlo.

Esercizio 7.
Completa le frasi con i pronomi relativi corretti.

1. Fabrizio è un amico
   a. _____ esco spesso.
   b. _____ ho conosciuto all'università.
   c. _____ telefono spesso.

2. È quello il ristorante
   a. _____ ho prenotato per domani.
   b. _____ mi ha parlato Giorgio.
   c. _____ abbiamo cenato al primo appuntamento!

3. Flavia e Marco hanno un cane
   a. _____ si chiama Birillo.
   b. _____ vogliono molto bene.
   c. _____ passeggiano al parco tutti i giorni.

4. Hai visto il film
   a. _____ recita Monica Bellucci?
   b. _____ è uscito la scorsa settimana?
   c. _____ Leonardo di Caprio ha vinto l'Oscar?

PRONOMI RELATIVI CHE E CUI

Esercizio 8.
Completa con i pronomi relativi della lista. Attenzione: in ogni lista c'è un'opzione in più!

🔊 audio 31

Consigli di viaggio

Sei a Roma e hai visitato molti luoghi famosi, ma vuoi scoprire qualcosa di unico? Continua a leggere!

che (x2) • su cui • a cui

Le statue parlanti
Ti suggerisco di cercare le statue parlanti nel centro storico della città. Queste statue risalgono all'epoca del Rinascimento e oggi ne puoi trovare sei: Pasquino, _____ è la più conosciuta, Madama Lucrezia, Marforio (nella foto), Fontana del Babuino, Abate Luigi, Fontana del Facchino. Queste sono le statue _____ i romani mettevano dei messaggi satirici, _____ contenevano molte critiche ai politici di quel periodo.

che (x2) • su cui • a cui

Una gita sul Tevere
Ti consiglio di fare una gita in battello sul fiume _____ attraversa la città, il Tevere, _____ è stato un elemento vitale per la crescita e lo sviluppo di Roma nel corso della storia. Questa è un'occasione unica per visitare Roma da un punto di vista diverso dal solito! Ci sono due percorsi _____ scegliere: da Castel Sant'Angelo all'Isola Tiberina oppure da Ponte Marconi agli Scavi di Ostia Antica.

di cui • che • in cui • per cui

I gatti di Largo Argentina
Largo Argentina si trova nel cuore della città e ospita un antico sito archeologico (qui si trovano i resti del Teatro di Pompeo, _____ Giulio Cesare è stato assassinato). Guarda bene tra le rovine: quanti gatti! Infatti Largo Argentina è anche la casa della colonia di gatti più antica di Roma. Sono tanti i gatti _____ hanno scelto di vivere qui e _____ si prendono cura alcuni volontari.

32. I CONNETTIVI DI BASE

Leggi e osserva le parole **evidenziate**.

- Stasera ceniamo da Gloria **e** poi andiamo al cinema?
- Sono un po' stanca, ceniamo da Gloria **o** andiamo al cinema.
- Io vorrei andare al cinema, **ma** tu preferisci cenare da Gloria, lo so.
- Non ti va di andare da Gloria?
- Sinceramente no, **perché** voi parlerete tra di voi e io mi annoierò!

video 32

Le parole **evidenziate** sono **connettivi**, parole che usiamo per unire le frasi in modo logico. Sono importanti per dare una struttura alle frasi. Si chiamano anche **congiunzioni**.

e	per aggiungere un'informazione	Stasera ceniamo da Gloria **e** poi andiamo al cinema?
o / oppure	per aggiungere un'informazione alternativa	Ceniamo da Gloria **o** andiamo al cinema. Vuoi il caffè **o** il tè? Qual è più bello, il vestito verde **oppure** quello rosso?
ma / però	per aggiungere un'informazione contraria	Io vorrei andare al cinema **ma** tu preferisci cenare da Gloria. Francesco capisce bene il tedesco, **ma** lo parla poco. Mi piacerebbe uscire con te, **però** ho una cosa da fare.
infatti	per aggiungere una spiegazione	Sabrina ha lavorato tutto il giorno, **infatti** è molto stanca!
quindi / per questo / perciò	per aggiungere una conseguenza	Io e Luigi abbiamo litigato, **quindi** non gli regalo niente per il suo compleanno.
perché	per aggiungere una causa	Giorgio non può fare la sua presentazione **perché** non ha voce.
siccome (si usa all'inizio della frase)		**Siccome** Giorgio non ha voce, non può fare la sua presentazione.
sia... sia / che... (il secondo sia può essere che)	per mettere in relazione due informazioni	Voglio **sia** l'antipasto **sia / che** il dolce! (= voglio l'antipasto e voglio anche il dolce)
né... né... (è necessario aggiungere non)		Non voglio **né** l'antipasto **né** il dolce! (= non voglio l'antipasto e non voglio il dolce)

I CONNETTIVI DI BASE   32

Esercizio 1.
Abbina le frasi, come nell'esempio.

1. Sandra dovrebbe pulire la sua stanza
2. Non posso parlare al telefono
3. Ludovica non mangia né la carne
4. Quel vestito costava troppo
5. Sara, preferisci rimanere a casa
6. Per favore, spegnete le luci
7. Riccardo non ha la macchina
8. Possiamo sia visitare il museo

a. infatti prende sempre l'autobus.
b. quindi non l'ho comprato.
c. ma non ne ha voglia!
d. e chiudete la porta quando uscite.
e. perché sono al cinema!
f. sia comprare i souvenir, abbiamo tempo!
g. né la pasta!
h. o fare una passeggiata?

Esercizio 2.
Sottolinea l'opzione corretta: **e**, **o**, **ma**?

1. Mio fratello ci ha preparato una torta al cioccolato **e / o / ma** una crostata di frutta.
2. Andrea mi ha chiesto di fare la spesa **e / o / ma** non posso.
3. Oggi piove **e / o / ma** fa molto freddo!
4. Che cosa vogliamo fare domani? Andiamo al cinema **e / o / ma** a teatro?
5. Va bene, fate colazione al bar, **e / o / ma** dovete fare presto!
6. Lorenzo e Daria non hanno studiato molto, **e / o / ma** hanno passato l'esame!

Esercizio 3.
Completa le frasi con il connettivo corretto: **infatti**, **quindi**, **perché**?

1. Non potevo uscire ieri sera, e _____ ho visto un film a casa.
2. Sono andato al supermercato _____ devo comprare le uova.
3. Questo ristorante ha ottime recensioni, _____ è sempre pieno di clienti.
4. Mario guadagna più soldi con il nuovo lavoro, _____ potrà andare in vacanza!
5. Stefania adora i misteri, _____ legge sempre molti gialli.
6. Ho preso molti appunti _____ la lezione è stata interessante!

Esercizio 4.
Sottolinea l'opzione corretta.

1. Mi piace **sia / né** il mare **sia / né** la montagna, è difficile scegliere!
2. Per favore, spegni lo stereo **oppure / ma** cambia canzone! È terribile!
3. Barbara non parla **né / sia** l'inglese **né / che** il francese.
4. Fabio è ancora in ufficio, **quindi / infatti** arriveremo tardi da Franca.
5. Teresa non partirà con noi **siccome / perché** sta male.
6. Daniele, mettiti le scarpe **e / oppure** esci! Ti sto aspettando da 10 minuti!
7. **Perché / Siccome** Francesca arriverà in ritardo, Bianca ha già ordinato il pranzo.

32 I CONNETTIVI DI BASE

Esercizio 5.
Crea delle frasi in base alle informazioni, come nell'esempio. Attenzione: c'è un **connettivo** in più!

1. Mio nonno ha 84 anni — **ma** — non li dimostra.
2. Ho spento il computer — **perché** — ho mal di testa.
3. Per tornare prendiamo l'autobus 60 — **oppure** — la metro B?
4. Caterina non verrà da noi stasera — **perché** — è fuori città.
5. Il compagno di Olivia è vegetariano — **perciò** — devo modificare il menù.

Connettivi: oppure, sia... sia..., ma, perciò, e, perché

Esercizio 6.
Sottolinea la parte di frase corretta in base al **connettivo**, come nell'esempio.

1. Secondo Ginevra, si mangia bene nel ristorante in piazza Ludovisi, **quindi** non vorrei provarlo / <u>lo proverei volentieri</u>.
2. Io e Laura dovremmo studiare per l'esame **ma** abbiamo voglia di uscire / non abbiamo voglia di uscire.
3. **Siccome** ho freddo / non ho freddo, mi metto un maglione pesante.
4. Federica mi ha consigliato di prenotare le vacanze tre mesi prima, **infatti** ho trovato dei prezzi vantaggiosi / ho trovato dei prezzi molto alti.
5. Raffaele è sempre in ritardo la mattina **perché** non mette mai la sveglia / mette sempre la sveglia.
6. Renato vuole smettere di fumare **però** non ci riesce / ci riuscirà.
7. Ho trovato una chiamata persa da Rosa, **quindi** l'ho richiamata / non l'ho richiamata.
8. Aldo, vuoi bere il tuo vino rosso preferito **oppure** ne vuoi provare uno nuovo? / non ne vuoi provare uno nuovo?

Esercizio 7.
Completa con i connettivi della lista.

🔊 audio 32

> siccome • né... né • ma • sia... sia • quindi

Oggi Hassan ha la sua prima lezione all'università in Italia. Sono le 11:00, nell'aula non c'è nessuno. Alle 11:10 entra una ragazza.

● Ciao!
▶ Ciao, sei qui per la lezione di letteratura italiana?
● Sì.
▶ La lezione non era alle 11:00?
● Sì, alle 11:00.
▶ _____ sono le 11:10 e siamo presenti solamente io e te.
● È normale, c'è il quarto d'ora accademico! Stanno per arrivare tutti, _____ la professoressa _____ gli altri studenti.
▶ Ok... Che cosa significa "quarto d'ora accademico"?
● Significa che la lezione inizia 15 minuti dopo l'orario che leggi sul sito, _____ la lezione di oggi inizia in realtà alle 11:15.
▶ Ok, grazie. Non lo sapevo! Me lo ricorderò per le prossime volte. _____ non arrivava nessuno, _____ la professoressa _____ gli altri studenti, mi sono preoccupato!

Il **quarto d'ora accademico** è una tradizione di molte università in Italia e in altre parti d'Europa per cui i professori e gli studenti possono arrivare in aula 15 minuti dopo l'orario d'inizio delle lezioni. Si fa perché a volte le lezioni sono spesso una dopo l'altra e così si evitano ritardi e assenze.

33. IL TRAPASSATO PROSSIMO

audio 33

Leggi e osserva i verbi **evidenziati**.

- Sei andato a teatro ieri sera?
- ▶ Sì, ma quando sono arrivato, lo spettacolo **era** già **iniziato**. Ho perso tutta la prima parte.
- Ah, mi dispiace. Sei andato da solo?
- ▶ Sì. **Avevo invitato** anche Claudia, ma non è venuta perché stava male!

I verbi **evidenziati** sono coniugati al **trapassato prossimo**.

Il modo indicativo

Il **trapassato prossimo** è un tempo verbale del modo indicativo.

presente	imperfetto
passato prossimo	**trapassato prossimo**
passato remoto	trapassato remoto
futuro semplice	futuro anteriore

video 33

Il **trapassato prossimo** si usa:

per raccontare **un'azione passata** che è successa prima di un'altra azione passata (al passato prossimo o all'imperfetto).	*Quando sono arrivato, lo spettacolo **era** già **iniziato**.* (prima azione: era iniziato • seconda azione: sono arrivato) ***Avevo invitato** anche Claudia, ma non è venuta.* (prima azione: avevo invitato • seconda azione: non è venuta) *Isa era contenta perché **aveva passato** l'esame.* (prima azione: aveva passato • seconda azione: era)

Come si forma il **trapassato prossimo**?

Con l'imperfetto di **essere** o **avere** + il participio passato del verbo.	*Ho mangiato la torta che **avevi comprato**.* *Quando siamo arrivati Monica **era partita** da dieci minuti.*

	con ausiliare AVERE	con ausiliare ESSERE
	comprare	**partire**
io	avevo comprato	ero partito/a
tu	avevi comprato	eri partito/a
lui / lei / Lei	aveva comprato	era partito/a
noi	avevamo comprato	eravamo partiti/e
voi	avevate comprato	eravate partiti/e
loro	avevano comprato	erano partiti/e

ALMA Edizioni | VIDEOgrammatica della lingua italiana

33 IL TRAPASSATO PROSSIMO

Il **trapassato prossimo** è un tempo composto, quindi ha le stesse regole del passato prossimo:

per la scelta dell'ausiliare e l'accordo del participio passato con **essere**	Avevamo già mangiato quella torta. Stefano e Mario erano partiti quando li abbiamo chiamati.
per l'uso dei pronomi diretti **lo**, **la**, **li**, **le** e il **ne** partitivo	Il pranzo? L'avevo già preparato quando sei arrivato a casa. Le tue scarpe? Non le avevo mai viste prima! Che torta deliziosa, non ne avevo mai mangiata una così buona!
per l'uso dei verbi modali	Non hai trovato Camilla a casa perché era dovuta uscire. Quella volta hai sbagliato perché non avevi voluto ascoltare il mio consiglio!

Esercizio 1.
Completa con il trapassato prossimo dei verbi.

1. Ieri sera Gianluca non ha risposto ai miei messaggi perché (*lasciare*) _____ il cellulare in ufficio.
2. Michele e Davide si sono incontrati nel bar dove (*conoscersi*) _____ tre mesi prima.
3. Quando Roberta è tornata a casa, Luisa (*preparare*) _____ già _____ la cena.
4. Franco non ha accettato il nostro invito perché (*prendere*) _____ un altro impegno per quella sera.
5. Il film non (*finire*) _____ ancora _____ quando Lorenza si è addormentata.
6. Il professore ha spiegato un argomento che (*spiegare*) _____ già _____ la settimana scorsa.

Esercizio 2.
Trasforma le frasi al passato, come nell'esempio.

1. <u>Studio</u> gli appunti che Enrico mi **ha dato**.
   Ho studiato gli appunti che Enrico mi aveva dato.
2. Vittoria <u>è</u> felice perché **si è** appena **laureata**!
   _____!
3. <u>Mangio</u> i biscotti che **hai preparato**.
   _____.
4. Io e Luca <u>siamo</u> stanchi perché **abbiamo lavorato** molto.
   _____.
5. Perché non <u>rispondete</u> all'email che vi **ho mandato**?
   _____?
6. Silvia <u>va</u> al bar che le **hai consigliato**.
   _____.

Esercizio 3.
Completa le frasi con il passato prossimo o il trapassato prossimo.

1. Ieri (*io - vedere*) _____ un film che (*vedere*) _____ già _____ due mesi fa.
2. Veronica (*leggere*) _____ il libro che le (*regalare*) _____ io.
3. Ieri (*io - incontrare*) _____ Giorgio: era molto felice perché due minuti prima (*vincere*) _____ 100 euro al gratta e vinci!
4. Francesca (*visitare*) _____ il museo che le (*io - consigliare*) _____ l'ultima volta che ci siamo viste.
5. Quando Franco (*arrivare*) _____ in stazione, il treno (*partire*) _____ già _____.
6. Ieri pomeriggio Rachele (*studiare*) _____ gli appunti che (*prendere*) _____ durante le lezioni della mattina.
7. Ieri Lisa era triste perché (*perdere*) _____ la sua gattina ma per fortuna oggi l' (*ritrovare*) _____!
8. Ieri sono andata alla trattoria *Da Rosina*. Non ci (*essere*) _____ mai _____ prima. Te la consiglio: (*mangiare*) _____ benissimo.

IL TRAPASSATO PROSSIMO

Esercizio 4.
Sottolinea l'opzione corretta.

1. Stamattina, quando **ero / sono** uscito di casa per andare in ufficio, c'**era / era stato** il sole. Ma poi nel pomeriggio **aveva / ha** cominciato a piovere. Per fortuna la settimana scorsa **avevo / ho** dimenticato l'ombrello in ufficio, così **l'ho preso / lo prendevo** e non mi **ero / sono** bagnato.

2. Ieri notte un ladro **è / era** entrato nella casa della signora Pirelli e **ha / aveva** rubato un anello molto prezioso che la signora **ha / aveva** comprato anni prima a Parigi.

3. Quando **sono / ero** arrivata alla fermata dell'autobus, il 60 **è / era** appena passato. Per fortuna ne **è / era** passato un altro dopo cinque minuti.

4. Durante la pausa pranzo io e Lucia **siamo / eravamo** andate alla tavola calda vicino al nostro ufficio per mangiare qualcosa. **Abbiamo voluto / Volevamo** il carpaccio con la rucola e il parmigiano, ma non **abbiamo / avevamo** potuto ordinarlo perché l'**hanno / avevano** finito. Quindi **abbiamo / avevamo** mangiato un piatto di pasta.

La **tavola calda** è un negozio che offre cibi già pronti (insalate, panini, pasta, ecc.).

Esercizio 5.
Completa con il passato prossimo, l'imperfetto o il trapassato prossimo dei verbi.

▶ E com' (andare) _____ a scuola?

● Tutto bene, papà. Non sai che cosa (succedere) _____!

▶ Beh, raccontami!

● Quando io e i miei compagni (entrare) _____ in classe per la prima ora di scienze, la Prof. Benelli (accendere) _____ già _____ il computer e (essere) _____ pronta per iniziare la lezione con la sua presentazione.

▶ E cosa c'è di strano?

● Aspetta, fammi finire! Allora, la Prof. (dovere) _____ finire di spiegarci il sistema solare, che (noi – cominciare) _____ a studiare la settimana scorsa. Ad un certo punto sulla lavagna (apparire) _____ una foto della Prof.! E dopo qualche secondo un'altra e poi un'altra ancora: (lei – aprire) _____ il file sbagliato!

▶ E che foto (essere) _____?

● Le foto di una cena con le sue amiche! Allora gliel' (noi – dire) _____, perché lei non (accorgersi) _____ di niente! Che divertimento!

34. IL FUTURO ANTERIORE

Leggi e osserva i verbi **evidenziati**.

- Io ho fame. Preparo qualcosa. Tu non mangi?
- ▶ Non ora. Mangerò dopo che **avrò finito** il libro.
- Ma tu non dovevi cenare con Luisa? Perché non arriva?
- ▶ La conosci, è sempre in ritardo. **Si sarà dimenticata**.

I verbi **evidenziati** sono coniugati al **futuro anteriore**.

Il modo indicativo

Il **futuro anteriore** è un tempo verbale del modo indicativo:

presente	imperfetto
passato prossimo	trapassato prossimo
passato remoto	trapassato remoto
futuro semplice	**futuro anteriore**

Il **futuro anteriore** si usa:

per parlare di azioni future che succedono prima di un'altra azione futura (al futuro semplice)	Mangerò dopo che **avrò finito** il libro. (prima azione: avrò finito • seconda azione: mangerò) **Avevo invitato** anche Claudia, ma non è venuta. (prima azione: sarò tornata • seconda azione: ti chiamerò)

Il **futuro anteriore** si usa anche:

per esprimere una supposizione, per fare un'ipotesi, per dare un'informazione incerta	▶ Perché Luisa non arriva? • **Si sarà dimenticata** (= forse si è dimenticata)! ▶ A che ora sei arrivata in ufficio stamattina? • Non mi ricordo di preciso, **saranno state** le 9:00 (= forse erano le 9:00).
per esprimere un dubbio	Questo film **avrà avuto** successo, ma lo trovo davvero noioso (= anche se questo film ha avuto successo, lo trovo noioso)!
Il **futuro anteriore** si usa soprattutto dopo le seguenti espressioni: **quando**, **appena**, **dopo che**.	Quando **avrai finito** di mangiare, potrai guardare la tv. Ti chiameremo, appena **saremo arrivati**. Dopo che **avrà fatto** gli esercizi di grammatica, Giulio andrà in palestra.

IL FUTURO ANTERIORE 34

Come si forma il **futuro anteriore**?

Con il futuro semplice di **essere** o **avere** + il participio passato del verbo.

*Quando **avrò finito**, ti chiamerò.*
▶ *Dov'è Roberta?*
● *Non lo so, **sarà uscita**.*

	con ausiliare AVERE	con ausiliare ESSERE
	finire	uscire
io	avrò finito	sarò uscito/a
tu	avrai finito	sarai uscito/a
lui / lei / Lei	avrà finito	sarà uscito/a
noi	avremo finito	saremo usciti/e
voi	avrete finito	sarete usciti/e
loro	avranno finito	saranno usciti/e

Il **futuro anteriore** è un tempo composto, quindi ha le stesse regole del passato prossimo e del trapassato prossimo per la scelta dell'ausiliare, l'uso dei pronomi e dei verbi modali.

Esercizio 1.
Abbina la domanda alla risposta e coniuga i verbi al futuro anteriore.

1. Quando si laureerà Mario?
2. Ho perso i miei occhiali da sole!
3. Daniele mi sembra stanco stamattina.
4. Quando prenoterete la vacanza?
5. Chi ha rotto la finestra del primo piano?
6. Che ore erano quando ti ha telefonato Anna?

a. Ma no, li (*tu – mettere*) _____ in una delle tue borse!
b. Dopo che (*superare*) _____ il suo ultimo esame.
c. (*Dormire*) _____ male!
d. Non ho controllato, (*essere*) _____ le 17:00.
e. Quando (*ricevere*) _____ lo stipendio.
f. Non lo so, (*essere*) _____ un ragazzo che abita nel palazzo.

Esercizio 2.
Trasforma le frasi, come nell'esempio.

1. Ordinerò un cornetto, ma prima berrò questo caffè.
   Dopo che *avrò bevuto questo caffè, ordinerò un cornetto.*

2. Tu e Laura potrete guidare, ma prima prenderete la patente.
   Quando _____

3. Prepareremo la cena insieme, ma prima Barbara verrà da noi.
   Appena _____

4. Potrai uscire, ma prima pulirai la tua stanza.
   Dopo che _____

5. La cantante inizierà a cantare, ma prima scalderà la voce.
   Quando _____

6. Prenderemo una decisione, ma prima valuteremo le opzioni.
   Appena _____

7. Ti dirò che cosa penso del libro, ma prima finirò di leggerlo.
   Dopo che _____

34 IL FUTURO ANTERIORE

Esercizio 3.
Completa con il futuro anteriore dei verbi della lista.

> perdere • succedere • tornare • litigare • dimenticarsi

ALBERTO Che cos'ha Sara? Sembra triste…
FEDERICA Non lo so, lei e Marta _____.
ALBERTO Di nuovo? Litigano sempre quelle due! Che cosa _____ questa volta?
FEDERICA Chiediamoglielo. Ciao Sara, tutto bene?
SARA Ciao! Sì, tutto ok…
ALBERTO Scusa Sara, ma io e Fede vorremmo farti una domanda: tu e Marta avete litigato?
SARA No, ma non voglio più sentire parlare di lei!
ALBERTO E perché? Che cosa è successo?
SARA Ieri sera dovevamo sentirci, mi ha scritto questo messaggio: "Ti chiamerò appena _____ a casa", ma non mi ha chiamato.
FEDERICA _____!
ALBERTO Oppure _____ il cellulare! Hai provato a chiamarla tu?
FEDERICA No, se lei non mi chiama, io non la chiamo!

Esercizio 4.
Completa con il futuro semplice o anteriore dei verbi della lista. Attenzione: c'è un verbo in più!

> parlare • guarire • vincere • fare • comprare • arrivare • partire

1. Ci sono dei tifosi che festeggiano in piazza. Quale squadra _____?

2. Franca parla al telefono e sorride. Con chi _____?

3. Queste foto sono bellissime! Chi le _____?

4. Si è rotta la macchina. Ne (noi) _____ una nuova.

5. Gianni e Carlotta sono partiti tre ore fa! A quest'ora _____ a casa, spero!

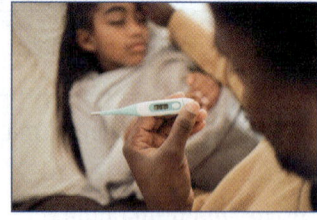

6. ▶ Ho la febbre!
   ● (Tu) _____ presto, ne sono sicuro!

IL FUTURO ANTERIORE 34

Esercizio 5.
Sottolinea l'opzione corretta: futuro semplice o anteriore?

1. Dove **andrai / sarai andato** per Capodanno quest'anno?
2. Filippo non è ancora arrivato, non **sentirà / avrà sentito** la sveglia!
3. Mia madre ci **darà / avrà dato** un passaggio a casa, perché c'è lo sciopero degli autobus.
4. È deciso: domani **partiremo / saremo partiti** per Firenze!
5. Inizio a cucinare ora, così quando **arriveranno / saranno arrivati** gli invitati **preparerò / avrò preparato** tutto.
6. Domani inizia il Festival del Cinema, ma mi sono dimenticato di fare i biglietti. **Finiranno / Saranno finiti**... Devo controllare sul sito!

Esercizio 6.
La zia Matilde deve partire per il fine settimana e scrive per sua nipote le istruzioni per preparare il caffè con la moka. Completa con il futuro semplice o anteriore dei verbi.

🔊 audio 34

Virginia, per preparare il caffè con la moka, segui queste istruzioni:

(*Tu – dovere*) _____ mettere il filtro nella parte inferiore, ma solo dopo che l' (*riempire*) _____ con l'acqua.

Poi (*riempire*) _____ il filtro con il caffè macinato. Aiutati con un cucchiaino!

Dopo che (*fare*) _____ questo, (*potere*) _____ unire la parte superiore alla parte inferiore e mettere la caffettiera sul fuoco.
Non distrarti con lo smartphone, né a chiacchierare con Giulia (sicuramente la (*tu – invitare*) _____ appena (*io – uscire*) _____ di casa!)

Dopo 4-5 minuti, appena la caffettiera (*cominciare*) _____ a fare rumore, (*voi – dovere*) _____ spegnere il fuoco.

Quando il caffè (*raffreddarsi*) _____, tu e Giulia (*potere*) _____ berlo e continuare a chiacchierare!

- la parte superiore / il bricco
- il filtro
- la parte inferiore / la caldaia

Nel 1933 Alfonso Bialetti ha inventato la **moka** (che chiamiamo anche "caffettiera").
Il nome deriva dalla città yemenita di Mokha, una zona di produzione di caffè molto importante. La caffettiera è famosa per il suo stile Art Déco e il suo funzionamento.
Dal 2008 è nelle collezioni permanenti del *Museum of Modern Art* di New York.
Nelle case italiane c'è sempre una caffettiera!

35. IL CONDIZIONALE PASSATO

Leggi e osserva i verbi evidenziati.

- Che hai fatto ieri?
- Niente. Mi **sarebbe piaciuto** andare al mare, ma non avevo la macchina.
- **Avresti dovuto** dirmelo! Potevamo andarci insieme con la mia.

I verbi evidenziati sono coniugati al **condizionale passato**.

Il modo condizionale

Il **condizionale passato** è il tempo verbale passato del modo condizionale.

presente	passato

Il **condizionale passato** si usa:

per esprimere un desiderio o un'intenzione non realizzati nel passato	Mi **sarebbe piaciuto** andare al mare (*ma non ci sono andato*). **Avrei mangiato** volentieri un gelato (*ma non l'ho mangiato*)!

Il **condizionale passato** si usa anche:

per fare un rimprovero (con il verbo **dovere**)	**Avresti dovuto** dirmelo! **Sareste dovuti** andare a scuola!
per riportare un fatto non confermato (soprattutto negli articoli di giornale)	Il sospettato **sarebbe scappato** all'estero.
per esprimere un'azione che succede dopo un'altra azione nel passato (il futuro nel passato)	Ieri Lina mi ha detto che **sarebbe venuta** alla mia festa. (*Ieri Lina mi ha detto: "Verrò alla tua festa!"*)

Come si forma il **condizionale passato**?

Con il condizionale semplice di **essere** o **avere** + il participio passato del verbo.	Io **avrei visto** la partita, ma alla fine siamo andati al cinema. Vicky **sarebbe uscita** volentieri con noi ieri sera, ma era troppo stanca.

IL CONDIZIONALE PASSATO 35

	con ausiliare AVERE	con ausiliare ESSERE
	vedere	uscire
io	avrei visto	sarei uscito/a
tu	avresti visto	saresti uscito/a
lui / lei / Lei	avrebbe visto	sarebbe uscito/a
noi	avremmo visto	saremmo usciti/e
voi	avreste visto	sareste usciti/e
loro	avrebbero visto	sarebbero usciti/e

Il **condizionale passato** è un tempo composto, quindi ha le stesse regole del passato prossimo, del trapassato prossimo e del futuro anteriore per la scelta dell'ausiliare, l'uso dei pronomi e dei verbi modali.

Esercizio 1.
Completa con il condizionale passato dei verbi.

1. Stefania e Cristina (*andare*) _____ volentieri al mare oggi, ma piove.
2. Marcus (*uscire*) _____ con noi, ma deve studiare.
3. Viviana (*mangiare*) _____ volentieri al ristorante, ma aveva già preparato la cena.

4. Francesco (*iscriversi*) _____ al corso di fotografia, ma i posti erano finiti.
5. Ti (*regalare*) _____ due biglietti per il teatro, ma Sara mi ha detto che non ti piace.
6. Vittorio ha venduto la sua macchina? L' (*comprare*) _____ io e Gianni!

Esercizio 2.
Abbina le frasi, poi coniuga i verbi al condizionale passato, come nell'esempio.

1. Giovanni, hai passato l'esame?
2. Io e Matilde siamo uscite tardi dall'ufficio, per questo non siamo venute all'aperitivo.
3. Oggi ha piovuto tutto il giorno.
4. Perché Sofia e Anna non sono venute a lezione stamattina?
5. Perché non hai fatto i compiti?
6. Ho parlato del mio problema a Matteo.
7. Hai assaggiato la crostata?!

a. Infatti (*rimanere*) _____ volentieri a casa, ma siamo dovuti andare dal medico!
b. Li (*fare*) _____, ma ho dimenticato il libro a scuola.
c. Ne (*dovere*) _____ parlare con me!
d. No... (*dovere*) *avrei dovuto* studiare di più!
e. Sì. Ne (*prendere*) _____ un'altra fetta, ma devo controllarmi con i dolci!
f. Secondo loro, (*perdere*) _____ l'autobus! Io non ci credo...
g. Peccato, è stata una bellissima serata, (*voi – divertirsi*) _____ moltissimo.

35   IL CONDIZIONALE PASSATO

Esercizio 3.
Trasforma le frasi con il condizionale passato, come nell'esempio.

1. Enrico ci ha detto: "Non potrò venire con voi".
   Enrico ci ha detto che non sarebbe potuto venire con noi.
2. Eleonora mi ha detto: "Partirò per la Polonia".
   _____.
3. Sandra ha detto: "Il 22 settembre farò l'ultimo esame!".
   _____.
4. Luigi ha detto: "Non tornerò per cena".
   _____.
5. Il commesso ha detto: "Questa giacca non si romperà!".
   _____.
6. Mia zia ha detto: "Veronica non si offenderà per il ritardo".
   _____.
7. Silvio ha detto: "Non presterò l'auto a nessuno!".
   _____.

Esercizio 4.
Per ogni frase, scegli il significato corretto del condizionale passato.

	desiderio non realizzato	fare un rimprovero	fatto non confermato	"futuro nel passato"
1. Sarei voluto partire con te.	☐	☐	☐	☐
2. Sapevo che un giorno si sarebbero sposati!	☐	☐	☐	☐
3. Non avresti dovuto invitare Michele, è una persona odiosa!	☐	☐	☐	☐
4. Avremmo bevuto volentieri un bicchiere di vino rosso, ma c'era solo quello bianco.	☐	☐	☐	☐
5. Mia nonna mi diceva sempre che da grande sarei diventata una stella del cinema.	☐	☐	☐	☐
6. Secondo la sua versione, Riccardo mi avrebbe chiamato più volte, ma io non ho ricevuto nessuna telefonata da lui.	☐	☐	☐	☐

Esercizio 5.
Sottolinea l'opzione corretta: condizionale presente o passato?

AVVISTAMENTO NEI CIELI

Ieri notte un evento ha catturato l'attenzione dei residenti di una piccola comunità nel cuore della Germania. Secondo dei testimoni, il cielo **si illuminerebbe / si sarebbe illuminato** all'improvviso poco dopo il tramonto e alcune persone **farebbero / avrebbero fatto** delle foto ad un oggetto volante, ma nessuno **ancora le vedrebbe / le avrebbe ancora viste**. Un esperto di UFO ha detto: "Prima di esprimere un giudizio **vorrei / avrei voluto** vedere le immagini. **Potrebbe / Sarebbe potuto** essere un evento di origine extraterrestre o una bufala*".

* bufala: notizia falsa, fake news

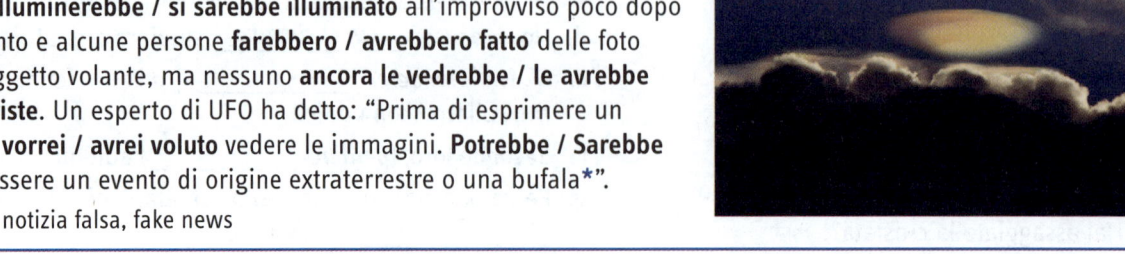

IL CONDIZIONALE PASSATO 35

ANTICO MANOSCRITTO RITROVATO NEL CUORE DI ROMA

Durante i lavori di restauro in una vecchia biblioteca nel centro di Roma alcuni archeologi **ritroverebbero / avrebbero ritrovato** un antico manoscritto del Rinascimento. Il documento **potrebbe / avrebbe potuto** contenere preziose informazioni sulla storia della città: gli storici ne **sarebbero / sarebbero stati** entusiasti!

IL (POSSIBILE) RITORNO DI UNA LEGGENDA DEL ROCK

I fan di John Smith **sarebbero / sarebbero stati** al settimo cielo* per la possibilità di un ritorno sulle scene del cantante americano. Secondo le ultime notizie, Smith, famoso per i suoi successi negli anni '80, **vorrebbe / avrebbe voluto** organizzare dei concerti per ringraziare il suo pubblico. **Sarebbe / Sarebbe stato** un evento eccezionale per la musica rock! Anche un anno fa, Smith **vorrebbe / avrebbe voluto** fare una tournée in vari Paesi, ma poi si era ammalato e il progetto era sfumato.

* essere al settimo cielo: essere a un livello massimo di felicità

Esercizio 6.
Completa con il condizionale presente, il condizionale passato o il futuro anteriore.

- Ciao Anna!
- Ciao Paolo. Scusa per ieri sera. (*Venire*) _____ molto volentieri alla festa, ma era il compleanno di mio padre. Com'è andata?
- Roberto non ti ha raccontato niente?
- No, perché? Che cosa è successo?
- Beh, l'avevo invitato e lui ha portato dei suoi nuovi amici che nessuno conosceva.
- Roberto è il solito maleducato! (*Lui – Dovere*) _____ chiederti il permesso.
- Ma non è finita qui: due di loro hanno rotto un vaso a cui mia madre tiene molto. È un vaso antico, di grande valore.
- E Roberto? (*Dire*) _____ qualcosa, spero!
- No... Né lui né i suoi amici.
- Al posto tuo, gli (*chiedere*) _____ di ripagare il vaso e li (*mandare*) _____ via.
- Sì, (*volere*) _____ fare così, ma non volevo rovinare la festa. E poi Roberto è un mio amico.
- Sei troppo buono, (*dovere*) _____ dirgli qualcosa. E tua madre come ha reagito?
- Si è arrabbiata con me. Ora (*io – volere*) _____ portare il vaso da un esperto per capire se è possibile ripararlo, ma non ne conosco nessuno. Mi (*aiutare*) _____ a cercarne uno?
- Certo!

36. I VERBI PRONOMINALI

Leggi e osserva i verbi **evidenziati**.

> ▶ Ragazzi, la festa è finita, **ce ne andiamo**?
> ● Non aiutiamo Chiara a mettere in ordine?
> ▶ A **dirla tutta** non **ne ho voglia**!
> ■ Io ho sonno. Non **ce la faccio**.
> ● Va bene, so già come andrà a finire: Chiara **se la prenderà** solo con me!

I verbi **evidenziati** sono **verbi pronominali**.

I **verbi pronominali** hanno un significato specifico (quasi idiomatico), indipendente, che è dato dalla presenza dei pronomi. Il verbo di base dà solo in parte, a volte per niente, il significato all'intera forma verbale.

andarsene = andare via da un luogo	La festa è finita, **ce ne andiamo**? (= andiamo via da questo luogo)
dirla (tutta) = onestamente **averne (voglia)** = volere (fare qualcosa)	A **dirla tutta**, non **ne ho voglia**. (= onestamente non voglio)
farcela = riuscire a fare qualcosa	Non **ce la faccio**. (= non riesco, non posso...)
prendersela = arrabbiarsi, offendersi	Chiara **se la prenderà** solo con me! (= si arrabbierà)

L'uso dei verbi pronominali è tipico della conversazione informale.

I **verbi pronominali** si dividono in vari gruppi, in base al pronome o ai pronomi che li accompagnano.

verbi che terminano in **-ci** *metterci, volerci, esserci, entrarci*, ecc.	Per arrivare al lavoro **ci metto** un'ora (= è necessaria). Per arrivare al lavoro **ci vuole** un'ora (= è necessaria).
verbi che terminano in **-ne** *(non) poterne (più), averne (voglia, abbastanza)*, ecc.	**Non ne posso più** di studiare. Devo fare una pausa (= sono stanco/a)!
verbi che terminano in **-la** *smetterla, finirla, piantarla, prenderla (bene/male), dirla (tutta)*, ecc.	Anna sta riposando, **finitela / smettetela / piantatela** di fare rumore (= finite)! Fabio è stato bocciato, ma **l'ha presa bene** (= ha reagito in modo positivo).
verbi che terminano in **-sene** (**si + ne**) *andarsene, farsene (una ragione), intendersene*, ecc.	La vacanza è finita, **fattene una ragione** (= accetta la situazione)! Nadia **se ne intende** di matematica (= sa molte cose, è esperto).

I VERBI PRONOMINALI 36

verbi che terminano in **-cela** (**ci + la**) avercela, farcela, mettercela (tutta), ecc.	Perché non parli con Mirko? **Ce l'hai** con lui (= sei arrabbiato/a)? **Ce l'abbiamo messa tutta**, ma non abbiamo vinto la partita (= abbiamo fatto il massimo / ogni sforzo possibile).
verbi che terminano in **-sela** (**si + la**) prendersela, cavarsela, spassarsela, sentirsela, bersela, aspettarsela, vedersela (brutta), ecc.	Andrea vuole regalarti la macchina? Che strano, **non me la bevo** (= non credo a questo). Era difficile guidare per la neve, ma **ce la siamo cavata**. (= abbiamo superato quella situazione difficile). Elena ha avuto un incidente. **Se l'è vista brutta**, ma ora sta bene (= si è trovata in una situazione pericolosa).

La coniugazione dei verbi pronominali (tempi semplici)

INDICATIVO PRESENTE

	metterci	**averne (voglia)**	**prenderla (bene / male)**
io	ci metto	ne ho	la prendo
tu	ci metti	ne hai	la prendi
lui / lei / Lei	ci mette	ne ha	la prende
noi	ci mettiamo	ne abbiamo	la prendiamo
voi	ci mettete	ne avete	la prendete
loro	ci mettono	ne hanno	la prendono

	farcela	**cavarsela**	**andarsene**
io	ce la faccio	me la cavo	me ne vado
tu	ce la fai	te la cavi	te ne vai
lui / lei / Lei	ce la fa	se la cava	se ne va
noi	ce la facciamo	ce la caviamo	ce ne andiamo
voi	ce la fate	ve la cavate	ve ne andate
loro	ce la fanno	se la cavano	se ne vanno

INDICATIVO FUTURO SEMPLICE

	metterci	**averne (voglia)**	**prenderla (bene / male)**
io	ci metterò	ne avrò	la prenderò

	farcela	**cavarsela**	**andarsene**
io	ce la farò	me la caverò	me ne andrò

INDICATIVO IMPERFETTO

	metterci	**averne (voglia)**	**prenderla (bene / male)**
io	ci mettevo	ne avevo	la prendevo

	farcela	**cavarsela**	**andarsene**
io	ce la facevo	me la cavavo	me ne andavo

CONDIZIONALE PRESENTE

	metterci	**averne (voglia)**	**prenderla (bene / male)**
io	ci metterei	ne avrei	la prenderei

	farcela	**cavarsela**	**andarsene**
io	ce la farei	me la caverei	me ne andrei

36 I VERBI PRONOMINALI

Osserva:

quando coniughiamo i verbi pronominali ai tempi semplici (indicativo presente, futuro semplice e imperfetto, condizionale presente, congiuntivo presente e imperfetto), i pronomi si trovano prima del verbo	**Me ne** vado. **Ce la** facevo. **Me la** prenderò.
nei verbi che terminano in **-ci**, **-ne** e **-la** i pronomi **ci**, **ne** e **la** sono invariabili, non cambiano	Io **ci** metto 5 minuti ad arrivare, Nina quanto **ci** mette? ▶ **Ne** avete abbastanza? ● Sì, non **ne** possiamo più. (Tu) **La** pianti? Tanto (io) non **me la** bevo.
il pronome **ci** diventa **c'** quando il verbo **esserci** è coniugato alla terza persona singolare del presente e all'imperfetto	**C'**è solo Filippo in classe. **C'**erano molte persone in piazza.
nei verbi che terminano in **-cela** (**ci + la**), il pronome **ci** diventa **ce** e va prima del pronome **la**, che è invariabile	Giulio **ce la** metterà tutta per finire il progetto in tempo.
con il verbo pronominale **avercela**, **la** diventa **l'**	Luisa **ce l'ha** con Gianni.
nei verbi che terminano in **-sela** (**si + la**) e **-sene** (**si + ne**), il pronome riflessivo **si** va sempre prima dei pronomi **la** e **ne** (che sono invariabili). Il pronome **si** cambia in base alla persona (**mi**, **ti**, **si**, **ci**, **vi**, **si**) e la **i** diventa **e** (**me**, **te**, **se**, **ce**, **ve**, **se**)	(io) me la bevo, (tu) te la bevi, (lui / lei / Lei) se la beve (noi) ce ne andiamo, (voi) ve ne andate, (loro) se ne vanno

Esercizio 1.
Collega i **verbi pronominali** al significato corretto, come nell'esempio.

1. Domani Valeria partirà per un viaggio in giro per l'Europa. **Se la caverà** benissimo!
2. Io **non me ne intendo**, chiedi a Martina, è lei l'esperta di computer!
3. Franco ha sonno, **non se la sente** di guidare, perciò guido io.
4. Luca deve **piantarla** di dire bugie!
5. Davide e Barbara non vengono? Allora **ce la spasseremo** da soli alla festa!
6. Ti assicuro che Francesca e Pietro **ce la metteranno tutta** per completare la presentazione per domani.

a. smettere
b. non so molte cose su questo
c. faranno ogni sforzo possibile
d. ci divertiremo
e. affronterà la situazione
f. non è in grado

Esercizio 2.
Sostituisci le **parti** con i verbi pronominali, poi riscrivi le frasi.

> non ne posso più • ce l'hanno • farsene una ragione • se la beve • ce la fate • se ne va

1. Filippo s'inventa sempre delle storie assurde e Riccardo **gli crede** ogni volta!

_____

2. **Riuscite** a venire da noi stasera?

_____

I VERBI PRONOMINALI 36

3. Patrizio **va** sempre **via** quando dobbiamo parlare.
   _____

4. Camilla e Sara **sono arrabbiate** con me, ma io non ho fatto nulla.
   _____

5. **Sono stanca** di questa situazione!
   _____

6. Paolo e Alberto devono **accettare la decisione di Vittorio**!
   _____

Esercizio 3.
Sottolinea l'opzione corretta.

1. (*tu – andarsene*)
   Perché **te ne vai / se ne vai / ti ne vai** così presto? La festa è appena iniziata!
2. (*lui – prendersela*)
   Filippo **si la prende / se la prende / se le prende** per tutto! È troppo nervoso.
3. (*noi – sentirsela*)
   Io e Riccardo non **se la sentiamo / la ce sentiamo / ce la sentiamo** di dire la verità a Paola.
4. (*lei – avercela*)
   Viviana **ce l'ha / ci la ha / ce la ha** con Nicola, infatti non gli parla più.
5. (*io – cavarsela*)
   Anche nelle situazioni più difficili, io **se la cavo / me la cavo / la me cavo** sempre!
6. (*io – farcela*)
   • Posso aiutarla con le buste della spesa?
   ▶ No, grazie, **ci la faccio / la faccio / ce la faccio** da sola.

Esercizio 4.
Completa con il futuro semplice dei verbi pronominali.

1. Finirà mai di gridare al telefono Mauro? No, non (*smetterla*) _____ mai!
2. Andrea non vuole accettare la decisione di Carlo. (*Farsene*) _____ una ragione prima o poi!
3. Il nostro esame di domani sarà difficile, ma (*mettercela*) _____ tutta!
4. Giada non viene alla festa. Rita e Luca (*prenderla*) _____ male!
5. • Sto per andare a vivere da solo, sono un po' preoccupato.
   ▶ Non preoccuparti, (*cavarsela*) _____ .
6. Fa freddo fuori? (*Volerci*) _____ il cappotto?

Esercizio 5.
Completa con l'imperfetto dei verbi pronominali della lista.

> andarsene • cavarsela • spassarsela • sentirsela • smetterla • volerci

1. C'era un mio compagno di classe all'università che _____ sempre dieci minuti prima della fine di ogni lezione.
2. I nonni di Gloria _____ nel fine settimana, andavano sempre a ballare!
3. Ieri Bruno ci ha detto che non _____ di parlare dell'incidente.
4. Mio nonno _____ sempre, anche nelle situazioni più difficili.
5. _____ un po' di zucchero in quel caffè, era troppo amaro!

36 I VERBI PRONOMINALI

Esercizio 6.
Completa le domande con il condizionale presente dei verbi pronominali, poi abbina le risposte corrette.

1. Fabio, (*sentirsela*) _____ di guidare?
2. Scusa, (*smetterla*) _____ di fumare?
3. Sono stanco, (*andarsene*) _____ volentieri a casa, ma non ho la macchina.
4. Con questo caldo (*volerci*) _____ un bel gelato!
5. Per andare in centro (*noi – metterci*) _____ di meno con la metro.
6. Nina (*cavarsela*) _____ bene anche senza di voi.

a. Andiamo a prenderne uno!
b. Però oggi c'è lo sciopero.
c. Non ho la patente!
d. Lo sappiamo, è in gamba!
e. Mi dispiace, non volevo darti fastidio.
f. Ti accompagno io, non preoccuparti.

La coniugazione dei verbi pronominali (imperativo diretto)

	metterci	averne (voglia)	prenderla (bene / male)
tu	mettici	abbine	prendila
noi	mettiamoci	abbiamone	prendiamola
voi	metteteci	abbiatene	prendetela

	farcela	cavarsela	andarsene
tu	faccela	cavatela	vattene
noi	facciamocela	caviamocela	andiamocene
voi	fatecela	cavatevela	andatevene

Osserva: quando coniughiamo i **verbi pronominali** all'imperativo diretto, seguiamo le stesse regole per coniugare un verbo comune con i pronomi (singoli e combinati).

i pronomi singoli **ci**, **ne**, **la** e i pronomi combinati **cela**, **sela**, **sene** vanno alla fine del verbo e formano un'unica parola	*Metti**ci** un po' di sale!* *Andiamo**cene** subito!*
i verbi **farcela**, **farsene** e **andarsene** alla seconda persona singolare (tu) raddoppiano la consonante dei pronomi	*Fa**c**cela!* *Fa**t**tene una ragione!* *Va**t**tene!*
alla forma negativa possiamo scegliere dove mettere i pronomi, prima o dopo il verbo	*Non andar**tene**! / Non **te ne** andare!* *Non prendete**la** male! / Non **la** prendete male!*

Esercizio 7.
Completa con l'imperativo diretto dei verbi pronominali della lista. Attenzione: c'è un verbo in più!

> farsene • andarsene • cavarsela • prendersela • metterci • spassarsela • prenderla

1. (*Tu*) _____ da solo questa volta! Io non ti aiuto più.
2. Ragazzi, (*voi*) _____ un po' d'impegno in questo lavoro!
3. (*Noi*) _____! È chiaro che non siamo i benvenuti qui.
4. Non (*voi*) _____ male! Questo cambiamento è una cosa positiva.
5. La decisione di Roberta è condivisibile, (*tu*) _____ una ragione!
6. Questa è la nostra unica sera libera della settimana, (*noi*) _____!

I VERBI PRONOMINALI 36

La coniugazione dei verbi pronominali (tempi composti)

INDICATIVO PASSATO PROSSIMO

	metterci	averne (voglia)	prenderla (bene / male)
io	ci ho messo	ne ho avuto	l'ho presa
tu	ci hai messo	ne hai avuto	l'hai presa
lui / lei / Lei	ci ha messo	ne ha avuto	l'ha presa
noi	ci abbiamo messo	ne abbiamo avuto	l'abbiamo presa
voi	ci avete messo	ne avete avuto	l'avete presa
loro	ci hanno messo	ne hanno avuto	l'hanno presa

	farcela	cavarsela	andarsene
io	ce l'ho fatta	me la sono cavata	me ne sono andato/a
tu	ce l'hai fatta	te la sei cavata	te ne sei andato/a
lui / lei / Lei	ce l'ha fatta	se la sono cavata	se n'è andato/a
noi	ce l'abbiamo fatta	ce la siamo cavata	ce ne siamo andati/e
voi	ce l'avete fatta	ve la siete cavata	ve ne siete andati/e
loro	ce l'hanno fatta	se la sono cavata	se ne sono andati/e

INDICATIVO FUTURO ANTERIORE

	metterci	averne (voglia)	prenderla (bene / male)
io	ci metterò	ne avrò	la prenderò

	farcela	cavarsela	andarsene
io	ce la farò	me la caverò	me ne andrò

INDICATIVO TRAPASSATO PROSSIMO

	metterci	averne (voglia)	prenderla (bene / male)
io	ci avevo messo	ne avevo avuto	l'avevo presa

	farcela	cavarsela	andarsene
io	ce l'avevo fatta	me l'ero cavata	me ne ero andato/a

CONDIZIONALE PASSATO

	metterci	averne (voglia)	prenderla (bene / male)
io	ci avrei messo	ne avrei avuto	l'avrei presa

	farcela	cavarsela	andarsene
io	ce l'avrei fatta	me la sarei cavata	me ne sarei andato/a

Osserva:

il pronome **ci** diventa **c'** quando il verbo **esserci** è coniugato alla terza persona singolare del passato prossimo e al trapassato prossimo (tutte le persone)	*c'è stato/a* *c'era stato/a, c'erano stati/e, ecc.*
il pronome **ne** diventa **n'** davanti all'ausiliare **essere** alla terza persona singolare del passato prossimo e davanti all'ausiliare essere del trapassato prossimo (tutte le persone)	*Silvia se **n'**è andata subito.* *me **n'**ero andata, ce **n'**eravamo andate, ecc.*

ALMA Edizioni | VIDEOgrammatica della lingua italiana

I VERBI PRONOMINALI

il pronome **la** diventa **l'** davanti all'ausiliare **avere** (tutte le persone), davanti all'ausiliare **essere** alla terza persona singolare del passato prossimo e davanti all'ausiliare **essere** del trapassato prossimo (tutte le persone)	*l'ho presa bene, l'hai presa male, ce l'ha fatta, ce l'abbiamo messa tutta, ce l'avete avuta con noi, ce l'hanno fatta.* *Silvia se l'è spassata.* *me l'ero presa, te l'eri spassata, se l'era cavata, non ce l'eravamo sentita, ve l'eravate bevuta, se l'erano vista brutta.*
con i verbi pronominali che terminano in **-ci**, **-ne**, **-la** e **-cela**, usiamo sempre l'ausiliare **avere**	*Ci **hai** messo pochissimo a venire qui!* *Ne **ho** avuto abbastanza, la mia pazienza ha un limite!* *L'**ha** presa abbastanza bene.* *Giada ha vinto la borsa di studio, ce l'**ha** fatta.*
con i verbi pronominali che terminano in **-sela** e **-sene**, usiamo sempre l'ausiliare **essere**	*Era una storia troppo strana, non me la **sono** bevuta!* *Me ne **sono** andata prima perché non volevo perdere l'autobus.*
il participio passato dei verbi pronominali che terminano in **-la**, **-cela** e **-sela** va sempre al femminile singolare	*Ho detto a Luigi della mia partenza, l'ha pres**a** malissimo!* *Fabiana ce l'ha avut**a** con me per un mese intero l'anno scorso.* *Ieri sera me la sono spassat**a** al concerto!*

Esercizio 8.
Completa con il passato prossimo o il trapassato prossimo dei verbi.

1. Non abbiamo invitato un nostro collega alla cena e lui (*prendersela*) _____.
2. Quando suo zio è arrivato, Sandro (*andarsene*) _____ da 10 minuti.
3. Stamattina eravamo stanche, quindi (*prendersela*) _____ comoda.
4. Francesco non sapeva sciare, (*vedersela*) _____ brutta più volte, ha rischiato di farsi veramente male!
5. È stato un bel fine settimana, io e Carlotta (*spassarsela*) _____!
6. Quando siamo arrivate al lago ci hanno detto che (*esserci*) _____ una tempesta prima del nostro arrivo.

Esercizio 9.
Completa con il futuro anteriore o il condizionale passato dei verbi.

1. A dire la verità Mauro non (*farcela*) _____ senza il tuo aiuto!
2. Maria diceva che Guido non (*prendersela*) _____ per la finestra rotta.
3. Ti chiamerò appena Maria (*andarsene*) _____, così potremo parlare.
4. (*io - metterci*) _____ meno sale in quest'insalata, così è troppo condita!
5. Il tassista ci ha detto che (*volerci*) _____ due ore per arrivare in centro all'ora di punta, quindi abbiamo preferito camminare.
6. Barbara è sempre in ritardo, quindi (*prendersela*) _____ comoda anche stamattina!

I VERBI PRONOMINALI 36

Esercizio 10.
Sottolinea l'opzione corretta.

1. Marco è davvero permaloso, **se la prende / ce l'ha / se la sente** per tutto!
2. Quando Carlotta ha saputo che Vittorio non sarebbe venuto a cena da lei, **se l'è sentita / se l'è cavata / se l'è presa** molto.
3. Perché Livia e Marina si preoccupano per il progetto? **Se la caveranno / Se la prenderanno / Ce l'avranno** come sempre!
4. Non hai superato la prova, ma so che **ce l'hai fatta / ce l'hai messa tutta / ce l'hai avuta**.
5. Io e Francesca volevamo salutare Tommaso, ma **ce l'aveva avuta / se n'era andato / se l'era presa** senza dire niente.
6. Davide ha regalato a Cristina lo stesso anello che aveva regalato alla sua ex compagna... Diciamo che Cristina non **l'ha presa / l'ha piantata / l'ha finita** bene!

Esercizio 11.
Sottolinea il verbo pronominale e poi completa con il tempo corretto (devi usare due volte il passato prossimo e una volta il futuro semplice, il futuro anteriore e il condizionale passato).

- Com'è andata ieri sera alla fine? Tu, Fabrizio e Clara (**esserci / spassarsela**) _____ senza di me? Che cosa avete mangiato di buono?
- Lasciamo stare... Non è stato per niente divertente!
- Perché? Che cosa è successo?
- Fabrizio e Clara avevano preparato l'orata con le patate al forno...
- Aaah! Fammi indovinare: ti eri dimenticato di dirgli che non ti piace il pesce?
- Proprio così.
- E che cosa hai fatto?
- Ho dovuto dirgli che non (**farcela / cavarsela**) _____ a mangiarlo!
- Che momento imbarazzante! E loro come (**prendersela / prenderla**) _____?
- Male, come puoi immaginare! Nel pomeriggio Fabrizio era andato dal miglior pescivendolo della città e poi Clara aveva passato più di due ore in cucina. (**Avercela / Averne**) _____ con me per il resto della vita!
- Penso di sì! Permalosi come sono, (**prendersela / prenderla**) _____ anche con me perché non sono venuta ieri sera! Ma tu alla fine che cos'hai mangiato?
- Per fortuna avevo portato il tiramisù come dolce...

37. IL CONGIUNTIVO PRESENTE E PASSATO

Leggi e osserva i verbi **evidenziati**.

> ▶ Hai visto il nuovo film di Donato Carrisi?
>
> ● Sì, l'ho visto in streaming e mi è piaciuto molto! A dire la verità, mi piacciono sempre i lavori di Carrisi, sia i suoi libri che i suoi film. Penso che **abbia** un talento incredibile!
>
> ▶ Credo che **sia stato** un errore non far uscire quel film al cinema, sai?
>
> ● Perché? Non capisco quale **sia** il problema. È uscito solo in streaming, ma sembra che **abbia avuto** molto successo.
>
> ▶ È vero, ma io penso che **sia** più bello vedere un film al cinema, su un grande schermo, insieme ad altre persone, e non da soli a casa.

I verbi **evidenziati** sono coniugati al **presente** e al **passato** del modo **congiuntivo**.

Il modo congiuntivo

presente	passato
imperfetto	trapassato

Il congiuntivo è il modo verbale che si usa per esprimere opinioni, dubbi, incertezze, sentimenti (in opposizione all'indicativo, il modo verbale della certezza).

So qual è il problema. (indicativo)
*Non capisco quale **sia** il problema.* (congiuntivo)

Usiamo maggiormente i verbi al **congiuntivo presente** e **passato** nelle frasi subordinate.

Che cos'è una frase subordinata?
È una frase che dipende dalla frase principale, non è indipendente.

Penso che il film sia noioso.
↓   ↓
frase principale   frase subordinata

200 ALMA Edizioni | VIDEOgrammatica della lingua italiana

IL CONGIUNTIVO PRESENTE E PASSATO 37

Per usare il **congiuntivo presente** e **passato** nella frase subordinata, nella frase principale ci deve essere:

un verbo di opinione *pensare, credere, supporre, immaginare, ecc.*	*Penso che Anna sia simpatica.*
un verbo di volontà *volere, desiderare, aspettarsi, ecc.*	*Io e Chiara vogliamo che tu venga con noi stasera.*
un verbo di sentimento *piacere, desiderare, sperare, temere, dispiacersi, meravigliarsi, offendersi, essere felici / tristi / ecc., avere paura, avere l'impressione, ecc.*	*Mi piace che Marco si vesta sempre bene!* *Sono felice che tu abbia superato l'esame.*
un verbo di dubbio	*Carlo dubita che Lisa abbia detto quelle cose.*
una frase negativa	*Non so che cosa sia successo ieri pomeriggio.*
alcune strutture impersonali *è importante che, è necessario che, è probabile / improbabile che, è possibile / impossibile che, è meglio che, si dice che, ecc.*	*È possibile che siano in ritardo a causa del traffico?*

Il tempo del verbo nella frase principale deve essere al presente indicativo.

Il congiuntivo presente dei verbi regolari

La maggior parte dei verbi italiani ha una coniugazione regolare al **congiuntivo presente**.

	verbi in -ARE	verbi in -ERE	verbi in -IRE	verbi in -IRE (-isc-)
	guardare	**leggere**	**dormire**	**finire**
io	guard-**i**	legg-**a**	dorm-**a**	fin-**isca**
tu	guard-**i**	legg-**a**	dorm-**a**	fin-**isca**
lui / lei / Lei	guard-**i**	legg-**a**	dorm-**a**	fin-**isca**
noi	guard-**iamo**	legg-**iamo**	dorm-**iamo**	fin-**iamo**
voi	guard-**iate**	legg-**iate**	dorm-**iate**	fin-**iate**
loro	guard-**ino**	legg-**ano**	dorm-**ano**	fin-**iscano**

Per i verbi che terminano in **-care** e **-gare** mettiamo una **-h** davanti alle terminazioni.

verbi in -CARE / -GARE		
	cercare	**pagare**
io	cerc-**hi**	pag-**hi**
tu	cerc-**hi**	pag-**hi**
lui / lei / Lei	cerc-**hi**	pag-**hi**
noi	cerc-**hiamo**	pag-**hiamo**
voi	cerc-**hiate**	pag-**hiate**
loro	cerc-**hino**	pag-**hino**

37 IL CONGIUNTIVO PRESENTE E PASSATO

Esercizio 1.
Completa con il congiuntivo presente dei verbi.

1. A Teresa dispiace che Elena e Olivia (*preferire*) _____ uscire che stare con lei.
2. Sono sorpresa che a Paola (*interessare*) _____ il cinema neorealista.
3. È impossibile che Giulio (*rinunciare*) _____ alle sue vacanze!
4. Non voglio che tu (*piangere*) _____!
5. Pensate davvero che Franco e Gino (*prendere*) _____ la torta in pasticceria?
6. Danilo spera che il suo scrittore preferito (*scrivere*) _____ il seguito del romanzo.
7. Mi auguro che Luca ci (*offrire*) _____ un caffè, è il minimo!
8. Non è necessario che tu (*portare*) _____ l'ombrello, c'è il sole!

Esercizio 2.
Sottolinea l'opzione corretta.

1. Non capisco perché **giocate / giochiate** sempre a quel gioco noioso!
2. Speriamo che gli ospiti **mangiano / mangino** tutto e non **lascino / laschino** niente nel piatto!
3. Abbiamo l'impressione che qualcuno ci **segua / segue**.
4. Mi auguro che tu ti **riposi / riposa** stasera.
5. Non ho soldi, spero che i miei amici **pagheno / paghino** il conto.
6. Non voglio che tu e tua sorella **litigiate / litighiate**, ora basta!
7. Non credo che molte persone **capiscano / capiano** le tue ragioni.
8. È necessario che tu e Claudia **cerchite / cerchiate** una nuova casa, qui non potete più stare.

Esercizio 3.
Trasforma i verbi delle frasi, come nell'esempio.

1. Secondo me, Federico cammina troppo lentamente.
   Penso che *Federico cammini troppo lentamente*.
2. Secondo te, Teresa parte davvero per l'India?
   Credi che _____?
3. Secondo noi, Davide non trova il coraggio per scrivere a Laura.
   Pensiamo che _____.
4. Secondo Lorenzo, Maria e Anna non lavorano più insieme.
   Lorenzo suppone che _____.
5. Secondo te, Barbara ci offre la cena?
   Credi che _____?
6. Secondo me, Roberta cerca una casa più spaziosa.
   Penso che _____.
7. Secondo Martina, la banca chiude alle 14:00 il venerdì.
   Martina crede che _____.
8. Secondo i suoi amici, Sabrina decide sempre troppo in fretta.
   I suoi amici pensano che _____.

IL CONGIUNTIVO PRESENTE E PASSATO

Il congiuntivo presente dei verbi irregolari

	essere	avere	fare	dire	andare
io	sia	abbia	faccia	dica	vada
tu	sia	abbia	faccia	dica	vada
lui / lei / Lei	sia	abbia	faccia	dica	vada
noi	siamo	abbiamo	facciamo	diciamo	andiamo
voi	siate	abbiate	facciate	diciate	andiate
loro	siano	abbiano	facciano	dicano	vadano

	potere	dovere	volere	sapere	stare
io	possa	debba	voglia	sappia	stia
tu	possa	debba	voglia	sappia	stia
lui / lei / Lei	possa	debba	voglia	sappia	stia
noi	possiamo	dobbiamo	vogliamo	sappiamo	stiamo
voi	possiate	dobbiate	vogliate	sappiate	stiate
loro	possano	debbano	vogliano	sappiano	stiano

	venire	dare	uscire	bere	piacere
io	venga	dia	esca	beva	piaccia
tu	venga	dia	esca	beva	piaccia
lui / lei / Lei	venga	dia	esca	beva	piaccia
noi	veniamo	diamo	usciamo	beviamo	piacciamo
voi	veniate	diate	usciate	beviate	piacciate
loro	vengano	diano	escano	bevano	piacciano

Esercizio 4.
Completa con il congiuntivo presente dei verbi.

1. Non voglio che Fabio (*uscire*) _____ a quest'ora!
2. Io e Giuseppe non pensiamo che (*essere*) _____ una buona idea.
3. Penso che Arianna (*bere*) _____ troppi caffè!
4. È necessario che tu e Filippa (*finire*) _____ di studiare prima di cena.
5. Non ci sorprende che Stefania e Luca (*volere*) _____ un figlio.
6. Io e Sabrina dubitiamo che Tommaso (*sapere*) _____ cosa fare.
7. Mi auguro che i tuoi genitori (*potere*) _____ godersi il viaggio.
8. Giacomo vuole che tu gli (*dire*) _____ la verità.

Esercizio 5.
Completa con il congiuntivo presente dei verbi della lista.

> avere • bere • dare • dire • dovere • essere • fare • volere (x2)

1. Voglio che tu mi _____ subito le chiavi della macchina.
2. Siamo felici che voi _____ venire a teatro con noi.
3. Voglio che tu e i tuoi amici _____ i compiti nel pomeriggio.
4. Penso che i miei genitori _____ orgogliosi di me.
5. È proprio necessario che io _____ questo sciroppo? È disgustoso!
6. È importante che tu _____ la verità al giudice.
7. Non è giusto che voi _____ scusarvi per qualcosa che non avete fatto!
8. Mi sembra che Giulio _____ un problema serio e che non _____ parlarne con nessuno.

IL CONGIUNTIVO PRESENTE E PASSATO

Esercizio 6.
Sottolinea l'opzione corretta: presente indicativo o congiuntivo? Poi scopri la parola nascosta, come nell'esempio.

1. Il professore vuole che i suoi studenti (A) studiano / (C) studino di più.
2. Gianni ha paura che Sofia non (E) parla / (O) parli più con lui.
3. Sappiamo che Giada e Chris (L) hanno / (M) abbiano ragione.
4. Immagino che tu e Roberta (T) siete / (O) siate stanche!
5. Hai notato che non (S) piove / (V) piova da settimane?
6. Secondo me, il secondo libro (S) è / (P) sia migliore del primo.
7. Ci dispiace che Luigi non (I) può / (E) possa venire alla nostra festa.
8. Ricordati che Cristina (O) è / (A) sia allergica ai crostacei.

Il nome C ▢ ▢ ▢ ▢ ▢ ▢ ▢ per chiamare l'anfiteatro Flavio è diventato popolare nel Medioevo. Perché questo nome? Perché si pensa che derivi dalla statua colossale (grandissima!) di Nerone che si trovava vicino al monumento.

Come si forma il **congiuntivo passato**?

Con il congiuntivo presente di **essere** o **avere** + il participio passato del verbo.

Non sono sicuro che i bambini **abbiano mangiato** tutto.
Penso che Sara **sia andata** al supermercato.

	con ausiliare AVERE	con ausiliare ESSERE
	mangiare	andare
io	abbia mangiato	sia andato/a
tu	abbia mangiato	sia andato/a
lui / lei / Lei	abbia mangiato	sia andato/a
noi	abbiamo mangiato	siamo andati/e
voi	abbiate mangiato	siate andati/e
loro	abbiano mangiato	siano andati/e

⚠️ Il congiuntivo passato è un tempo composto, quindi ha le stesse regole del passato prossimo, del trapassato prossimo, del futuro anteriore e del condizionale passato per la scelta dell'ausiliare, per l'uso dei pronomi e dei verbi modali.

Esercizio 7.
Completa con i verbi al congiuntivo passato.

1. Non sappiamo dove (*andare*) _____ Francesco!
2. Giorgio non pensa che Daria (*offendersi*) _____.
3. Roberto ha l'impressione che Pietro non gli (*raccontare*) _____ tutta la storia.
4. Non mi sorprende che Mario (*uscire*) _____ prima dall'ufficio.
5. Rossi voleva la presentazione entro stamattina, spero che tu gliel' (*mandare*) _____.
6. Non sono sicuro che Alessio (*fare*) _____ la spesa.
7. È possibile che Patrizia non (*svegliarsi*) _____ in tempo.
8. È strano che Michela e Cinzia (*partire*) _____ senza dire niente!

IL CONGIUNTIVO PRESENTE E PASSATO 37

Esercizio 8.
Sottolinea il verbo corretto e completa con il congiuntivo passato.

1. **potere / sapere**
   Io e Luciana siamo felici che John _____ venire a Roma.

2. **perdere / vincere**
   Davide non è contento che la sua squadra del cuore _____!

3. **dimenticarsi / ricordarsi**
   Pino non arriva... Credo che _____ del nostro appuntamento.

4. **decidere / prendere**
   Spero che Lucia _____ la decisione giusta!

5. **trovarsi / perdersi**
   È possibile che Rosy _____ tra le stradine del centro storico!

6. **perdere / trovare**
   Ines si augura che Alessandra _____ le chiavi di casa.

7. **dormire / svegliarsi**
   Ho l'impressione che Gina non _____ bene, sembra stanca.

8. **incontrare / riconoscere**
   È strano che mia mamma non ti _____, sei sempre uguale!

L'uso del congiuntivo presente e passato

frase principale	frase subordinata
il verbo deve essere al presente indicativo, al futuro semplice indicativo o all'imperativo	per decidere se usare il **congiuntivo presente** o **passato** nella frase subordinata, bisogna capire se l'azione della frase subordinata rispetto al verbo della frase principale è un'azione • **CONTEMPORANEA** (avviene NELLO STESSO MOMENTO) • **POSTERIORE** (avviene DOPO) • **ANTERIORE** (avviene PRIMA).

Il verbo della frase subordinata è al **congiuntivo presente** se l'azione è **CONTEMPORANEA** (avviene NELLO STESSO MOMENTO) o **POSTERIORE** (avviene DOPO) rispetto al verbo della frase principale

frase principale	frase subordinata
Penso Immaginerai Spera ecc.	che Sara arrivi ora. / che Sara stia arrivando. (azione **CONTEMPORANEA**) che Sara arrivi domani. (azione **POSTERIORE**)

Il verbo della frase subordinata è al **congiuntivo passato** se l'azione è **ANTERIORE** (avviene PRIMA) rispetto al verbo della frase principale.

frase principale	frase subordinata
Penso Immaginerai Spera ecc.	che Sara sia partita ieri. (azione **ANTERIORE**)

37 IL CONGIUNTIVO PRESENTE E PASSATO

Esercizio 9.
Il verbo della frase subordinata indica un'azione anteriore (**A**), contemporanea (**C**) o posteriore (**P**) rispetto al verbo principale?

	A	C	P
1. Ho paura che Carlo non si senta bene.	☐	☐	☐
2. Davide spera che Lisa sia uscita di casa!	☐	☐	☐
3. Anastasia dubita che Vito stia studiando.	☐	☐	☐
4. Walter vuole che suo nipote gli telefoni al più presto!	☐	☐	☐
5. Adele non vede l'ora che i suoi genitori partano per il fine settimana.	☐	☐	☐
6. Non capisco perché Silvio abbia prenotato l'albergo senza dircelo!	☐	☐	☐

Esercizio 10.
Sottolinea l'opzione corretta.

1. Mi dispiace che Sandro non **venga / sia venuto** da noi ieri, ci saremmo divertiti!
2. Io e Francesco siamo felici che Orlando **si iscriva / si sia iscritto** a Lettere e Filosofia il prossimo anno.
3. Aspetta che Silvio ti **dica / abbia detto** la verità e poi deciderai che cosa fare.
4. È impossibile che Sara **compri / abbia comprato** i biglietti senza dirci niente!
5. Non capisco perché Anna **si comporti / si sia comportata** così ieri sera.
6. Avevo cucinato per tutti, non solo per voi due. Mi dispiace che non **lasciate / abbiate lasciato** niente per gli altri e **mangiate / abbiate mangiato** tutto. Penso che chi si comporta così **sia / sia stato** un egoista.
7. Dopo la discussione di stamattina, immaginerete che io non **voglia / abbia voluto** più parlare con Nicola.
8. Voglio che tu **sia / sia stato** gentile con gli altri.

Esercizio 11.
Completa con il congiuntivo presente o passato dei verbi della lista. Attenzione: c'è un verbo in più!

> nascere • piacere • essere (x2) • spiegare • inventare • mangiare

🔊 audio 37

Il Panettone, tra storia e leggenda

Che cosa mangiano a Natale gli italiani? Ogni regione ha i suoi dolci tipici, però non si può negare che il Panettone _____ il dolce di Natale più amato in tutto il Paese (insieme al Pandoro, ovviamente!). Nessuno sa con certezza come _____, infatti non esiste una storia che _____ le sue origini nel dettaglio.
Sappiamo che il Panettone ha avuto origine a Milano e che deriva dalla tradizione medievale di preparare un pane molto ricco di ingredienti per Natale. Esistono tante storie e leggende, ma gli storici pensano che il racconto più verosimile _____ quello del 1495. Sembra che un giovane cuoco di nome Toni _____ il Panettone, ma per errore! La storia è questa: era la vigilia di Natale alla corte di Ludovico Sforza, signore di Milano. La cena era quasi pronta. Il giovane Toni doveva seguire la cottura del dolce, ma si è addormentato e lo ha lasciato bruciare! Per rimediare al suo errore, ha portato in tavola un impasto di pane con burro, uova, uvetta e canditi. Pensate che gli ospiti _____ quel pane? Certo, e lo hanno chiamato "pan de Toni", in dialetto milanese. Quel nome nel tempo è poi diventato "Panettone". Gli italiani (e non solo!) ne vanno pazzi* e oggi il Panettone non può mancare a Natale!

* andare pazzi per qualcosa: avere una grande passione per qualcosa

IL CONGIUNTIVO PRESENTE E PASSATO

Congiuntivo o infinito?

Quando nella frase principale e nella frase subordinata c'è lo stesso soggetto, non si usa **che + congiuntivo**, ma **di + infinito**.

Lui pensa di preparare un risotto per pranzo.
(lui pensa, lui prepara)
☒ *Lui pensa che (lui) prepari / preparerà un risotto per pranzo.*
Caterina pensa di uscire domani sera.
(Caterina pensa, Caterina esce)
☒ *Caterina pensa che (lei) esca / uscirà domani sera.*

Esercizio 12.
Leggi le frasi, scegli tra **che** e **di**, poi completa con il congiuntivo presente o passato o con l'infinito dei verbi.

1. Riccardo non è mai in ritardo, ma questa mattina non ha sentito la sveglia!
   Riccardo teme **che / di** (*fare*) _____ tardi!
2. Luca telefona a Vittoria perché le deve dire una cosa importante!
   Luca spera **che / di** (*rispondere*) _____ al telefono!
3. Barbara e Federico vogliono fare qualcosa di divertente!
   Barbara e Federico pensano **che / di** (*andare*) _____ al luna park.
4. ▶ Dov'è Alessio?
   ● Credo **che / di** (*essere*) _____ in palestra.
5. Sara non ha studiato abbastanza per l'esame.
   Ha paura **che / di** (*non passare*) _____ l'esame.
6. Io e Giacomo non vediamo più Cristina da settimane.
   Pensiamo **che / di** (*partire*) _____ per il Canada.
7. Devo parlare con Filippo e Gianluca.
   Voglio **che / di** (*capire*) _____ che hanno sbagliato.
8. Mi piacerebbe andare a vedere un concerto di Laura Pausini.
   Spero **che / di** (*riuscire*) _____ a comprare i biglietti per la prossima data.

⚠ Quando nella frase principale e nella frase subordinata c'è lo stesso soggetto, con il verbo **volere** non si mette la preposizione **di** prima dell'infinito.
Io voglio andare al cinema.

Esercizio 13.
Sottolinea l'opzione corretta.

▶ Ecco le prime valigie. Meno male, **sono arrivate / siano arrivate** subito!
● Ci sono le valigie di tutti, tranne la mia.
▶ Non cominciare, per favore. Perché devi sempre essere così negativo?
● Non sono negativo, vedi che non c'è il mio bagaglio?
▶ Sii paziente. Che cosa vuoi che **è successo / sia successo**?
● Vuoi che ti **dica / abbia detto** cosa penso? Qualcuno mi **ha rubato / abbia rubato** la valigia.
▶ Perché pensi sempre che qualcuno ti **ha rubato / abbia rubato** qualcosa?
● Me lo sento.
▶ Credo che tu **sei / sia** un po' nervoso. So che il viaggio **è stato / sia stato** lungo, però rilassati! Anche io sono stanca, non ho voglia **che io senta / di sentire** le tue lamentele.
● Dev'essere successo qualcosa! Ho paura che la mia valigia **è rimasta / sia rimasta** all'aeroporto di New York!
▶ Non **è rimasta / sia rimasta** da nessuna parte, eccola lì. Prendila e andiamocene!

38. L'IMPERATIVO INDIRETTO

Leggi e osserva i verbi **evidenziati**.

▶ Buongiorno, sono Gianni Verdi, ho un appuntamento con la Dottoressa Chirico.
● Buongiorno a Lei. **Aspetti** un secondo, verifico... **Si accomodi** pure in sala d'attesa.
▶ Va bene, grazie.
[dopo qualche minuto]
● Sig. Verdi, la Dottoressa Chirico la aspetta, **entri** pure.

I verbi **evidenziati** sono coniugati all'**imperativo indiretto**.

Il modo imperativo

L'**imperativo** è un modo verbale, ha solo il tempo presente.

L'**imperativo indiretto** riguarda la persona Lei e si usa:

per dare ordini e consigli con la forma di cortesia	(Lei) **Aspetti** un secondo, controllo. (Lei) Signore, **stia** attento! (Lei) Signora, **venga** qui, per favore.
per esortare con la forma di cortesia	(Lei) **Si accomodi** pure in sala d'attesa. (Lei) **Entri** pure. (Lei) **Guardi** che bel tramonto! (Lei) Mi **parli** pure del problema.

La coniugazione dell'**imperativo indiretto** per la terza persona singolare Lei è la stessa del congiuntivo presente.

	verbi in -ARE	verbi in -ERE	verbi in -IRE	
Lei	parlare parl-**i**	chiudere chiud-**a**	partire part-**a**	finire fin-**isca**
	verbi irregolari			
Lei	essere sia	avere abbia	andare vada	fare faccia
Lei	venire venga	uscire esca	bere beva	dare dia

L'IMPERATIVO INDIRETTO 38

Esercizio 1.
Sottolinea l'opzione corretta.
1. Signora, **lasci / lascia** la porta aperta, grazie!
2. **Torni / Torna** pure a casa, qui abbiamo finito.
3. La prego, non **facci / faccia** rumore, il bambino sta dormendo!
4. Per favore, **si pulisca / si pulisce** le scarpe prima di entrare.
5. Signor Franco, non **mangi / mangia** troppi dolci durante le vacanze!
6. Ci **racconta / racconti** pure il Suo problema.

Esercizio 2.
Completa con l'imperativo indiretto dei verbi.

◉ Mi (*scusare*) _____, posso chiedere un'informazione?
▶ Certo, mi (*chiedere*) _____ pure!
◉ Come faccio a raggiungere la stazione ferroviaria da qui?
▶ (*Andare*) _____ dritto su questa strada e poi (*girare*) _____ a sinistra al semaforo.
◉ E dopo?
▶ Dopo (*continuare*) _____ dritto per circa 500 metri, vedrà la stazione sulla sua destra.
◉ Perfetto, grazie mille!
▶ Di niente, (*fare*) _____ buon viaggio!

L'imperativo indiretto negativo

> Per fare l'**imperativo indiretto negativo** si aggiunge la negazione **non**.

Non faccia tardi! • **Non dia** le chiavi a Luca!

Esercizio 3.
Riscrivi le frasi all'imperativo indiretto negativo, come nell'esempio.

1. Francesco, va' via!
   Signor Francesco, non vada via!
2. Mario, vieni a piedi!
   _____!
3. Teresa, arriva in orario!
   _____!
4. Loredana, esci di casa!
   _____!
5. Paola, finisci il dolce!
   _____!
6. Dario, dai da mangiare al cane!
   _____!
7. Carolina, di' cosa pensi!
   _____!
8. Adele, bevi il latte!
   _____!

38 L'IMPERATIVO INDIRETTO

Esercizio 4.
Completa con l'imperativo indiretto dei verbi. Attenzione: ci sono due forme negative!

Marco ha comprato un aspirapolvere che però non funziona. Quindi chiama il servizio clienti.

- Buongiorno, come posso aiutarLa?
- Ho un problema con l'aspirapolvere che ho comprato ieri. Non funziona.
- (*Spiegare*) _____ meglio il problema, per favore.
- Quando lo accendo, fa un suono strano e non aspira nulla.
- (*Controllare*) _____ il filtro, potrebbe essere sporco.
- Ma come?! L'ho comprato ieri, dovrebbe essere nuovo!
- (*Arrabbiarsi*) _____! (*Ascoltare*) _____: potrebbe aver aspirato qualcosa che l'ha bloccato. (*Accendere*) _____ l'aspirapolvere però! Perché lo deve aprire e potrebbe essere pericoloso farlo mentre è acceso. Ha staccato il cavo dell'alimentazione dalla presa?
- Sì, e ora che cosa devo fare?
- Ora (*svitare*) _____ il filtro: c'è qualcosa che lo blocca?

L'imperativo indiretto e i pronomi

I pronomi diretti, indiretti, riflessivi, **ci**, **ne** e i pronomi combinati si mettono prima del verbo.	**Lo** prenda! • **Le** telefoni! • **Si** svegli! **Ci** conti! • **Ne** mangi un po'! **Me lo** porti! • **Me ne** parli! • **Se ne** vada!
Alla forma negativa mettiamo i pronomi DOPO il **non** va PRIMA del verbo.	Non **lo** faccia! • Non **mi** parli! Non **glielo** dica! • Non **ci** vada! Non **se la** prenda!

Esercizio 5.
Riscrivi le frasi con i pronomi, come nell'esempio.

1. Dica a noi che cosa ha visto!
   Ce lo dica!
2. Regali queste rose a noi!
   _____!
3. Porti queste buste a Clara e a Matilde!
   _____!
4. Spedisca la lettera a me!
   _____!
5. Dia un consiglio a Michele!
   _____ uno!
6. Vada all'ospedale adesso!
   _____ adesso!
7. Parli a me della sua idea!
   _____!
8. Ricordi a Luca l'indirizzo!
   _____!

Esercizio 6.
Trasforma le frasi, come nell'esempio.

1. Non dimenticare le tue chiavi quando esci!
   Non dimentichi le Sue chiavi quando esce!
2. Vattene, sono stanco di ascoltare le tue scuse!
   _____!
3. Non scusarti per qualcosa che non hai fatto!
   _____!
4. Metticela tutta per vincere la partita!
   _____!
5. Scegli il posto che vuoi, per me è uguale.
   _____.
6. Per la stazione, attraversa la piazza e gira a destra.
   _____.
7. Vieni a cena da noi stasera e porta un dolce!
   _____!
8. Bevi una camomilla, sei troppo nervoso!
   _____!

L'IMPERATIVO INDIRETTO 38

Esercizio 7.
Completa con l'imperativo indiretto dei verbi della lista.

> ascoltare • consigliare • dire • guardare • non preoccuparsi • provare • seguire

- Buongiorno, mi _____ come posso esserle d'aiuto!
- Devo andare al matrimonio di un mio amico e sto cercando un completo.
- _____ questi: sono gli ultimi arrivi. Sa già di che colore lo vuole?
- Non ne sono sicuro. Pensavo ad un completo nero.
- _____, il nero glielo sconsiglio!
- Allora mi _____ Lei il colore più adatto.
- Io Le direi un bel blu scuro, oppure un completo grigio.
- Allora ne proverei uno grigio.
- Perfetto, Le faccio provare un modello della nuova collezione e uno della collezione passata, ma comunque molto bello! Mi _____, andiamo ai camerini.

Federico prova i due completi.

- Mi piace molto questo completo della collezione passata.
- Le sta molto bene, ma _____ anche l'altro!
- L'altro costa un po' troppo...
- _____, Le faccio uno sconto!

Esercizio 8.
Riscrivi i messaggi con la forma di cortesia.

> Ciao Lorenza, ti vorrei ringraziare per il film che mi hai consigliato: mi è piaciuto tantissimo! Lo proporrò per la prossima serata cinema! Sai, io e i miei amici ci incontriamo a casa mia ogni venerdì sera per guardare un film. Vieni una sera, ti divertiresti!

Salve Signora Lorenza, _____
_____
_____

> Marco, ricordati di portarmi le chiavi in ufficio oggi pomeriggio. Non vorrei rimanere fuori casa stasera. Non dimenticartene! Grazie!
> P.S. Dimmi una cosa: per caso hai trovato anche un paio di occhiali da sole nella tua macchina?

Signor Marco, _____
_____
_____

> Ciao Anna, ho provato a chiamarti più volte. Quando leggerai questo messaggio, telefonami, per favore. Ho una notizia da darti. Ma sta' tranquilla! Niente di grave, anzi... È una bella notizia!

Buongiorno Signora Anna, _____
_____
_____

39. IL CONGIUNTIVO IMPERFETTO E TRAPASSATO

Leggi e osserva i verbi **evidenziati**.

▶ Anna non c'è oggi? Ha finalmente preso un giorno libero?
● Non saprei, ma ieri non si **sentiva** benissimo.
▶ Beh, spero che si riposi. Non si ferma mai, lavora sempre!

[dopo 20 minuti entra Anna in ufficio]
● E tu che ci fai qui? Pensavamo che **avessi preso** un giorno di riposo!
■ Credevo me ne **servisse** uno, ma in realtà no. Mi sento in forma!

I verbi **evidenziati** sono coniugati all'**imperfetto** e al **trapassato** del modo **congiuntivo**.

Il modo congiuntivo

presente	passato
imperfetto	**trapassato**

Il congiuntivo è il modo verbale che si usa per esprimere opinioni, dubbi, incertezze, sentimenti (in opposizione all'indicativo, il modo verbale della certezza).	*Sapevo qual era il problema.* (indicativo) *Non sapevo quale fosse il problema.* (congiuntivo)

Usiamo maggiormente i verbi al **congiuntivo imperfetto** e **trapassato** nelle frasi subordinate.

Che cos'è una frase subordinata? È una frase che dipende dalla frase principale, non è indipendente.	**Ero sorpreso** che Mario fosse stanco. ↓ ↓ frase principale frase subordinata

Per usare il **congiuntivo imperfetto** e **trapassato** nella frase subordinata, nella frase principale ci deve essere:

un verbo di opinione *pensare, credere, supporre, immaginare, ecc.*	*Pensavo che Valeria fosse simpatica.*
un verbo di volontà *volere, desiderare, aspettarsi, ecc.*	*Io e Luca vorremmo che tu venissi con noi domani.*
un verbo di sentimento *piacere, desiderare, sperare, temere, dispiacersi, meravigliarsi, offendersi, essere felici / tristi / ecc., avere paura, avere l'impressione, ecc.*	*Mi sarebbe piaciuto che tu e Giada vi foste vestiti eleganti!*

IL CONGIUNTIVO IMPERFETTO E TRAPASSATO | 39

un verbo di dubbio	Carlo aveva dubitato che Luciano avesse detto quelle cose.
una frase negativa	Non sapevo che cosa fosse successo ieri sera.
alcune strutture impersonali *essere importante che, essere necessario che, essere probabile / improbabile che, essere possibile / impossibile che, essere meglio che, dire che,* ecc.	Era possibile che fossero in ritardo a causa del traffico. Si diceva che avessero viaggiato molto.

Il tempo del verbo nella frase principale deve essere all'imperfetto, al passato prossimo, al trapassato prossimo indicativo, o al condizionale presente o passato.

Il congiuntivo imperfetto dei verbi regolari

La maggior parte dei verbi italiani ha una coniugazione regolare al **congiuntivo imperfetto**.

	verbi in -ARE	verbi in -ERE	verbi in -IRE
	mangiare	vedere	partire
io	guard-**assi**	ved-**essi**	part-**issi**
tu	guard-**assi**	ved-**essi**	part-**issi**
lui / lei / Lei	guard-**asse**	ved-**esse**	part-**isse**
noi	guard-**assimo**	ved-**essimo**	part-**issimo**
voi	guard-**aste**	ved-**este**	part-**iste**
loro	guard-**assero**	ved-**essero**	part-**issero**

Esercizio 1.
Completa la tabella, come nell'esempio.

io	tu	lui / lei / Lei	noi	voi	loro
parlare *parlassi*	studiare _____	andare _____	giocare _____	abitare _____	portare _____
avere _____	volere _____	sapere _____	dovere _____	mettere _____	potere _____
capire _____	uscire _____	finire _____	aprire _____	preferire _____	venire _____

Esercizio 2.
Completa con il congiuntivo imperfetto dei verbi.

1. Non era necessario che tu (*portare*) _____ il vino, ne avevamo cinque bottiglie!
2. Ero sorpresa che Giulia (*volere*) _____ venire con noi!
3. Giuseppe sperava che noi lo (*chiamare*) _____, ma ci siamo dimenticati.
4. Alberto voleva che tu e Roberto lo (*aiutare*) _____ con il trasloco, l'avete fatto?
5. Tommaso ha sperato che la sua squadra (*rimanere*) _____ in vantaggio fino alla fine della partita.

IL CONGIUNTIVO IMPERFETTO E TRAPASSATO

Esercizio 3.
Trasforma i verbi delle frasi subordinate, come nell'esempio.

1. Temo che Bruno non arrivi in tempo per la visita!
   Temevo che Bruno ____non arrivasse____ in tempo per la visita!
2. Sabrina ha paura che sua zia non torni a casa in tempo per guardare il suo programma preferito!
   Sabrina aveva paura che sua zia _____ in tempo per guardare il suo programma preferito!
3. Vogliamo che ti comporti bene!
   Vorremmo che _____ bene!
4. Mia nonna è contenta che andiamo a pranzo da lei ogni settimana.
   Mia nonna era contenta che _____ a pranzo da lei ogni settimana.
5. Sembra che il figlio di Carolina voglia trasferirsi in Australia.
   Sembrava che il figlio di Carolina _____ trasferirsi in Australia.
6. Laura e Aldo preferiscono che gli telefoni la mattina, non la sera.
   Laura e Aldo preferirebbero che _____ la mattina, non la sera.
7. Raffaella non vuole che sua sorella esca senza dirle niente.
   Raffaella non voleva che sua sorella _____ senza dirle niente.

Il congiuntivo imperfetto dei verbi irregolari

	essere	fare	dire	porre
io	fossi	facessi	dicessi	ponessi
tu	fossi	facessi	dicessi	ponessi
lui / lei / Lei	fosse	facesse	dicesse	ponesse
noi	fossimo	facessimo	dicessimo	ponessimo
voi	foste	faceste	diceste	poneste
loro	fossero	facessero	dicessero	ponessero

	stare	dare	bere	tradurre
io	stessi	dessi	bevessi	traducessi
tu	stessi	dessi	bevessi	traducessi
lui / lei / Lei	stesse	desse	bevesse	traducesse
noi	stessimo	dessimo	bevessimo	traducessimo
voi	steste	deste	beveste	traduceste
loro	stessero	dessero	bevessero	traducessero

Esercizio 4.
Completa con il congiuntivo imperfetto dei verbi.

1. Non immaginavamo che oggi (fare) _____ così freddo!
2. Io e Luca avremmo preferito che Olivia e le sue amiche ci (dire) _____ la verità.
3. Pensavo che Franca non (bere) _____ vino, ma poi ieri sera l'ho vista mentre ne beveva un bicchiere!
4. Dalle foto che pubblicava, sembrava che Luigi (essere) _____ in vacanza al mare!
5. Non avevo capito che i tuoi amici (stare) _____ aspettando una risposta!
6. Era triste che quell'attore (dire) _____ quelle cose in tv.
7. Non avremmo mai immaginato che Sara (dare) _____ dei consigli così sbagliati ai suoi amici!

IL CONGIUNTIVO IMPERFETTO E TRAPASSATO — 39

Esercizio 5.
Completa con il congiuntivo imperfetto dei verbi della lista.

> sapere • fare • tornare • camminare • essere • dovere • avere

1. Non sapevo che Teresa _____ nel parco tutte le mattine prima di andare in ufficio.
2. I genitori di Lorenzo non sapevano che il figlio _____ ancora superare l'esame di filosofia.
3. Giacomo credeva che Valentina _____ paura di perdere l'autobus, per questo non si è fermata a parlare con noi ieri pomeriggio.
4. Giovanni pensava che io _____ una colazione abbondante, ma in realtà bevo solo un caffè macchiato la mattina.
5. Io e Luca non ci aspettavamo che tu e Marina _____ così presto dal vostro viaggio di nozze!
6. Avevamo capito che Fabio non _____ giocare a pallavolo, per questo non l'abbiamo invitato a giocare con noi.
7. Anna non avrebbe mai immaginato che Matteo _____ appassionato di pizzica, ma poi l'ha incontrato ad uno spettacolo!

La **pizzica** è una danza popolare originaria della regione Puglia.

Esercizio 6.
Scegli l'opzione corretta: imperfetto indicativo o congiuntivo? Poi scopri la parola nascosta, come nell'esempio.

1. Ho guardato fuori dalla finestra e ho visto che	a. faceva bel tempo fuori.	S ✗
	b. facesse bel tempo fuori.	F
2. Tutti sapevano che da piccolo Federico	a. leggeva sempre i libri d'avventura.	A
	b. leggesse sempre i libri d'avventura.	I
3. Nessuno sapeva che Viviana	a. andava a scuola in bicicletta.	P
	b. andasse a scuola in bicicletta.	N
4. Mi ricordo che la casa dei nonni	a. era sempre decorata per Natale.	R
	b. fosse sempre decorata per Natale.	N
5. Nina non era sicura che Ciro e Lina	a. sapevano della festa.	I
	b. sapessero della festa.	E
6. Livio ha detto che	a. c'era anche lui alla riunione.	M
	b. ci fosse anche lui alla riunione.	S
7. Io e Riccardo non potevamo credere che	a. Gaia e Andrea stavano insieme.	L
	b. Gaia e Andrea stessero insieme.	O

Il Festival di S _____ , o Festival della Canzone italiana, è una competizione musicale e un evento culturale importante in Italia, che si svolge ogni anno al Teatro Ariston dell'omonima città ligure. La canzone vincente rappresenta l'Italia all'Eurovision Song Contest.

39 IL CONGIUNTIVO IMPERFETTO E TRAPASSATO

Come si forma il **congiuntivo trapassato**?

Con il congiuntivo imperfetto di **essere** o **avere** + il participio passato del verbo.

Mia madre aveva paura che **avessimo comprato** il biglietto sbagliato.
Non avevo capito che Matteo **fosse andato** al supermercato.

	con ausiliare AVERE	con ausiliare ESSERE
	comprare	andare
io	avessi comprato	fossi andato/a
tu	avessi comprato	fossi andato/a
lui / lei / Lei	avesse comprato	fosse andato/a
noi	avessimo comprato	fossimo andati/e
voi	aveste comprato	foste andati/e
loro	avessero comprato	fossero andati/e

Il congiuntivo trapassato è un tempo composto, quindi ha le stesse regole del passato prossimo, del trapassato prossimo, del futuro anteriore dell'indicativo, del condizionale passato e del congiuntivo passato per la scelta dell'ausiliare, per l'uso dei pronomi e dei verbi modali.

Esercizio 7.
Completa con il congiuntivo trapassato.

1. Filippa non sapeva dell'incidente, credevo che Andrea gliel' (*dire*) _____.
2. L'auto nuova? Non sapevo che te l' (*rubare*) _____.
3. Vittoria temeva che Luigi (*arrabbiarsi*) _____ per il ritardo.
4. Pensavo che Tina e Zoe (*capire*) _____ la spiegazione, invece hanno fatto tanti errori.
5. Si diceva che Gaia e Chiara (*litigare*) _____.
6. I genitori di Gianluca non erano contenti che lui (*alzarsi*) _____ così tardi!

Esercizio 8.
Sottolinea il verbo corretto e completa con il congiuntivo trapassato.

1. **cominciare / finire**
   Non riuscivamo a credere che la storia tra Valeria e Andrea _____ così male, stavano bene insieme!
2. **farsi male / rompersi**
   A Sara dispiaceva molto che Lorenzo _____ un braccio.
3. **incontrarsi / uscire**
   Era impossibile che Francesco e Carla _____ insieme, non si conoscono!
4. **perdere / mancare**
   Carlotta e Tiziana temevano che Luca _____ l'autobus.
5. **avere / fare**
   L'insegnante era sorpresa che i suoi studenti _____ colazione solo con un caffè!
6. **chiamare / telefonare**
   Sarebbe stato meglio che io e Veronica _____ subito a nostra nonna.

IL CONGIUNTIVO IMPERFETTO E TRAPASSATO

L'uso del congiuntivo imperfetto e trapassato

frase principale	frase subordinata
il verbo deve essere a un tempo del passato (dell'indicativo) o al condizionale.	per decidere se usare il **congiuntivo imperfetto** o **trapassato** nella frase subordinata, bisogna capire se l'azione della frase subordinata rispetto al verbo della frase principale è un'azione • **CONTEMPORANEA** (avviene NELLO STESSO MOMENTO) • **POSTERIORE** (avviene DOPO) • **ANTERIORE** (avviene PRIMA).

Il verbo della frase subordinata è al **congiuntivo imperfetto** se l'azione è **CONTEMPORANEA** (avviene NELLO STESSO MOMENTO) o è **POSTERIORE** (avviene DOPO) rispetto al verbo della frase principale.

frase principale	frase subordinata
Pensavamo *Hai immaginato* *Avevamo sperato* ecc.	*che Sara arrivasse. / che Sara stesse per arrivare.* (azione **CONTEMPORANEA**)
	che Sara arrivasse il giorno dopo. (azione **POSTERIORE**)

Il verbo della frase subordinata è al **congiuntivo trapassato** se l'azione è **ANTERIORE** (avviene PRIMA) rispetto al verbo della frase principale.

frase principale	frase subordinata
Pensavo *Ho immaginato* *Avevo sperato* ecc.	*che Luca fosse già partito.* (azione **ANTERIORE**)

Esercizio 9.
Il verbo della frase subordinata indica un'azione anteriore (**A**), contemporanea (**C**) o posteriore (**P**) rispetto al verbo principale?

		A	C	P
1.	Speravo che Carlo ti avesse già telefonato.	☐	☐	☐
2.	Avevo paura che tu non arrivassi in tempo.	☐	☐	☐
3.	Daria sperava che Vincenzo stesse bene.	☐	☐	☐
4.	Giacomo aspettava che lo chiamassi.	☐	☐	☐
5.	A Sabrina piacerebbe che il suo compagno le regalasse un viaggio.	☐	☐	☐
6.	Avrei voluto che Gianni mi avesse ascoltato ieri pomeriggio.	☐	☐	☐

39 IL CONGIUNTIVO IMPERFETTO E TRAPASSATO

Esercizio 10.
Completa con il congiuntivo imperfetto o trapassato dei verbi.

Care lettrici e cari lettori,
vorrei condividere con voi un breve racconto del mio viaggio in giro per l'Italia alla scoperta di due luoghi misteriosi: il Ponte del Diavolo e la Bocca della Verità!
Il mio viaggio è partito da un piccolo borgo in Toscana, Borgo a Mozzano, dove c'è il Ponte del Diavolo, un antico ponte del XIV secolo. Vi starete chiedendo: perché si chiama così? In passato i ponti con una forma particolare sembravano impossibili da realizzare, quindi le persone credevano che solo il diavolo (*avere*) _____ il potere di costruirli.

Mentre camminavo per il borgo, ho incontrato una signora che si è offerta di raccontarmi la leggenda del luogo. Si pensava che San Giuliano (*iniziare*) _____ a costruire il ponte, ma che poi (*chiedere*) _____ al diavolo di completarlo, perché il lavoro era troppo difficile. In cambio il diavolo gli aveva chiesto l'anima degli esseri viventi che per primi (*attraversare*) _____ il ponte. Ho avuto i brividi!
Il mio viaggio è continuato a Roma, in una bellissima chiesa del centro storico, Santa Maria in Cosmedin, dove c'è una grande maschera di marmo: la Bocca della Verità.

La scultura si chiama così perché si diceva che (*tagliare*) _____ la mano di chi non diceva la verità e in passato le persone credevano che (*essere*) _____ vero! Si sa che è solo una leggenda, però mentre aspettavo il mio turno per vedere la scultura da vicino, ho cominciato ad avere un po' di paura! Ho infilato la mano nella bocca e per un secondo ho temuto che non (*esserci*) _____ più!

Esercizio 11.
Sottolinea l'opzione corretta.

1. a. Si diceva che la famiglia di Dario **vincesse / avesse vinto** 1 milione di euro alla lotteria.
   b. Si diceva che la famiglia di Dario **vincesse / avesse vinto** qualcosa ogni volta che giocava alla lotteria.
2. a. Sarebbe stato bello che tutti **prendessimo / avessimo preso** lo stesso treno, avremmo viaggiato in compagnia!
   b. Sarebbe bello che tutti **prendessimo / avessimo preso** lo stesso treno, viaggeremmo in compagnia!
3. a. Valeria ha immaginato che Carlo **prenotasse / avesse prenotato** un tavolo, perché non lo vedeva preoccupato per la lunga fila davanti al ristorante.
   b. Valeria immaginava che di solito Carlo non **prenotasse / avesse prenotato** nei ristoranti, perché sapeva che non gli piaceva programmare le cose.

IL CONGIUNTIVO IMPERFETTO E TRAPASSATO

4. a. Marco ha visto Cristina così stanca stamattina che ha pensato che **passasse / avesse passato** tutta la notte in ufficio a lavorare.
   b. Marco vedeva Cristina sempre così stanca che pensava che **passasse / avesse passato** tutte le notti in ufficio a lavorare.
5. a. Katia vorrebbe che sua figlia **diventasse / fosse diventata** un'archeologa da grande.
   b. Katia avrebbe voluto che sua figlia **diventasse / fosse diventata** un'archeologa da grande.
6. a. Mi piacerebbe che Marta **venisse / fosse venuta** in montagna con noi, ci divertiremmo!
   b. Mi sarebbe piaciuto che Marta **venisse / fosse venuta** in montagna con noi, ci saremmo divertiti!

Esercizio 12.
Sottolinea l'opzione corretta.

ENRICO   Com'è andato il fine settimana?

MATILDE Ho passato un paio di giorni ad Arezzo. Pensavo che Claudia te l' **abbia detto / avesse detto**.

ENRICO   No, Claudia mi ha solo detto che **eri partita / fossi partita** per il fine settimana, ma non sapevo che **avevi scelto / avessi scelto** di andare ad Arezzo! Anche perché credevo ci **sia già stata / fossi già stata** più volte.

MATILDE No, ti assicuro che sabato **è stata / sia stata** la prima volta!

ENRICO   Sai che è la città dei miei nonni?

MATILDE Ah, davvero?

ENRICO   Sì, io ci andavo sempre da piccolo. Credo che loro **abbiano vissuto / fossero vissuti** sempre lì e che non **siano mai andati / fossero mai andati** fuori dalla loro città.

MATILDE Incredibile. Comunque penso che in passato **fosse / fosse stata** una cosa comune.

ENRICO   Sì, è vero. Ma dimmi: ti è piaciuta?

MATILDE Molto. Ho scoperto una bellissima città medievale: penso che passeggiare nel centro storico **sia / fosse** come fare un salto indietro nel tempo! Non immaginavo che **sia stata / fosse** così interessante. E poi c'è il mercato dell'antiquariato.

ENRICO   Esatto. Io so che sei un'appassionata di mercati, quindi ho pensato che ci **eri andata / fossi andata** già più volte. Il mercato dell'antiquariato di Arezzo è molto popolare!

MATILDE Sì, e ci vengono da tutto il mondo! Pensa che nel mio stesso albergo c'era una coppia canadese che festeggiava l'anniversario di matrimonio. Mi hanno raccontato che **si erano conosciuti / si siano conosciuti** tra i banchi del mercato 15 anni prima!

ENRICO   Che storia romantica! Mi sarebbe piaciuto che ci **eravamo andati / fossimo andati** insieme! La prossima volta che andrai, devi dirmelo assolutamente!

MATILDE Senz'altro!

40. IL PERIODO IPOTETICO

Leggi e osserva le frasi **evidenziate**.

- **Correggimi se sbaglio**... Ieri Giorgio è rimasto a casa, giusto?
▶ No, è uscito con me. Siamo andati a vedere la partita dell'Italia in un locale.
- Non ci credo! E non mi avete detto niente?
▶ **Se tu leggessi i messaggi** che scriviamo nella chat di gruppo, **sapresti tutto**!
- Beh certo, ora è colpa mia perché non sto tutto il giorno con lo smartphone in mano... Lo sapete che esistono le chiamate, sì? **Se io avessi fatto la stessa cosa**, tu e Giorgio **vi sareste arrabbiati molto**!

Le frasi **evidenziate** sono **periodi ipotetici**.

> Il **periodo ipotetico** è una struttura che usiamo per fare ipotesi.
> Questa struttura è formata da due frasi: una frase principale (che contiene la conseguenza dell'ipotesi) e una frase subordinata introdotta dalla congiunzione **se** (che contiene l'ipotesi).
>
> <u>Correggimi</u> **se sbaglio**...
>   ↑   ↑
> conseguenza   ipotesi
>
> **Se tu leggessi i messaggi**, <u>sapresti tutto</u>!
>   ↑   ↑
> ipotesi   conseguenza
>
> **Se io avessi fatto la stessa cosa**, <u>tu e Giorgio vi sareste arrabbiati molto</u>.
>   ↑   ↑
> ipotesi   conseguenza

Osserva: l'ordine delle due frasi in un periodo ipotetico non è fissa, possiamo iniziare la frase con **se** (con la frase che contiene l'ipotesi) oppure con la frase che contiene la conseguenza (senza **se**).

periodo ipotetico che inizia con la frase che contiene l'ipotesi	Se Flavio uscisse con noi, si divertirebbe!
periodo ipotetico che inizia con la frase che contiene la conseguenza	Flavio si divertirebbe, se uscisse con noi.

IL PERIODO IPOTETICO

Esercizio 1.
Sottolinea le parti che esprimono l'ipotesi, *evidenzia* quelle che esprimono la conseguenza, come nell'esempio.

1. <u>Se avessimo più spazio in casa,</u> *compreremmo un divano più grande* .
2. Se risparmierò, andrò in vacanza alle Hawaii!
3. Se Ugo studiasse di più, potrebbe avere risultati migliori a scuola.
4. Vi scuserete se abbiamo ragione!
5. Se avessimo potuto, saremmo venuti volentieri a cena da te.
6. Mi crederesti se ti dicessi che non sono stato io?

I tre tipi di periodo ipotetico

Il periodo ipotetico può essere di 3 tipi:

ipotesi reale (che succede nella realtà)

se + indicativo presente → indicativo presente / indicativo futuro semplice	Se **posso**, ti **aiuto** / **aiuterò** volentieri.
se + indicativo futuro semplice → indicativo futuro semplice	Se **potrò**, ti **aiuterò** volentieri.
se + indicativo presente + imperativo	Se **vuoi** venire con me, **sbrigati**!

ipotesi possibile (che può succedere nella realtà)

se + congiuntivo imperfetto + condizionale presente	Se Patrizia non **fosse** stanca, **uscirebbe**.

ipotesi impossibile (che è impossibile che succeda nella realtà)

se + congiuntivo trapassato + condizionale presente	Se Marco **avesse studiato** lo spagnolo da piccolo, ora lo **parlerebbe** bene. (nel presente)
se + congiuntivo trapassato, + condizionale passato	Se Tania mi **avesse raccontato** la verità, non mi **sarei arrabbiata**. (nel passato)

Esercizio 2.
Che tipo di ipotesi è: reale (**R**), possibile (**P**) o impossibile (**I**)?

	R	P	I
1. Se chiami Stefania, invitala a pranzo!	☐	☐	☐
2. Se domani ci sarà il sole, andremo a correre.	☐	☐	☐
3. Andrei volentieri al bar se non dovessi lavorare.	☐	☐	☐
4. Se domani stiamo meglio, partiremo.	☐	☐	☐
5. Se Laura si fosse svegliata presto, non sarebbe arrivata in ritardo.	☐	☐	☐
6. Marco farebbe sempre la spesa al mercato se avesse tempo di andarci.	☐	☐	☐
7. Se tu e Michele aveste studiato la regola, ora sapreste fare l'esercizio di matematica.	☐	☐	☐

40 IL PERIODO IPOTETICO

Esercizio 3.
Abbina le frasi per formare delle ipotesi reali, come nell'esempio.

1. Se sei stanco,
2. La neve si scioglierà
3. Potremo andare al cinema alle 19:00
4. Se oggi pomeriggio c'è il sole,
5. Comincia ad andare
6. Se hai fame,
7. Se arriverai prima di me al ristorante,

a. se Nina tornerà a casa entro le 18:00.
b. entra pure! La prenotazione è a mio nome.
c. mangia un panino.
d. riposati un po'!
e. se pioverà.
f. vado a fare una passeggiata.
g. se hai fretta!

Esercizio 4.
Completa con l'indicativo presente, il futuro semplice o l'imperativo, come nell'esempio.

1. Se non trovi l'ingresso del palazzo, (chiamare) ____chiama____ Sabrina!
2. Se vincerò i biglietti per il concerto, te ne (regalare) _____ uno.
3. Se stasera Filippo esce prima dall'ufficio, (venire) _____ a cena con noi.
4. Se al mercato trovi le castagne, (di castagne – comprare) _____ 500 grammi, per favore!
5. Se mangeremo bene in quel ristorante, ci (tornare) _____ sicuramente.
6. Se tu e Veronica studiate, (passare) _____ l'esame, senza dubbio.
7. Se parli con Luigi, non (a lui – dire) _____ della sorpresa!

Esercizio 5.
Completa con il congiuntivo imperfetto e il condizionale presente dei verbi, come nell'esempio.

1. Se Carlo (avere) ____avesse____ voglia di venire, (venire) ____verrebbe____ !
2. Se (esserci) _____ il latte in frigo, non (io, dovere) _____ andare al supermercato.
3. Io e Laura (andare) _____ a fare una passeggiata se non (fare) _____ caldo.
4. Se Bruno (essere) _____ ricco, (comprare) _____ un castello.
5. Se Vicky e Luca (venire) _____ a Roma, io e Simone li (invitare) _____ a prendere un caffè da noi.
6. (Io – Essere) _____ contento se la mia squadra del cuore (vincere) _____ !
7. Se tu e Andrea (avere) _____ una casa più grande, (organizzare) _____ tante feste!

Esercizio 6.
Trasforma le ipotesi reali in ipotesi possibili, come nell'esempio.

1. Se la tv si rompe, ne devi comprare una nuova.
   Se la tv si rompesse, ne dovresti comprare una nuova.
2. Se fa bel tempo, siamo felici.
   _____.
3. Se Gianluca ci telefonerà, lo inviteremo a cena.
   _____.
4. Se voglio comprare il vino, vado in enoteca.
   _____.
5. Se Cristina deve scegliere tra mare e montagna, sceglie il mare.
   _____.
6. Se Antonio e Riccardo non studiano, i loro genitori si arrabbiano.
   _____.
7. Se mi vuoi bene, dimmi la verità!
   _____!

IL PERIODO IPOTETICO 40

Esercizio 7.
Sottolinea l'opzione corretta, come nell'esempio. Poi indovina la parola nascosta.

1. Se stamattina a colazione Francesca avesse mangiato di più, ora non (E) <u>avrebbe</u> / (A) avrebbe avuto fame.
2. Carla, ti stai annoiando? Se avessi portato il tuo libro in spiaggia, ora (S) sapresti / (P) avresti saputo che fare.
3. Se Anna fosse tornata sabato e non domenica, (E) potrebbe / (P) sarebbe potuta venire alla festa con noi.
4. Se avessi avuto 10 euro in più nel mio portafogli, te li (S) presterei / (R) avrei prestati, ma non ce li avevo.
5. Se Franco e Sara non avessero perso l'autobus, ora (E) sarebbero / (O) sarebbero stati con noi.
6. Se stamattina io e Tiziana avessimo preso un'aspirina, non (S) avremmo / (T) avremmo avuto il mal di testa in questo momento.
7. Se quel vestito fosse stato più economico, lo (P) comprerei / (S) avrei comprato!
8. Se stamattina Silvia non mi avesse svegliato, probabilmente (O) starei / (A) sarei stato ancora dormendo!

Sei al bar in Italia e vuoi un E _ _ _ _ _ _ _ ?
Per ordinarne uno, non si dice "un espresso, per favore" ma "un caffè, per favore".
Che cos'altro si può ordinare al bar? Oltre al caffè, gli ordini più popolari sono il cappuccino e il caffè macchiato (un caffè con un po' di latte, caldo o freddo).

Esercizio 8.
Completa con il congiuntivo trapassato e il condizionale presente o passato dei verbi, come nell'esempio.

1. Se tu e Luciana (accettare) ___aveste accettato___ il nostro invito, (noi – essere) ___saremmo stati___ contentissimi!
2. Se non (tu – svegliarsi) _____ tardi, non (tu – perdere) _____ il treno.
3. Io e Roberta non (preparare) _____ la Parmigiana se Barbara ci (dire) _____ che è allergica alle melanzane.
4. Oggi (noi – essere) _____ in una brutta situazione se Riccardo non ci (aiutare) _____!
5. Se Vittorio mi (dire) _____ la verità, io l' (perdonare) _____.
6. Maria e Giulia (uscire) _____ se (saputo) _____ dello sciopero?
7. Se Raffaele non (spendere) _____ tutta la sua paghetta della settimana, ora (potere) _____ comprarsi un gelato.

La **paghetta** è una piccola somma di denaro che i genitori danno ai figli ogni settimana o mese.

40 IL PERIODO IPOTETICO

Esercizio 9.
Trasforma le ipotesi possibili in ipotesi impossibili (nel presente o nel passato), come nell'esempio.

1. Se Paolo avesse una settimana libera, partirebbe per Lisbona.
   Se il mese scorso *Paolo avesse avuto una settimana libera, sarebbe partito per Lisbona*.
2. Se Giorgio studiasse di più, supererebbe gli esami con facilità.
   Se l'anno scorso _____.
3. Se vincessi alla lotteria, vivrei in una villa in campagna!
   _____, ora _____!
4. Se Giuseppe fosse gentile, saremmo amici!
   _____ ancora amici!
5. Se Federico e Aldo si perdessero in stazione, potrebbero perdere il treno.
   Se ieri notte _____.
6. Se Davide facesse più attenzione in bicicletta, non avrebbe il braccio rotto!
   _____, adesso _____!
7. Se Lorenzo condividesse la crostata con me, ne potrei assaggiare una fetta.
   Se alla festa _____.

Esercizio 10.
Abbina le frasi e completa con il tempo corretto dei verbi.

1. Se in Italia non (*esserci*) _____ il Rinascimento,
2. Se nel 1861 Garibaldi non (*riuscire*) _____ a unificare l'Italia,
3. Se il 2 giugno 1946 gli italiani e le italiane non (*votare*) _____ in maggioranza per la Repubblica,
4. Oggi in Italia (*esserci*) _____ 19 regioni e non 20
5. Quale (*essere*) _____ oggi la canzone italiana più famosa nel mondo
6. Se nel 1895 lo scienziato italiano Guglielmo Marconi non (*inventare*) _____ il radiografo

a. oggi (*esserci*) _____ ancora la monarchia in Italia.
b. se nel 1958 Domenico Modugno non (*scrivere*) _____ *Volare*?
c. non (*noi - potere*) _____ mai _____ ammirare le opere di Leonardo, Michelangelo e Raffaello.
d. l'Italia (*rimanere*) _____ divisa in tanti stati.
e. probabilmente la radio e la tv non (*nascere*) _____ mai _____.
f. se nel 1963 il Molise e l'Abruzzo non (*separarsi*) _____, diventando due regioni distinte.

SOLUZIONI

SOLUZIONI

1. IL NOME

Esercizio 1. GRUPPO 1: divano, luna, penna, finestra, olio, scatola; **GRUPPO 2**: bicchiere, pepe | **Esercizio 2. maschile**: lupo, pane, tavolo; **femminile**: colazione, matita, rosa, torre, carne | **Esercizio 3.** a. 1. ombrello; b. 2. borsa; c. 3. fiore, libro; 4. sedia, musica; d. 5. tutti femminili | **Esercizio 4.** 1. yogurt; 2. babà; 3. bignè; 4. caffè; 5. Marco | **Esercizio 5.** lunedì/m, martedì/m, mercoledì/m; giovedì/m; venerdì/m; sabato/m; domenica/f | **Esercizio 6.** 1. città; 2. foto; 3. Carlotta; 4. torre; 5. radio; PISA | **Esercizio 7.** 1/f; 2/f; 3/m; 4/f; 5/m; 6/f; 7/m; 8/m | **Esercizio 8.** 1. ragazza; 2. fotografa; 3. cameriera; 4. cuoca; 5. nonna; 6. attrice | **Esercizio 9.** 1. veterinaria; 2. pittore; 3. musicista; 4. atleta; 5. postina; 6. turista | **Esercizio 10.** 1./f; 2/h; 3/e; 4/d; 5/g; 6/b; 7/a; 8/l; 9/i | **Esercizio 11.**

			¹C	U	O	C	O				
		²C	U	G	I	N	O				
³P	I	T	T	R	I	C	E				
				⁴C	A	M	P	I	O	N	E
		⁵A	R	T	I	S	T	A			
		⁶R	E	G	I	N	A				
	⁷S	T	U	D	E	N	T	E	S	S	A
		⁸B	A	L	L	E	R	I	N	O	
			⁹A	L	L	E	N	A	T	R	I	C	E
			¹⁰G	A	T	T	A				

La parola nascosta è COCCINELLA. | **Esercizio 12.** 1. farfalle; 2. cuore; 3. lune; 4. sedia; 5. biciclette; 6. tramezzini; 7. nuvola; 8. scarpe; 9. pesci; 10. libri | **Esercizio 13.** 1. scatole / scatole; 2. ventilatore / ventilatori; 3. rossetto / rossetti; 4. quaderno / quaderni; 5. lampada / lampade; 6. carta / carte | **Esercizio 14.** 1. farmacisti; 2. dentisti; 3. cantanti; 4. giornaliste; 5. elettricisti; 6. cantanti; 7. pianisti | **Esercizio 15.** 1. giacche; 2. biblioteche; 3. medici; 4. laghi; 5. docce; 6. giochi; 7. fuochi; 8. piogge | **Esercizio 16.** 1. spiagge; 2. camicie; 3. caschi; 4. amici; 5. banche; 6. alberghi; 7. amiche; 8. psicologi | **Esercizio 17. nomi che cambiano al plurale**: tavolo, piede, scarpa, penna, finestra, libro, nuvola, cancello, foglia, coltello, batteria, carrello, scatola, bagno, televisione. Il nome nascosto è: TORINO | **Esercizio 18. maschile singolare**: tavolo, piede, libro, cancello, coltello, carrello, bagno; **maschile plurale**: tavoli, piedi, libri, cancelli, coltelli, carrelli, bagni; **femminile singolare**: scarpa, penna, finestra, nuvola, foglia, batteria, scatola, televisione; **femminile plurale**: scarpe, penne, finestre, nuvole, foglie, scatole, televisioni | **Esercizio 19.** Al tavolo 3: due supplì, due filetti di baccalà, due carciofi alla romana e tre polpette di bollito! | **Esercizio 20.**

U	G	B	T	A	R	T	O	T	H	A	V	Q	N	P	L	N	U	A	Q
T	B	P	Z	A	E	I	B	R	C	D	I	T	A	L	B	U	D	C	A
Q	E	S	A	U	D	F	E	N	S	M	O	E	S	D	A	M	I	M	T
M	L	I	U	O	G	P	H	U	F	Z	L	P	F	O	Z	W	V	A	G
O	Q	D	H	V	B	I	B	O	G	T	N	W	R	B	E	M	A	N	D
F	Z	M	T	A	L	C	N	B	R	A	C	C	I	A	P	R	C	I	R
E	S	A	F	B	I	M	T	I	L	S	C	N	H	L	L	F	H	D	Y
B	V	D	O	Q	N	A	C	E	T	H	U	O	M	I	N	I	G	B	O
S	F	I	C	I	F	E	G	H	F	W	D	B	E	G	A	C	M	E	P
L	E	M	V	B	O	S	M	V	O	T	M	T	N	S	Z	D	F	T	L
C	D	J	S	O	P	R	A	C	C	I	G	L	I	A	S	G	H	I	E

SOLUZIONI

2. L'ARTICOLO

Esercizio 1. 1. la; 2. il; 3. la; 4. il; 5. il; 6. il; 7. la; 8. l'; 9. la; 10. le; 11. l'; 12. il; 13. l'; 14. la; 15. il; 16. la; 17. la; 18; la; 19. la; 20. la | **Esercizio 2.** 1. il; 2. l'; 3. lo; 4. il; 5. lo; 6. lo; 7. l'; 8. il; 9. il; 10. il | **Esercizio 3.** 1. l'; 2. lo; 3. l'; 4. l'; 5. lo; 6. la; 7. la; 8. la; 9. la; 10. l' | **Esercizio 4.** 1. gli; 2. i; 3. le; 4. lo; 5. le; 6. i; 7. i; 8. gli; 9. gli; 10. le; 11. le; 12. le | **Esercizio 5.** 1. le; 2. gli; 3. i; 4. le; 5. le; 6. gli; 7. i; 8. le; 9. i; 10. le | **Esercizio 6.** 1. Il; 2. i; 3. l'; 4. L', il; 5. gli; 6. Il; 7. L'; 8. l' | **Esercizio 7.** 1. la; 2. L'; 3. Gli, lo; 4. lo; 5. i; 6. le; 7. gli; 8. L'; 9. Il, la, la; 10. le; 11. il; 12. La | **Esercizio 8.** i, Il, i, gli, il, il, la, Il, gli, la, lo, La, il, la | **Esercizio 9.** L', il, l', la, le, le, i, i, la, la, lo, I, il, l' | **Esercizio 10.** 1. Mia nonna; 2. Roma; 3. La Toscana; 4. La cugina; 5. l'Italia; 6. Manuel | **Esercizio 11.** 1. -, la; 2. L', la; 3. Il; 4. Il, -; 5. -; 6. -; 7. -, -; 8. L', - | **Esercizio 12.** 1. un; 2. uno; 3. un; 4. uno; 5. un; 6. un; 7. uno; 8. un; 9. un; 10. un | **Esercizio 13.** 1. una; 2. un; 3. Un; 4. un; 5. un'; 6. una | **Esercizio 14.** 1. un; 2. un'; 3. un'; 4. un; 5. un'; 6. un'; 7. un; 8. un | **Esercizio 15.** 1. un; 2. una; 3. un; 4. una; 5. un; 6. una; 7. una; 8. una; 9. uno; 10. Un', un | **Esercizio 16.** 1. delle; 2. degli; 3. degli; 4. dei; 5. delle; 6. delle; 7. dei; 8. delle; 9. delle; 10. dei | **Esercizio 17.** una, una, un, un', una, uno, un, una, degli, un, un | **Esercizio 18.** 1. la; 2. un; 3. Il; 4. una; 5. il; 6. La; 7. Il, un; 8. La, l' | **Esercizio 19.** 1. la, Un, il, Roma; 2. una, la, Firenze; 3. La, il, Un, il, Venezia | **Esercizio 20.** lo, il, l', l', la, la, uno, la, un', un, l', le

3. L'AGGETTIVO

Esercizio 1. 1. bello; 2. buono; 3. piccolo; 4. rossa; 5. alta; 6. comodo; 7. bassa; 8. americano | **Esercizio 2.** 1. nuova, leggera; 2. simpatico; 3. creativo; 4. eterna; 5. peruviana; 6. contento; 7. romano; 8. preferita | **Esercizio 3.**

	Lui è...	Lei è...		Lui è...	Lei è...
🇮🇹	italiano	italiana	🇮🇳	indiano	indiana
🇨🇭	svizzero	svizzera	🇺🇸	americano / statunitense	americana / statunitense
🇸🇪	svedese	svedese	🇫🇷	francese	francese
🇧🇷	brasiliano	brasiliana	🇵🇭	filippino	filippina
🇩🇪	tedesco	tedesca	🇷🇺	russo	russa
🇯🇵	giapponese	giapponese	🇨🇳	cinese	cinese

Esercizio 4. 1/g; 2/f; 3/b; 4/h; 5/e; 6/a; 7/d; 8/c | **Esercizio 5.** 1. socievole; 2. elegante; 3. interessante; 4. egoista; 5. generosa; 6. timida | **Esercizio 6.** 1. un ragazzo simpatico e allegro; 2. rosso, piccolo e veloce; 3. coinvolgente ed emozionante; 4. energetico e dissetante; 5. nuovo, verde; 6. fredda; 7. egoista; 8. competente | **Esercizio 7.** 1. rotti; 2. nuove, comode; 3. biondi; 4. comodi; 5. allegre; 6. colorati; 7. preferite; 8. affettuose | **Esercizio 8.** 1. a. veri, b. sinceri; 2. a. ideali, b. competenti; 3. a. perfetti, b. croccanti; 4. autentiche, b. preziose; 5. a. estive, b. rilassanti | **Esercizio 9.** 1. inutili; 2. dolci; 3. intelligenti; 4. felici; 5. veloci; 6. giapponesi | **Esercizio 10.** famosi, belle, giovani, immaginari, reali, pregiati, dorati | **Esercizio 11.** buoni, freschi, gustose, siciliane, professionali, simpatiche, larghi, comode, entusiaste, economici | **Esercizio 12.** 1. le case nuove; 2. i cibi italiani; 3. le montagne grandi; 4. le giornate calde e soleggiate; 5. le cugine tedesche; 6. le macchine veloci e potenti; 7. gli amici simpatici; 8. i libri interessanti e coinvolgenti; 9. le strade larghe; 10. i film emozionanti; 11. gli zii egoisti; 12. le melodie dolci; 13. i panorami suggestivi; 14. gli abiti raffinati | **Esercizio 13.** 1. un attore italiano; 2. delle registe famose; 3. un nuotatore abile; 4. un tennista vincente; 5. uno scrittore stimato; 6. una cuoca appassionata; 7. degli stilisti creativi; 8. una pittrice rivoluzionaria; 9. delle astronaute coraggiose; 10. una cantante di successo | **Esercizio 14.** 1. verdi; 2. marroni; 3. blu; 4. grigia; 5. bianca; 6. neri; 7. arancione; 8. rosa | **Esercizio 15.** 1/a; 2/b; 3/a; 4/b; 5/a; 6/b; 7/a; 8/b. La parola nascosta è APERITIVO | **Esercizio 16.** bell', bella, bel, bel

SOLUZIONI

4. I PRONOMI PERSONALI SOGGETTO

Esercizio 1. 1.Loro; 2. Voi; 3. Noi; 4. Lei; 5. Tu; 6. Loro; 7. Lui; 8. Noi | **Esercizio 2.** dialogo a sinistra: io, tu, lo, lui, lei; dialogo a destra: io, voi, noi | **Esercizio 3.** 1. pronome soggetto non necessario, Lara e Molly sono colleghe, lavorano insieme; 2. pronome soggetto non necessario, Giulio e Cristina sono amici, vanno a scuola insieme; 3. pronome soggetto necessario; 4. pronome soggetto necessario; 5. pronome soggetto non necessario, Matilde gioca a calcio, è brava; 6. pronome soggetto necessario; 7. pronome soggetto non necessario, Siamo stanchi per il lungo viaggio in treno; 8. pronome soggetto non necessario, Mia madre è inglese, è di York; 9. pronome soggetto necessario; 10. Io / loro > pronome soggetto necessario, Io lavoro in un supermercato, loro in banca, ma abitiamo nella stessa casa | **Esercizio 4.** 3/1/5/4/2 | **Esercizio 5.** io, tu, lo, -, -, io

5. IL PRESENTE INDICATIVO

Esercizio 1.

io	tu	lui / lei / Lei	noi	voi	loro
comprare compro	studiare studi	lavorare lavora	ascoltare ascoltiamo	portare portate	abitare abitano
chiudere chiudo	scrivere scrivi	credere crede	correre corriamo	mettere mettete	prendere prendono
aprire (come dormire) apro	preferire (come finire) preferisci	partire (come dormire) parte	offrire (come dormire) offriamo	capire (come finire) capite	costruire (come finire) costruiscono

Esercizio 2. 1. parlo; 2. studia; 3. cantate; 4. telefono; 5. cucina; 6. prepari; 7. balliamo; 8. lavorano; 9. abiti | **Esercizio 3.** 1. leggo; 2. scrive; 3. vende; 4. conoscono; 5. ricevono; 6. corre; 7. apprendiamo; 8. rispondono; 9. metti | **Esercizio 4.** 1. dormo; 2. capisci; 3. apre; 4. partiamo; 5. Puliamo; 6. senti; 7. Preferite; 8. seguono; 9. spedisce; 10. costruisce | **Esercizio 5.** 1. Organizziamo; 2. sorride, vede; 3. rimane; 4. puliamo, studiamo; 5. guardate; 6. chiude; 7. finisce; 8. partono | **Esercizio 6.** 1. bacia; 2. litighiamo; 3. Paghi; 4. Cominciamo; 5. cerchiamo; 6. mancano; 7. viaggiate; 8. brucia | **Esercizio 7.** 1. sono; 2. hai; 3. facciamo; 4. hanno; 5. usciamo; 6. rimane; 7. siete; 8. ho; 9. dicono; 10. andiamo; 11. viene; 12. uscite | **Esercizio 8.** stai, Sto, Hai, scrivo, legge, È, racconta, vive, scopre, esce, va, conosce, è, è | **Esercizio 9.** Do, Conosco, Mostro, offro, rispondo, Risolvo. La professione è GUIDA TURISTICA | **Esercizio 10.** 1. traduce; 2. spegne; 3. beviamo; 4. prendono; 5. sale; 6. tolgo; 7. poni; 8. nasce | **Esercizio 11.** fai, seguo, Conosci, è, vengono, attraversano, cambia, dura, finisce, riceve

6. I VERBI MODALI VOLERE, POTERE, DOVERE E IL VERBO SAPERE

Esercizio 1. 1/b/obbligo, necessità; 2/d/possibilità, permesso; 3/f/obbligo, necessità; 4/c/volontà; 5/e/volontà; 6/a/possibilità, permesso | **Esercizio 2.** 1. posso; 2. dovete; 3. possiamo; 4. Vuoi; 5. devi; 6. vuole; 7. Posso, puoi; 8. deve, vuole | **Esercizio 3.** 1. posso; 2. devo; 3. puoi; 4. dobbiamo; 5. dovete; 6. Devi; 7. vogliono; 8. Voglio, puoi | **Esercizio 4.** volete, Dobbiamo, dobbiamo, puoi, Posso, devo | **Esercizio 5.** 1/I; 2/A; 3/A; 4/A; 5/I; 6/I | **Esercizio 6.** 1. sapete; 2. sai; 3. sappiamo; 4. sa; 5. sanno; 6. Sai, so | **Esercizio 7.** sa, può, sa, sa, può | **Esercizio 8.** voglio, posso, devi, Devo, puoi, so, puoi, devi, puoi, sai, vuoi

7. LA FORMA DI CORTESIA

Esercizio 1. 1/a, b, d; 2/c | **Esercizio 2.** tu, Lei, Lei; lei, tu, Lei | **Esercizio 3.** 1/b; 2/a; 3/b; 4/a; 5/b; 6/b. La parola nascosta è BASILICO | **Esercizio 4.** ▶ Buongiorno, Lei è...? ● Sono Kate, e Lei? ▶ Mi chiamo Luca. Di dov'è? ● Sono di Brighton. E Lei? ▶ Io sono di Firenze ● Buonasera Luca, anche Lei qui? Come sta? ▶ Buonasera Kate, sto bene, grazie! E Lei? ● Anche io sto bene, grazie. | **Esercizio 5.** Siete, ha, frequenta, vengono, compra, preferisce, pensa, Può, vogliono | **Esercizio 6.** ha, vuole, pensa, Ha, Posso, fai, scusa

SOLUZIONI

8. GLI AVVERBI DI FREQUENZA

Esercizio 1. 1. spesso; 2. spesso; 3. raramente; 4. spesso; 5. spesso; 6. raramente | **Esercizio 2.** 1. sempre; 2. sempre; 3. Mai; 4. sempre; 5. non, mai; Sempre | **Esercizio 3.** a. 1/c, 2/d, 3/a, 4/b; b. 1/b, 2/c, 3/a, 4/d | **Esercizio 4.** 1. Non arrivo mai in ritardo; 2. Solitamente dimentico il compleanno degli amici; 3. Luigi ascolta sempre le canzoni anni '80; 4. Roberto non mangia mai le caramelle; 5. Matteo non risponde quasi mai; 6. Qualche volta bevo il vino bianco | **Esercizio 5.** sempre, Di solito; raramente, sempre | **Esercizio 6. Marco...** 1. fa sempre la spesa al mercato, 2. esce spesso con gli amici, 3. qualche volta corre al parco, 4. raramente telefona alla nonna, 5. non guarda quasi mai la tv, 6. non beve mai le bibite gassate; **Cristina e Alessandro...** 1. puliscono sempre la casa la domenica, 2. leggono spesso un quotidiano, 3. qualche volta cenano al ristorante, 4. raramente comprano dei vestiti nuovi, 5. non vanno quasi mai in vacanza, 6. non cucinano mai la carne

9. I POSSESSIVI

Esercizio 1.

maschile singolare	maschile plurale	femminile singolare	femminile plurale
il mio amico	i miei amici	la mia amica	le mie amiche
il tuo collega	i tuoi colleghi	la tua collega	le tue colleghe
il suo studente	i suoi studenti	la sua studentessa	le sue studentesse
il nostro professore	i nostri professori	la nostra professoressa	le nostre professoresse
il vostro gatto	i vostri gatti	la vostra gatta	le vostre gatte
il loro bambino	i loro bambini	la loro bambina	le loro bambine

Esercizio 2. 1. il tuo; 2. la Sua; 3. i vostri; 4. le vostre; 5. tuo; 6. la sua; 7. i miei; 8. le sue | **Esercizio 3.** 1. La nostra; 2. Il mio; 3. La tua; 4. I suoi; 5. Le vostre; 6. Il loro; 7. Il nostro | **Esercizio 4.** 1. il suo lavoro; 2. il suo motorino; 3. i suoi occhi; 4. le mie scarpe; 5. il suo zaino; 6. la loro macchina; 7. la nostra festa; 8. il vostro ufficio | **Esercizio 5.** 1. Le sue amiche; 2. La sua ragazza; 3. I nostri occhi; 4. Il suo appartamento; 5. I loro gatti; 6. I vostri libri; 7. Le sue mani | **Esercizio 6.** 1. I suoi occhiali; 2. Le tue scarpe; 3. La sua borsa; 4. I vostri bicchieri; 5. Le loro chiavi; 6. Il nostro computer; 7. I suoi pantaloni; 8. La sua bicicletta | **Esercizio 7.** 1. i nostri; 2. nostra; 3. la mia; 4. il loro; 5. la loro; 6. nostra; 7. la sua; 8. tuo; 9. i loro; 10. mia; 11. le sue; 12. i miei; 13. sua; 14. i suoi; 15. le tue; 16. vostro; 17. vostro; 18. vostra | **Esercizio 8.** 1. a. Mia madre vive a Torino; 2. b. I nostri cugini lavorano insieme; 3. d. Tuo fratello è carino!; 4. e. I miei nonni vivono in campagna; 5. f. Signora Concetta, come sta Sua figlia? | **Esercizio 9.** il loro, il vostro, mia, vostra, i tuoi, i suoi, sua, il mio, la vostra | **Esercizio 10.** 1. La mia casa è grande e accogliente. E la tua?; 2. I miei nonni sono divertenti, ma i miei genitori sono severi; 3. La nostra squadra vince sempre, la vostra non vince mai; 4. I tuoi occhiali sono nuovi, i miei sono usati; 5. Le vostre idee sono buone, le loro sono deludenti; 6. Le mie sorelle sono simpatiche, i miei fratelli sono antipatici | **Esercizio 11.** 1. la vostra, La nostra; 2. la tua, La mia; 3. il Suo, Il mio; 4. i vostri, I nostri; 5. Il suo, Il suo | **Esercizio 12.** la tua, la tua, la mia, Mio, Mia, i miei, mio, la mia, i loro, I miei / I nostri, mia / nostra, I miei, i miei, I tuoi, i miei, i tuoi, la tua

10. I DIMOSTRATIVI QUESTO E QUELLO

Esercizio 1. 1. Queste; 2. questi; 3. Questi; 4. queste; 5. Questo; 6. Questo; 7. queste; 8. Questi; 9. Queste; 10. Questi | **Esercizio 2.** 1. Questa; 2. Questo; 3. questi; 4. Questa; 5. Queste; 6. Queste; 7. Questi; 8. Questo | **Esercizio 3.** 1. Quello; 2. Quel; 3. Quell'; 4. Quello; 5. Quel; 6. Quello; 7. Quel; 8. Quell' | **Esercizio 4.** 1. Quell'; 2. Quell'; 3. quel; 4. Quell'; 5. quell'; 6. quell'; 7. Quell'; 8. quel | **Esercizio 5.** 1. Quegli; 2. Quelle; 3. Quei; 4. Quegli; 5. quei; 6. Quei; 7. quei; 8. quelle | **Esercizio 6.** 1. quel; 2. questo; 3. Questi; 4. quell'; 5. quei; 6. Questo; 7. quell'; 8. quel; 9. Quegli | **Esercizio 7.** 1. ▶ Che belle le tue collane! ● Grazie, questa è di mia nonna, questa è un regalo; 2. Queste scarpe sono comode, quelle no; 3. ▶ Quelle piante sono secche! ● Quali piante? ▶ Quelle vicino alla finestra; 4. ▶ Chi sono quelle ragazze? ● Quella con il cappello è Cristina, quella con la giacca blu è Giovanna; 5. Questo esercizio è difficile, quello a pagina 21 è facile; 6. Vengo spesso in questo bar, quello in via Mazzini è costoso | **Esercizio 8.** 1. quel, Quello; 2. Questo; 3. quegli; 4. quei | **Esercizio 9.** questo, Questo, Quello, questa, quelli, quell', quei, quelli

SOLUZIONI

11. I VERBI RIFLESSIVI

Esercizio 1. 1. svegliarsi; 2. lavarsi; 3. tagliare; 4. vestire; 5. tagliarsi; 6. svegliare; 7. vestirsi; 8. lavare | **Esercizio 2.** 1. si divertono; 2. sveglia; 3. mi sento; 4. trucca; 5. vi sposate; 6. alza | **Esercizio 3.** 1. ci, rilassarsi; 2. ti, dimenticarsi; 3. Mi, rilassarsi; 4. vi, arrabbiarsi; 5. si, incontrarsi; 6. si, addormentarsi; 7. si, preoccuparsi; 8. ci, divertirsi; 9. ti, ricordarsi | **Esercizio 4.** 1. si divertono; 2. si trucca; 3. si incontrano; 4. ci svegliamo; 5. si sente; 6. ti vesti; 7. mi chiamo; 8. si allenano | **Esercizio 5.** 1. ci aiutiamo; 3. si abbracciano; 5. ci raccontiamo; 7. si salutano | **Esercizio 6.** si chiama, mi chiamo, mi siedo; ti ricordi, mi ricordo, ci vediamo, mi cambio | **Esercizio 7.** a. si sveglia, si siede, si rilassa; b. si mette, si immerge, si vedono; c. si aiutano, si incontrano, si allena | **Esercizio 8.** 1. si vuole rilassare / vuole rilassarsi; 2. si devono vedere / devono vedersi i; 3. si deve svegliare / deve svegliarsi; 4. ci possiamo riposare / possiamo riposarci / ti puoi riposare / puoi riposarti; 5. ci possiamo ammalare / possiamo ammalarci; 6. vi dovete vestire / dovete vestirvi; 7. si può sedere / può sedersi; 8. si vogliono sposare / vogliono sposarsi | **Esercizio 9.** ci organizziamo, ti ricordi, ti dimentichi, ci incontriamo, ti vesti, ti vesti, ti ricordi, ci divertiamo

12. STARE + GERUNDIO E STARE PER

Esercizio 1. 1/d; 2/e; 3/c; 4/b; 5/a; 6/f | **Esercizio 2.** 1. visitando; 2. memorizzando; 3. servendo; 4. vendendo; 5. tagliando; 6. sistemando | **Esercizio 3.** 1. Sto facendo; 2. Stanno giocando; 3. Sta leggendo; 4. Stiamo andando; 5. Stai ascoltando; 6. Stanno preparando; 7. state studiando; 8. Stanno costruendo; 9. State seguendo; 10. sto sudando | **Esercizio 4.** 1. stanno aprendo le uova di cioccolato; 2. stanno festeggiando il Ferragosto; 3. sta spegnendo le candeline sulla torta; 4. stiamo facendo l'albero; 5. state dicendo "buon anno" a tutti; 6. sta riempiendo le calze di dolci | **Esercizio 5.** state facendo; 1. Sto aspettando; 2. sto bevendo, sto scrivendo; 3. sto guidando; 4. sto ascoltando, mi sto rilassando; 5. sto ballando | **Esercizio 6.** 1. sta; 2. sta; 3. stiamo; 4. Sta; 5. stanno; 6. sta | **Esercizio 7.** 1/g; 2/d; 3/a; 4/b; 5/c; 6/h; 7/f; 8/e | **Esercizio 8.** 1. sta per entrare; 2. sta per parcheggiare; 3. sta per pranzare; 4. sta per suonare; 5. sta per prendere; 6. sta per fare | **Esercizio 9.** stanno ballando, stanno chiacchierando, si stanno divertendo, sta per cominciare, stanno facendo, sta per aprire | **Esercizio 10.** 1. Corrado sta per telefonare a Ginevra; 2. Sto leggendo un romanzo; 3. Roberto è al bar, sta per bere un caffè; 4. sto preparando la cena; 5. Anna si sta preparando, sta per uscire; 6. Mario non sente il telefono, sta dormendo; 7. Sto facendo la spesa; 8. ▶ Che cosa state facendo? ● Io sto guardando la tv, i miei figli stanno per andare a dormire; 9. Angelica sta per finire il suo progetto

13. LE PREPOSIZIONI DI LUOGO: A, IN, DA, PER

Esercizio 1. 1. a; 2. da; 3. in, in; 4. in, in; 5. in, in; 6. a; 7. a; 8. in | **Esercizio 2.** 1. in chiesa; 2. a Roma; 3. in palestra; 4. in farmacia; 5. da; 6. in enoteca; 7. in ospedale; 8. in aeroporto | **Esercizio 3.** 1. in; 2. a; 3. in; 4. in; 5. in; 6. in, a; 7. da, in; 8. in | **Esercizio 4.** 1. a Roma; 2. in montagna; 3. in gelateria; 4. a scuola; 5. in banca; 6. in stazione; 7. in pasticceria; 8. in biblioteca | **Esercizio 5.** 1/a; 2/c; 3/b; 4/a; 5/a; 6/a; 7/a; 8/b | **Esercizio 6.** 1. destinazione; 2. posizione; 3. provenienza; 4. destinazione; 5. posizione; 6. destinazione; 7. destinazione; 8. provenienza; 9. posizione; 10. destinazione; 11. provenienza; 12. posizione; 13. provenienza | **Esercizio 7.** 1. Flora cammina per il centro tutte le mattine; 2. I miei amici si trovano a Bali in vacanza; 3. Io e Giovanna ci alleniamo in palestra; 4. Stefano, parti per il Giappone?; 5. Tu e Cecilia uscite da scuola tardi; 6. Io torno a casa alle 21:00; 7. La signora Verdi va in chiesa la domenica | **Esercizio 8.** in, in, in, da, di, in, a, per, A, in, da, a

14. I PRONOMI DIRETTI

Esercizio 1. a/5; b/1; c/3; d/4; e/6; f/2 | **Esercizio 2.** 1. un panino; 2. Roberta e Clara; 3. una bibita fresca; 4. Dario; 5. tu e Cinzia, Diana; 6. noi, Ugo e Pino, i tuoi nipoti; 7. tu | **Esercizio 3.** 1/b; 2/b; 3/b; 4/a; 5/a; 6/b | **Esercizio 4.** 1. la; 2. lo; 3. li; 4. le; 5. mi; 6. vi; 7. ci; 8. Ti | **Esercizio 5.** 1. Lo conosco molto bene; 2. Non le guardo; 3. Quel gatto ci segue nel parco; 4. Carlo non la conosce; 5. Marco li fa la sera; 6. Luca, li conosci?; 7. Io e Gaia vi salutiamo sempre; 8. Ginevra le perde sempre | **Esercizio 6. dialogo 1:** può la organizzare > la può organizzare / può organizzarla; **dialogo 2:** Puoi lo regalare > Lo puoi regalare / Puoi regalarlo; **dialogo 3:** puoi le mangiare > le puoi mangiare / puoi mangiarle | **Esercizio 7.** lo, la, mi, ti, la, portarlo, la, la, la, li | **Esercizio 8.** ti, ti, Mi, ci, Li, li, la, le, stamparle

SOLUZIONI

15. I PRONOMI INDIRETTI

Esercizio 1. 1/c; 2/e; 3/b; 4/d; 5/f; 6/a | **Esercizio 2.** 1. a Carla, le; 2. a me e Stefania, ci; 3. a te e Roberta, vi; 4. a Giovanni, gli; 5. a Lei, Le; 6. ai loro figli, gli; 1. Le restituisco la penna; 2. Filippo ci mostra le foto del viaggio; 3. Lucia vi offre sempre la cena; 4. Tommaso e Veronica gli prestano 50 euro; 5. Signore, cosa Le do?; 6. I genitori gli leggono una storia | **Esercizio 3.** 1/d; 2/b; 3/e; 4/c; 5/f; 6/a | **Esercizio 4.** 1. Gli dico sempre di venire da me; 2. Vi spiego perché non posso partire; 3. Io e Lucia ti regaliamo una maglietta; 4. Giada le promette di guardare un film insieme; 5. Gli sto preparando una sorpresa; 6. Mauro, ti chiedo un favore; 7. I nuovi direttori ci offrono un'opportunità unica; 8. Sto per inviarti l'email / Ti sto per inviare l'e-mail | **Esercizio 5.** 1/b; 2/c; 3/c; 4/a; 5/a; 6/c | **Esercizio 6. dialogo 1:** mi, consigliar**le**; **dialogo 2:** Mi, ti; **dialogo 3:** vi, Vi, Ci | **Esercizio 7.** 1/diretto; 2/indiretto; 3/diretto; 4/diretto; 5/indiretto; 6/diretto; 7/indiretto; 8/diretto; 9/indiretto; 10/indiretto; 11/indiretto; 12/diretto | **Esercizio 8.** mi sembra, lo devo comprare, Posso prestarti, ti sta, Lo provo, le adoro | **Esercizio 9.** Lo, mi, lo, lo, chiamarlo, Mi, lo, *telefonargli* | **Esercizio 10.** 1. le; 2. li; 3. gli; 4. lo; 5. ci; 6. le; 7. gli; 8. Vi; 9. lo; 10. le | **Esercizio 11.** Mi, Lo, Lo, Ti, Lo, li, lo, la, mi, vi, lo, li, Vi

16. IL VERBO PIACERE

Esercizio 1. a/6; b/4; c/5; d/3; e/2; f/1 | **Esercizio 2.** 1. piacciono; 2. piace; 3. piacciono; 4. piace; 5. piacciono; 6. piace | **Esercizio 3.** 1. le piace; 2. mi piacciono; 3. Le piace; 4. gli piacciono; 5. Ci piace; 6. Vi piace; 7. gli piace; 8. Mi piacciono; 9. Ci piace | **Esercizio 4.** 1. Le piace il gelato; 2. Non gli piace la carne; 3. Mi piacciono i pomodori; 4. Non gli piacciono le olive; 5. Ci piacciono le fragole; 6. Vi piace il formaggio | **Esercizio 5.** 1. Anche a me; 2. Neanche a me; 3. A me sì; 4. A me no; 5. A me sì; 6. Anche a me; 7. A me no; 8. Neanche a me; 9. Anche a me | **Esercizio 6.** 1. piace; 2. piacciamo; 3. piaci; 4. piacete; 5. piaccio; 6. piacciono | **Esercizio 7.** piaccio, piaci, piace, piacciono | **Esercizio 8.** 1. piaci; 2. piacete; 3. piace; 4. piaccio; 5. piacciono; 6. piacciamo | **Esercizio 9.** 1. manca; 2. sembra; 3. serve; 4. interessano; 5. mancano; 6. sembra; 7. interessano; 8. Mancano; 9. interessa; 10. sembrano | **Esercizio 10.** 1. Gli serve uno zaino nuovo; 2. Gli interessano i documentari di storia; 3. Le manca sua sorella; 4. Vi piace il mio motorino? 5. Ci serve lo zucchero per fare la torta; 6. Ludovico mi sembra stanco. 7. Le mancano due esami per laurearsi; 8. Gli piacciono le polpette al sugo; 9. Questo mi sembra un bel posto! | **Esercizio 11.** serve, sembrano, manca, manca, piace, sembra, interessano | **Esercizio 12.** Ti va di, Non mi va di, Non mi piacciono, ti va di, Mi va di, Ti va, non mi piace | **Esercizio 13.** mi interessa, mi piace, Le va, Le serve, mi mancano

17. IL PASSATO PROSSIMO

Esercizio 1. 1. sono; 2. avete; 3. abbiamo; 4. Ho; 5. ha; 6. ha | **Esercizio 2.** 1. avuto; 2. cenato; 3. sentito; 4. creduto; 5. tornato/a; 6. capito; 7. telefonato; 8. uscito; 9. pensato; 10. dormito | **Esercizio 3.** 1. ha raccontato; 2. ho aspettato; 3. hanno costruito; 4. ha visitato; 5. ha comprato; 6. abbiamo ricevuto; 7. hai seguito; 8. ha salito | **Esercizio 4.** 1. messo; 2. rotto; 3. visto; 4. bevuto; 5. preso; 6. nato | **Esercizio 5.** realizzato, aperto, attirato, venduto, chiesto, stato | **Esercizio 6.** 1/f; 2/b; 3/c; 4/e; 5/d; 6/a | **Esercizio 7.** 1. è; 2. Ho; 3. Siamo; 4. hanno; 5. ha; 6. è | **Esercizio 8.** 1. uscit**e**; 2. piaciut**i**; 3. arrivat**a**; 4. preparat**o**; 5. arrabbiat**e**; 6. ballat**o**; 7. incontrat**i**; 8. fatt**o** | **Esercizio 9.** 1. È nato, Ha iniziato, è arrivato, ha vinto, b; 2. Hanno deciso, Hanno raggiunto, sono diventate, a; 3. È stata, Ha studiato, ha ricevuto, Ha vissuto / È vissuta, ha fondato, c | **Esercizio 10.** è andato, Ho visitato, sono andate, hanno detto, siamo rimasti, ho imparato, ha progettato, è iniziata, è finita, È durata, ha inserito, hanno girato | **Esercizio 11.** 1. l'ho ascoltata; 2. l'abbiamo dato; 3. le ho trovate; 4. le ho viste; 5. li ho finiti; 6. l'ho capito; 7. le ho chiuse; 8. le abbiamo preparate | **Esercizio 12.** 1. le abbiamo aspettate; 2. li ho messi; 3. l'hanno mangiata; 4. le ho fotografate; 5. l'ho sentito; 6. le ha rotte | **Esercizio 13.** **le** ho comprat**e**, **Li** hai comprat**i**, **L'**ho pres**o**, l'ho trovat**a**, l'hai trovat**a** | **Esercizio 14.** 1. hanno; 2. ha; 3. ha; 4. è; 5. hanno; 6. abbiamo; 7. sono; 8. è, ha | **Esercizio 15.** Hanno voluto, hanno potuto, sono dovute, sono potute | **Esercizio 16. dialogo 1:** hai fatto, Ho fatto, Abbiamo camminato, abbiamo visto, Siamo tornate, ci siamo divertite, Vi siete ricordate, Le abbiamo mostrate; **dialogo 2:** Hai saputo, ha conosciuto, si sono innamorati, l'ha conosciuta, è finita, sono voluti, si sono sposati, sono andati, si sono incontrati, hanno dovuto, hanno avuto | **Esercizio 17.** Si è guardata, ha visto, ha preso, lo ha acceso / l'ha acceso, Ha controllato, ha chiamato, le ha spiegato, le ha chiesto, ha cercato, li ha visti, si è avvicinata, li ha salutati, ha potuto restituire

SOLUZIONI

18. L'IMPERFETTO
Esercizio 1.

io	tu	lui / lei / Lei	noi	voi	loro
lavorare lavoravo	parlare parlavi	ascoltare ascoltava	portare portavamo	abitare abitavate	andare andavano
volere volevo	scrivere scrivevi	credere credeva	correre correvamo	mettere mettevate	prendere prendevano
sentire sentivo	dormire dormivi	partire partiva	offrire offrivamo	capire capivate	preferire preferivano

Esercizio 2. 1. giocavamo; 2. andava; 3. chiudeva; 4. studiavano; 5. potevate; 6. sentivamo | **Esercizio 3.** 1. preparava, apparecchiava; 2. andava, usciva; 3. piaceva; 4. splendeva, faceva; 5. si preparava, pensava; 6. pranzavo / stavo pranzando, conoscevo, avevano; 7. prendevano, spiegava; 8. Stavano | **Esercizio 4.** 1. ero, giocavo; 2. si svegliava, faceva; 3. leggeva, pioveva; 4. aveva, beveva; 5. abitavano, dicevano; 6. preparava, guardava | **Esercizio 5.** 1. vecchio, era antipatico, Non ci aiutava; 2. vecchia, era lenta, era piccola, aveva; 3. vecchi, erano maleducati, non salutavano mai, entravano; 4. faceva brutto; 5. avevano, lunghi, lisci; 6. Mi piacevano, vecchie, potevamo | **Esercizio 6.** veniva, affittava, noleggiava, piaceva, aveva, si divertiva, invitava, passavano | **Esercizio 7.** ero, piaceva, stava, Passavo, Dovevi, potevi, potevo, avevamo, era; frequentavi, ero, andavo, facevate, Imparavamo, creavamo, Era, regalavo, piacevano, c'erano | **Esercizio 8.** abitava, giocavano, andava, tornava, aiutavo, c'era, offriva; faceva, si trovava, conosceva, sembrava, splendeva, volavano, si svegliava; andavamo, dava, era, bevevamo, faceva | **Esercizio 9.** 1. stava lavando i piatti; 2. stavano annaffiando le piante; 3. stava facendo i compiti; 4. stava cenando con la famiglia; 5. stava aprendo la porta di casa; 6. stavano bevendo una birra; 7. stava dormendo; 8. stava gettando la spazzatura | **Esercizio 10.** stavo per chiamarti, Stavo pensando, facevo, stava ascoltando, erano, Stavo per accendere, era, era

19. PASSATO PROSSIMO O IMPERFETTO?
Esercizio 1. 1. dormiva; 2. ha trovato; 3. stavo aspettando, 4. ha imparato; 5. ero; 6. ha bussato | **Esercizio 2.** 1. stavo leggendo, ha chiamato; 2. ha consegnato; 3. ha perso, tornava; 4. Stavo guidando, ha attraversato; 5. Ho conosciuto; 6. aspettavo, ho ricevuto | **Esercizio 3.** 1. Giorgio si è rotto il braccio mentre andava in bicicletta; 2. Lorena ha mangiato un pacco di biscotti mentre guardava la tv; 3. Mentre Vittorio era in vacanza, ha fatto un'escursione; 4. Mia sorella è uscita mentre io stavo per fare la doccia; 5. Mentre Sabrina correva ha perso il cellulare; 6. Luca ha telefonato a Bianca, mentre lei studiava in biblioteca; 7. Carlo e Lucia sono arrivati mentre Fabio stava preparando la cena | **Esercizio 4.** 1. era; 2. ho visto; 3. giocavano; 4. ha incontrato; 5. è tornata; 6. aveva, prendeva; 7. ha scritto, è andato; 8. è entrata, parlavamo / stavamo parlando; 9. aveva; 10. era, prendeva | **Esercizio 5.** hai fatto, Ho deciso, Sono partita, andavi, ricordavo, attraversavo, mi sono persa, è passato, sono arrivata, era, c'erano, ho deciso, era, ero, è iniziato, hanno visto, hanno invitato, Sono state, Ho fatto, è stata | **Esercizio 6.** era, siamo andate, Eravamo, entravamo, ci ha risvegliato, ha chiesto, preparava, abbiamo risposto, Ci siamo sedute, faceva, abbiamo fatto, abbiamo chiacchierato | **Esercizio 7.** abbiamo organizzato, Abbiamo prenotato, abbiamo invitato, Erano, aveva, sapeva, è andato, sono arrivati, eravamo, stavano gonfiando, stava parlando, stavamo per scegliere, siamo riusciti, ci siamo divertiti

20. LE PREPOSIZIONI DI TEMPO: DA, A, PER, TRA / FRA, IN
Esercizio 1. 1. da/azione in corso; 2. per/azione passata; 3. per/azione passata; 4. da/azione in corso; 5. da/azione in corso; 6. per/azione passata; 7. da/azione in corso; 8. da/azione in corso | **Esercizio 2.** 1.studia; 2. hanno cucinato; 3. ha viaggiato; 4. lavora; 5. Cerco; 6. si vedono | **Esercizio 3.** 1. per; 2. da, a; 3. per; 4. da; 5. per; 6. da | **Esercizio 4.** da, Da, per, da, a, da, a(d) | **Esercizio 5.** 1. tra / fra; 2. in; 3. tra / fra; 4. tra / fra; 5. in; 6. in | **Esercizio 6. dialogo 1**: da, per, tra / fra; **dialogo 2**: tra / fra, da, in; **dialogo 3**: da, tra / fra, in | **Esercizio 7.** 1. di; 2. in; 3. a; 4. a; 5. di, di; 6. di | **Esercizio 8.** a, da, in, per, da, per, da, a | **Esercizio 9.** 1. da/preposizione di tempo; 2. a/preposizione di luogo; 3. in/preposizione di luogo; 4. a/preposizione di tempo; 5. da/preposizione di luogo; 6. per/preposizione di tempo; 7. da/preposizione di tempo; 8. per/preposizione di luogo | **Esercizio 10.** a, a, per, a(d), Da, in, a, da

SOLUZIONI

21. LE PREPOSIZIONI SEMPLICI E ARTICOLATE

Esercizio 1. 1. funzione; 2. argomento; 3. obiettivo; 4. materiale; 5. funzione; 6. possesso; 7. strumento | **Esercizio 2.** 1. di; 2. con; 3. per; 4. in; 5. con; 6. di | **Esercizio 3.** 1. di; 2. da; 3. di; 4. di; 5. da; 6. da | **Esercizio 4.** 1. nell'/f; 2. al/g; 3. sulla/c; 4. della/b; 5. nello/d; 6. sulla/a; 7. dalle/e; 8. dell'/h | **Esercizio 5.** 1. al; 2. al; 3. nel; 4. nelle; 5. dal; 6. alla, alla; 7. nella, al | **Esercizio 6.** al, per lo, delle, alle, nel, per l' | **Esercizio 7.** della, nel, di, nel, di, di, tra l', del, a, dall', di, dal | **Esercizio 8.** 1. di, sul; 2. da, alle; 3. nel, del; 4. in, in; 5. Nel, di; 6. da, nella, della | **Esercizio 9.** delle, Nell', degli, in, a, al, degli, da, del, tra, dal

22. IL COMPARATIVO

Esercizio 1. 1. che; 2. di; 3. di; 4. che; 5. di; 6. che; 7. di; 8. che | **Esercizio 2.** 1. di; 2. che; 3. che; 4. di; 5. di; 6. di; 7. che; 8. di | **Esercizio 3.** 1. del; 2. di; 3. che; 4. che; 5. di; 6. delle | **Esercizio 4.** 1. meno sereno di; 2. più grande del; 3. meno felice di; 4. più sana delle | **Esercizio 5.** 1. più freddo di; 2. più comodo che; 3. meno popolari di; 4. più calda di; 5. buono come / quanto; 6. più comune che negli | **Esercizio 6.** 1. furbo; 2. vanitoso; 3. testardo; 4. muto; 5. lento; 6. rosso; 1. furbo come una volpe; 2. vanitoso come un pavone; 3. testardo come un mulo/asino; 4. muto come un pesce; 5. lento come una lumaca; 6. rosso come un gambero; **frasi**: 1. furba come una volpe; 2. lento come una lumaca; 3. muto come un pesce; 4. rossa come un gambero; 5. vanitoso come un pavone; 6. testarda come un mulo/asino | **Esercizio 7.** 1/c; 2/c; 3/a; 4/a; 5/c | **Esercizio 8.** più elegante di, maggiore del, minore di, più semplici, meno sofisticati di, più abbondanti che, più alti di, informale come / quanto, economici come / quanto

23. IL SUPERLATIVO

Esercizio 1. 1/e; 2/d; 3/a; 4/f; 5/c; 6/b | **Esercizio 2.** 1. il mammifero più veloce della; 2. il deserto più caldo del; 3. la canzone meno conosciuta dell'; 4. l'episodio più brutto della; 5. la città più popolosa del; 6. la pizza più semplice del; 7. il quadro più famoso di; 8. la strada più trafficata della; 9. la montagna più alta della | **Esercizio 3.** 1. Lorenzo è lo studente migliore della nostra classe; 2. il ristorante che si trova in piazza Verdi è il peggiore del quartiere; 3. Il ritardo di Maurizio è il problema minore di questa situazione; 4. Il mio amico Valerio è il maggiore esperto di profumi della città; 5. Questa è l'opera d'arte peggiore della tua collezione; 6. Secondo me, il secondo di pesce è stato il piatto migliore della cena | **Esercizio 4.** 1. molto brava; 2. molto noioso; 3. molto stanchi; 4. molto simpatiche; 5. molto severa; 6. molto preparate | **Esercizio 5.** 1. Sabrina è arrabbiatissima con Francesco; 2. L'auto di Marco è nuovissima, l'ha comprata ieri; 4. Che bello quel giardino, è fioritissimo!; 6. Grazie per avermi offerto la cena, sei stata gentilissima | **Esercizio 6.** più popolari, più vista, popolarissima, seguitissima, amatissima, la meno seguita, apprezzatissima | **Esercizio 7.** 1. più grande d'; 2. la più estesa tra; 3. più grandi; 4. altissimo, più famosi; 5. buonissimi, i più famosi | **Esercizio 8.** 1. utilissimi / molto utili; 2. meno costose del, bellissima; 3. simpaticissimo / molto simpatico; 4. più lungo dell'; 5. bellissimo / molto bello; meno visitata d'

24. IL SI IMPERSONALE

Esercizio 1. 1. si va/d; 2. si pranza/c; 3. si parla/a; 4. si guida/b; 5. si fa/e | **Esercizio 2.** 1. Si rischia, si guida; 2. si parte; 3. si parla; 4. si vince, si fugge; 5. si balla; 6. Si mangia | **Esercizio 3.** 1. legge; 2. si legge, si va; 3. lavora; 4. si lavora; 5. si parla; 6. parla; 7. si fa; 8. fa | **Esercizio 4.** 1. Quando si è innamorati si pensa sempre alla persona amata; 2. Quando si è stanchi si diventa irritabili; 3. Quando si è felici si sorride sempre; 4. Quando si è giovani si è senza pensieri; 5. Quando si invecchia si diventa più saggi; 6. Quando si è curiosi si impara con facilità; 7. Quando si è rilassati si è più creativi | **Esercizio 5.** 1. Si è fatto il possibile per risolvere il problema; 2. Si è parlato molto di economia in tv; 3. Quest'anno si è speso di più per le vacanze estive; 4. Si è mangiato di più in inverno che in estate; 5. Si è saputo perché Giovanna e Andrea si sono lasciati?; 6. Si è pensato di annullare la riunione di martedì; 7. Si è letto meno negli ultimi anni; 8. Si è viaggiato per brevi periodi | **Esercizio 6.** 1. Non si deve disturbare durante la lezione; 2. Non si può fumare nei luoghi pubblici; 3. Non si può rispondere al cellulare al cinema; 4. Non si può andare in motorino senza casco; 5. Non si deve sporcare per terra; 6. Non si deve parlare con la bocca piena; 7. Non si può mangiare in biblioteca; 8. Non si deve parlare al conducente | **Esercizio 7.** si vive, si sta, si socializza, si è felici | **Esercizio 8.** 1. ci si prepara; 2. ci si gode; 3. ci si annoia; 4. ci si allena; 5. Ci si sente; 6. ci si innamora | **Esercizio 9.** si ha, Si pensa, si deve iscrivere, si vuole mangiare, ci si impegna, ci si arrende, ci si diverte | **Esercizio 10.** 1. Si prepara; 2. si prendono, si separano; 3. si

SOLUZIONI

mescolano, si versa, si lavora, si aggiunge; 4. si bagnano, si mettono, si versa, si finiscono; 5. si mette. Il TIRAMISÙ | **Esercizio 11.** 1. si organizza una grigliata con gli amici; 2. si fanno i regali alla famiglia e agli amici; 3. si celebra la festa della Repubblica Italiana; 4. ci si maschera per andare a una festa; 5. si brinda al nuovo anno; 6. si sta in spiaggia con gli amici | **Esercizio 12.** 1. si fotografa, si fotografava; 2. ci si conosceva, ci si conosce; 3. si inviavano, si pubblicano; 4. si leggono, ci si informava; 5. si telefonava, si telefona

25. LA PARTICELLA CI

Esercizio 1. 1. in questo ufficio; 2. a Palermo; 3. a cena da me; 4. in campagna; 5. al cinema; 6. in palestra; 7. in vacanza; 8. a fare la spesa | **Esercizio 2.** 1. No, ci vengo domani; 2. Ci andiamo domenica; 3. Sì, ci andiamo; 4. Sì, lo so, devo andarci / ci devo andare; 5. Ci sono stato tre volte; 6. No, non ci sono mai andata | **Esercizio 3.** andarci, ci si deve andare | **Esercizio 4.** ci, andarci, ci, -, andarci, -, - | **Esercizio 5.** 1. sulla mia offerta; 2. al lavoro; 3. a quell'orologio; 4. con Dario e Laura; 5. a Monopoly; 6. ad andare d'accordo; 7. su Paola; 8. con Fabio | **Esercizio 6.** ci esci, Ci parlo, ci esco, ci tiene, ci vieni, ci penso | **Esercizio 7.** 1. Il tennis è lo sport preferito di Sara, le piace giocarci con gli amici; 2. Hai pensato a cosa fare domani? No, ci sto ancora pensando; 3. Non ci posso credere, è assurdo; 4. ▶ Franco sei riuscito a risolvere quel problema? ● Sì, ci sono riuscito!; 5. Renato ha una bella collezione di dischi, ci tiene molto; 6. Alice ama il suo lavoro di fotografa, ci si dedica con passione; 7. ▶ Quando esci con Lisa e Dario? ● Ci esco stasera | **Esercizio 8.** Il **receptionist risponde**: No, non ce l'abbiamo; Sì, ce l'abbiamo; Sì, ce li abbiamo; Sì, ce le abbiamo; **Il cliente risponde**: No, non ce l'ho; Sì, ce l'ho; No, non ce l'ho

Esercizio 9.

▶ Dove sei stato in vacanza?
● Sono stato a Ischia.
▶ Io passavo a Ischia tutte le estati da piccola, sai?
● Ma dai! È un'isola stupenda, ho sbagliato a non andare a Ischia prima.
▶ Sei riuscito a prenotare per andare alle terme?
● Purtroppo non sono riuscito a prenotare per andare alle terme, la prossima volta devo pensare a prenotare per andare alle terme in anticipo! Hai qualche ristorante da consigliarmi per la prossima volta?
▶ Certo, ti scrivo i nomi su questo tovagliolo, hai una penna?
● No, non ho una penna, ma posso scrivere nelle note dello smartphone.

▶ Dove sei stato in vacanza?
● Sono stato a Ischia.
▶ Io **ci** passavo tutte le estati da piccola, sai?
● Ma dai! È un'isola stupenda, ho sbagliato a non andar**ci** prima.
▶ Sei riuscito a prenotare per andare alle terme?
● Purtroppo non **ci** sono riuscito, la prossima volta devo pensar**ci** in anticipo! Hai qualche ristorante da consigliarmi per la prossima volta?
▶ Certo, ti scrivo i nomi su questo tovagliolo, hai una penna?
● No, non **ce l'**ho, ma posso scrivere nelle note dello smartphone.

26. LA PARTICELLA NE

Esercizio 1. 1/f; 2/d; 3/a; 4/c; 5/e; 6/b | **Esercizio 2.** ne prendo 200 grammi, Ne prendo un chilo, Ne prendo tre filetti | **Esercizio 3.** 1. mangiata; 2. comprati; 3. letti; 4. ordinata; 5. portate; 6. venduti; 7. presa | **Esercizio 4.** 1. Le; 2. ne; 3. li; 4. ne; 5. Ne, lo | **Esercizio 5.** ne, l'ho mai sentita, li ho studiati, lo, ne ho preparata, n'è | **Esercizio 6.** ne ho una, ne aveva una, ne usciva | **Esercizio 7.** 1. Ne vale la pena; 2. Barbara ne ha bisogno per il suo progetto; 3. Lorenzo ne è affascinato; 4. Per fortuna Laura ne è uscita; 5. Che cosa ne pensate?; 6. Non ne so niente | **Esercizio 8.** 1. Non ne ho idea; 2. ne abbiamo voglia; 3. non ne voglio parlare; 4. ne sono sicuro; 5. non ne voglio approfittare; 6. ne ho voglia; 7. non ne è uscito; 8. non ne dubito | **Esercizio 9.** 1. pronome dimostrativo; 2. pronome partitivo; 3. pronome dimostrativo; 4. pronome dimostrativo; 5. pronome partitivo; 6. pronome locativo | **Esercizio 10.** 1. ci; 2. Ne; 3. ci; 4. ne; 5. ne; 6. ci | **Esercizio 11.** ci, ci, ne, ne, Ci

27. I PRONOMI COMBINATI

Esercizio 1. 1/c; 2/g; 3/f; 4/b; 5/d; 6/a, h; 7/h, a; 8/e | **Esercizio 2.** 1. Non gliel'ho detto; 2. Glieli hai fatti?; 3. Franco ve l'ha mandato; 4. Marco gliela prepara; 5. Bianca e Dario glieli hanno prestati; 6. Paolo ce l'ha regalato; 7. Quando gliela spedisci?; 8. Perché non me li presenti? | **Esercizio 3.** 1. glieli ho restituiti; 2. non gliele ho mostrate; 3. gliel'abbiamo chiesto; 4. gliela ho insegnata / gliel'ho insegnata; 5. non gliela ho comunicata / non gliel'ho comunicata; 6. non me le hanno portate; 7. glielo abbiamo fatto / gliel'abbiamo fatto | **Esercizio 4.** 1. Me ne presti uno per la festa?; 2. Il professore gliene ha dati molti; 3. Gliene ho scritte tre; 4. Me ne regali uno?; 5. Gliene abbiamo portati un po' dalla Puglia; 6. Ve ne servono altri?; 7. Perché non ce ne regali uno? | **Esercizio 5.** 1. me ne; 2. ce ne; 3. glielo; 4. me l'; 5. te ne; 6. Ce ne; 7. ce ne | **Esercizio 6.** 1. ci si è abituata; 2. se ne rende conto; 3. se ne dimentica sempre; 4. se ne è innamorata; 5. vi ci siete trasferiti; 6. se ne sono preoccupati; 7. ci si vede | **Esercizio 7.** 1. ci si vede; 2. me ne innamoro; 3. ve ne rendete conto; 4. mi ci tuffo; 5. te ne dimentichi; 6. Vi ci trovate; 7. vi ci dedicate | **Esercizio 8.** 1. Ce ne ha visti tanti; 2. Ce ne ho passato troppo; 3. Barbara ce ne ha messo troppo; 4. Ce n'erano tanti nel tuo esame; 5. La signora Rosa ce li porta sempre; 6. Ultimo ce ne ha fatti molti; 7. Mio figlio ce ne ha portati alcuni; 8. Quante ce ne hai messe?; 9. Stefano, ce lo metti tu? | **Esercizio 9.** 1. ce ne; 2. se le; 3. ce l'; 4. me ne; 5. ce l'; 6. Me l'; 7. ce n'; 8. gliene | **Esercizio 10.** Ce ne, ve lo, se n', Glielo, se la | **Esercizio 11.** ci si, Ce lo, ce ne, gliene, se ne

28. IL FUTURO SEMPLICE
Esercizio 1.

io	tu	lui / lei / Lei	noi	voi	loro
cantare canterò	studiare studierai	giocare giocherà	portare porteremo	pagare pagherete	mangiare mangeranno
chiudere chiuderò	leggere leggerai	credere crederà	correre correremo	prendere prenderete	scegliere sceglieranno
sentire sentirò	capire capirai	partire partirà	offrire offriremo	dormire dormirete	aprire apriranno

Esercizio 2. 1. nascerà; 2. cercheremo; 3. giudicheranno; 4. pagheremo; 5. conoscerai; 6. giocherete | **Esercizio 3.** 1. prenderemo; 2. compreranno; 3. inizierà; 4. mancherai; 5. visiterà; 6. parleremo; 7. Costruiranno; 8. litigherete | **Esercizio 4.** 1. Verrò; 2. daremo, vedremo; 3. andrai; 4. vorranno; 5. sarà; 6. avrà | **Esercizio 5.** 1. dirà; 2. potrai; 3. verremo; 4. tornerò, telefonerò; 5. sarà; 6. farete, sarete | **Esercizio 6.** farà, pioverà; Verrà, chiederò; inizierò, Avrò, Andrà | **Esercizio 7.** 1. Mauro farà la sua prima gara di atletica; 2. cambierò lavoro; 3. io e mia cugina andremo al centro commerciale; 4. saprò il risultato del mio esame; 5. Anna uscirà con i suoi amici di Milano; 6. Gianni e Cristina prenderanno il treno per tornare a casa, 7. comprerai i biglietti aerei? | **Esercizio 8.** 1. si terrà; 2. dovranno; 3. avverrà; 4. partirà; 5. sarà; a/4; b/2; c/3; d/1; f/5 | **Esercizio 9.** si terranno / si svolgeranno, saprai, vorrai, si svolgerà / si terrà, Potrai, rimarranno, ospiterà, aprirà, esplorerà, Tornerà, sarà

29. IL CONDIZIONALE PRESENTE
Esercizio 1.

io	tu	lui / lei / Lei	noi	voi	loro
amare amerei	abitare abiteresti	giocare giocherebbe	mangiare mangeremmo	pagare paghereste	guardare guarderebbero
scrivere scriverei	leggere leggeresti	chiudere chiuderebbe	credere crederemmo	mettere mettereste	prendere prenderebbero
finire finirei	sentire sentiresti	capire capirebbe	offrire offriremmo	aprire aprireste	partire partirebbero

Esercizio 2. 1. mangerebbe; 2. piacerebbe; 3. organizzerebbe; 4. presterebbe; 5. preferiremmo; 6. Si divertirebbero | **Esercizio 3.** 1. richiesta; 2. desiderio; 3. richiesta; 4. consiglio; 5. azione possibile; 6. informazione non certa; 7. consiglio; 8. azione possibile; 9. consiglio; 10. richiesta | **Esercizio 4.** 1. chiamerebbe; 2. spenderebbero; 3. prenderesti; 4. desidererebbero; 5. affitteremmo; 6. capirebbero | **Esercizio 5.** 1. faresti; 2. sarebbe; 3. verrebbero; 4. saprebbe; 5. Vorrei; 6. berreste; 7. Avrei | **Esercizio 6.** 1/b, Si riposerebbe; 2/d, mangerebbe; 3/a, vorrebbe; 4/f, Dovrebbe;

SOLUZIONI

5/e, Potremmo; 6/c, Dovrebbero | **Esercizio 7.** 1. comprerebbe; 2. farebbero; 3. daremmo; 4. aprirebbe; 5. lavorereste; 6. mi occuperei | **Esercizio 8.** 1. piace; 2. Andrei; 3. gioca; 4. faremmo; 5. sarebbero; 6. si trasferiscono | **Esercizio 9.** 1. verresti; 2. conterei; 3. mangeremo; 4. staremmo; 5. verrò; 6. andremo | **Esercizio 10.** piacerebbe, verresti, Verrei, andrò, torneremo, sarai, sarebbero, sarebbe, andremo, sarà

30. L'IMPERATIVO DIRETTO

Esercizio 1.

tu	noi	voi	tu	noi	voi
guardare Guarda!	comprare Compriamo!	mangiare Mangiate!	ascoltare Ascolta!	lavorare Lavoriamo!	aspettare Aspettate!
leggere Leggi!	prendere Prendiamo!	correre Correte!	chiudere Chiudi!	mettere Mettiamo!	rispondere Rispondete!
aprire Apri!	offrire Offriamo!	finire Finite!	pulire Pulisci!	partire Partiamo!	venire Venite!

Esercizio 2. 1. chiudi; 2. Leggete; 3. scrivi; 4. ascoltate; 5. prendiamo; 6. rispondi | **Esercizio 3.** 1.sii; 2. Abbiate, aspettate; 3. Diamo; 4. Di'; 5. Fai / Fa'; 6. dì; 7. state; 8. dai / da'; 9. stai/ sta'; 10. Vai / Va', dì | **Esercizio 4.** 1. imperativo diretto; 2. presente indicativo; 3. presente indicativo; 4. presente indicativo; 5. imperativo diretto; 6. imperativo diretto | **Esercizio 5.** 1. non correre; 2. non bere; 3. non guardare; 4. non usate; 5. non prendere; 6. non siate; 7. non mangiate | **Esercizio 6.** 1. Prestaglielo; 2. Comprali; 3. Regalatecelo; 4. Portiamoglielo; 5. Spediscimela; 6. Diamogliene; 7. Parliamone; 8. Non mangiatela!; 9. Non prestarglielo!; 10. Andateci | **Esercizio 7.** 1. fallo; 2. falli; 3. Dilla; 4. Vacci; 5. diccelo; 6. fanne; 7. dammi; 8. daccelo | **Esercizio 8.** 1. Sbrigati; 2. Andiamo; 3. Mettiti; 4. prendine; 5. accendetela; 6. vacci; 7. vai / va': 8. dallo | **Esercizio 9.** Aiutami, Facciamo, laviamoci, Iniziamo, Preparalo, provaci, metti, Aggiungi, inizia, aggiungi, continua, Mettilo, Prendi, tagliale, prendete, stendetelo, prendi, mettici, aggiungici, decoralo, Tiriamo, lasciamola, non toccatela

31. I PRONOMI RELATIVI CHE E CUI

Esercizio 1. 1. L'auto che ho comprato è elettrica; 2. La margherita che ho mangiato ieri sera era buonissima; 3. Le rose che ha raccolto Ambra erano nel mio giardino; 4. I regali che hanno ricevuto i bambini erano nell'armadio; 5. Usa il bicchiere che è sul tavolo!; 6. Il libro che ha trovato Matteo è stato utile per la sua ricerca di storia; 7. La polizia ha arrestato l'uomo che ha rapinato la banca. | **Esercizio 2.** è il film che ti ha consigliato, è quella biologica che mi ha portato Laura | **Esercizio 3.** 1. in; 2. di; 3. su; 4. a; 5. da; 6. con; 7. da | **Esercizio 4.** 1. Il film di cui le ho parlato è di Sorrentino; 2. La piccola città da cui viene Clarissa è vicino al mare; 3. Il bar sotto casa in cui faccio sempre colazione è chiuso; 4. Maria è un'amica a cui voglio molto bene; 5. L'appartamento in cui abitiamo io e Alessandro è piccolo / L'appartamento in cui io e Alessandro abitiamo è piccolo; 6. Simona è una mia collega con cui escono spesso Sandra e Beppe / Simona è una mia collega con cui Sandra e Beppe escono spesso; 7. Il ragazzo a cui tu e Cinzia avete dato una mano è mio cugino | **Esercizio 5.** 1. che; 2. in cui; 3. che; 4. che; 5. a cui; 6. a cui; 7. che; 8. in cui | **Esercizio 6.** 1/b; 2/a; 3/b; 4/b; 5/a; 6/b; 7/b; SOSPESO | **Esercizio 7.** 1. a. con cui, b. che, c. a cui; 2. a. che, b. di cui, c. in cui; 3. a. che, b. a cui, c. con cui; 4. a. in cui, b. che, c. con cui / per cui | **Esercizio 8.** che, su cui, che, che, che, tra / fra cui, in cui, che, di cui

32. I CONNETTIVI DI BASE

Esercizio 1. 1/c; 2/e; 3/g; 4/b; 5/h; 6/d; 7/a; 8/f | **Esercizio 2.** 1. e; 2. ma; 3. e; 4. o; 5. ma; 6. ma | **Esercizio 3.** 1. quindi; 2. perché; 3. infatti; 4. quindi; 5. infatti; 6. perché | **Esercizio 4.** 1. sia, sia; 2. oppure; 3. né, né; 4. quindi; 5. perché; 6. e; 7. Siccome | **Esercizio 5.** 1. Mio nonno ha 84 anni ma non li dimostra; 2. Ho spento il computer perché ho mal di testa; 3. Per tornare prendiamo l'autobus 60 oppure la metro B?; 4. Caterina non verrà da noi stasera perché è fuori città; 5. Il compagno di Olivia è vegetariano perciò devo modificare il menù | **Esercizio 6.** 1. lo proverei volentieri; 2. abbiamo voglia di uscire; 3. ho freddo; 4. ho trovato dei prezzi vantaggiosi; 5. non mette mai la sveglia; 6. non ci riesce; 7. l'ho richiamata; 8. ne vuoi provare uno nuovo? | **Esercizio 7.** Ma, sia, sia, quindi, Siccome, né, né

SOLUZIONI

33. IL TRAPASSATO PROSSIMO

Esercizio 1. 1. aveva lasciato; 2. si erano conosciuti; 3. aveva *già* preparato; 4. aveva preso; 5. era *ancora* finito; 6. aveva *già* spiegato | **Esercizio 2.** 1. Ho studiato gli appunti che Enrico mi aveva dato; 2. Vittoria era felice perché si era appena laureata; 3. Ho mangiato i biscotti che avevi preparato; 4. Io e Luca eravamo stanchi perché avevamo lavorato molto; 5. Perché non avete risposto all'e-mail che vi avevo mandato?; 6. Silvia è andata al bar che le avevi consigliato | **Esercizio 3.** 1. ho visto, avevo *già* visto; 2. ha letto, avevo regalato; 3. ho incontrato, aveva vinto; 4. ha visitato, avevo consigliato; 5. è arrivato, era *già* partito; 6. ha studiato, aveva preso; 7. aveva perso, ha ritrovata; 8. ero *mai* stata, ho mangiato | **Esercizio 4.** 1. sono, era, ha, avevo, l'ho preso, sono; 2. è, ha, aveva; 3. sono, era, è; 4. siamo, Volevamo, abbiamo, avevano, abbiamo | **Esercizio 5.** è andata, è successo, siamo entrati, aveva già acceso, era, doveva, avevamo cominciato, è apparsa, aveva aperto, erano, abbiamo detto, si era accorta

34. IL FUTURO ANTERIORE

Esercizio 1. 1/b, avrà superato; 2/a, avrai messi; 3/c, Avrà dormito; 4/e, avremo ricevuto; 5/f, sarà stato; 6/d, saranno state | **Esercizio 2.** 1. avrò bevuto questo caffè, ordinerò un cornetto; 2. avrete preso la patente, tu e Laura potrete guidare; 3. Barbara sarà venuta da noi, prepareremo la cena insieme; 4. avrai pulito la tua stanza, potrai uscire; 5. avrà scaldato la voce, la cantante inizierà a cantare; 6. avremo valutato le opzioni, prenderemo una decisione; 7. avrò finito di leggerlo, ti dirò che cosa penso del libro | **Esercizio 3.** avranno litigato, sarà successo, sarò tornata, Si sarà dimenticata, avrà perso | **Esercizio 4.** 1. avrà vinto; 2. parlerà / starà parlando; 3. avrà fatte; 4. compreremo; 5. saranno arrivati; 6. Guarirai | **Esercizio 5.** 1. andrai; 2. avrà sentito; 3. darà; 4. partiremo; 5. arriveranno, avrò preparato; 6. Saranno finiti | **Esercizio 6.** Dovrai, avrai riempito, riempirai, avrai fatto, potrai, inviterai, sarò uscita, comincerà, dovrete, si sarà raffreddato, potrete

35. IL CONDIZIONALE PASSATO

Esercizio 1. 1. sarebbero andate; 2. sarebbe uscito; 3. avrebbe mangiato; 4. si sarebbe iscritto; 5. avrei regalato; 6. avremmo comprata | **Esercizio 2.** 1/d, avrei dovuto; 2/g, vi sareste divertite; 3/a, saremmo rimasti; 4/f, avrebbero perso; 5/b, avrei fatti; 6/c, avresti dovuto; 7/e, avrei presa | **Esercizio 3.** 1. Enrico ci ha detto che non sarebbe potuto venire con noi, 2. Eleonora mi ha detto che sarebbe partita per la Polonia; 3. Sandra ha detto che il 22 settembre avrebbe fatto l'ultimo esame; 4. Luigi ha detto che non sarebbe tornato per cena; 5. Il commesso ha detto che questa / quella giacca non si sarebbe rotta; 6. Mia zia ha detto che Veronica non si sarebbe offesa per il ritardo; 7. Silvio ha detto che non avrebbe prestato l'auto a nessuno | **Esercizio 4.** 1/desiderio non realizzato; 2/"futuro nel passato"; 3/fare un rimprovero; 4/desiderio non realizzato; 5/"futuro nel passato"; 6/fatto non confermato | **Esercizio 5.** si sarebbe illuminato, avrebbero fatto, le avrebbe ancora viste, vorrei, Potrebbe; avrebbero ritrovato, potrebbe, sarebbero; sarebbero, vorrebbe, Sarebbe, avrebbe voluto | **Esercizio 6.** Sarei venuta, Avrebbe dovuto, Avrà detto, avrei chiesto, avrei mandati, avrei voluto, avresti dovuto, vorrei, aiuteresti

36. I VERBI PRONOMINALI

Esercizio 1. 1/e; 2/b; 3/f; 4/a; 5/d; 6/c | **Esercizio 2.** 1. se la beve; 2. Ce la fate; 3. se ne va; 4. ce l'hanno; 5. Non ne posso più; 6. farsene una ragione | **Esercizio 3.** 1. te ne vai; 2. se la prende; 3. ce la sentiamo; 4. ce l'ha; 5. me la cavo; 6. ce la faccio | **Esercizio 4.** 1. la smetterà; 2. Se ne farà; 3. ce la metteremo; 4. la prenderanno; 5. te la caverai; 6. Ci vorrà | **Esercizio 5.** 1. se ne andava; 2. se la spassavano; 3. se la sentiva; 4. se la cavava; 5. Ci voleva | **Esercizio 6.** 1. te la sentiresti/c; 2. la smetteresti/e; 3. me ne andrei/f; 4. ci vorrebbe/a; 5. ci metteremmo/b; 6. se la caverebbe/d | **Esercizio 7.** 1. Cavatela; 2. metteteci; 3. Andiamocene; 4. prendetela; 5. fattene; 6. spassiamocela | **Esercizio 8.** 1. se l'è presa; 2. se ne era andato; 3. ce la siamo presa; 4. se l'è vista; 5. ce la siamo spassata; 6. c'era stata | **Esercizio 9.** 1. ce l'avrebbe fatta; 2. se la sarebbe presa; 3. se ne sarà andata; 4. Ci avrei messo; 5. ci sarebbero volute; 6. se la sarà presa | **Esercizio 10.** 1. se la prende; 2. se l'è presa; 3. Se la caveranno; 4. ce l'hai messa tutta; 5. se n'era andato; 6. l'ha presa | **Esercizio 11.** ve la siete spassata, non ce l'avrei fatta / (ce la facevo), l'hanno presa, Ce l'avranno, se la saranno presa

SOLUZIONI

37. IL CONGIUNTIVO PRESENTE E PASSATO

Esercizio 1. 1. preferiscano; 2. interessi; 3. rinunci; 4. pianga; 5. prendano; 6. scriva; 7. offra; 8. porti | **Esercizio 2.** 1. giochiate; 2. mangino, lascino; 3. segua; 4. riposi; 5. paghino; 6. litighiate; 7. capiscano; 8. cerchiate | **Esercizio 3.** 1. Federico cammini troppo lentamente; 2. Teresa parta davvero per l'India; 3. Davide non trovi il coraggio per scrivere a Laura; 4. Maria e Anna non lavorino più insieme; 5. Barbara ci offra la cena; 6. Roberta cerchi una casa più spaziosa; 7. la banca chiuda alle 14:00 il venerdì; 8. Sabrina decida sempre troppo in fretta | **Esercizio 4.** 1. esca; 2. sia; 3. beva; 4. finiate; 5. vogliano; 6. sappia; 7. possano; 8. dica | **Esercizio 5.** 1. dia; 2. vogliate; 3. facciate; 4. siano; 5. beva; 6. dica; 7. dobbiate; 8. abbia, voglia | **Esercizio 6.** 1. studino; 2. parli; 3. hanno; 4. siate; 5. piove; 6. è; 7. possa; 8. è. COLOSSEO | **Esercizio 7.** 1. sia andato; 2. si sia offesa; 3. abbia raccontato; 4. sia uscito; 5. abbia mandata; 6. abbia fatto; 7. si sia svegliata; 8. siano partite | **Esercizio 8.** 1. abbia preso; 2. abbia perso; 3. si sia dimenticato; 4. sia potuto; 5. si sia persa; 6. abbia trovato; 7. abbia dormito; 8. abbia riconosciuto | **Esercizio 9.** 1/C; 2/A; 3/C; 4/P; 5/P; 6/A | **Esercizio 10.** 1. sia venuto; 2. si iscriva; 3. dica; 4. abbia comprato; 5. si sia comportata; 6. abbiate lasciato, abbiate mangiato, sia; 7. voglia; 8. sia | **Esercizio 11.** sia, sia nato, spieghi, sia, abbia inventato, abbiano mangiato | **Esercizio 12.** 1. di fare; 2. che (Vittoria / lei) risponda; 3. di andare; 4. che (Alessio / lui) sia; 5. di non passare; 6. che (Cristina / lei) sia partita; 7. che (Filippo e Gianluca / loro) capiscano; 8. di riuscire | **Esercizio 13.** sono arrivate, sia successo, dica, ha rubato, abbia rubato, sia, è stato, di sentire, sia rimasta, è rimasta

38. L'IMPERATIVO INDIRETTO

Esercizio 1. 1. lasci; 2. Torni; 3. faccia; 4. si pulisca; 5. mangi; 6. racconti | **Esercizio 2.** scusi, chieda, Vada, giri, continui, faccia | **Esercizio 3.** 1. Signor Francesco, non vada via; 2. Signor Mario, venga a piedi; 3. Signora Teresa, arrivi in orario; 4. Signora Loredana, esca di casa; 5. Signora Paola, finisca il dolce; 6. Signor Dario, dia da mangiare al cane; 7. Signora Carolina, dica cosa pensa; 8. Signora Adele, beva il latte | **Esercizio 4.** Spieghi, Controlli, Non si arrabbi; Ascolti, Non accenda, sviti | **Esercizio 5.** 1. Ce lo dica; 2. Ce le regali; 3. Gliele porti; 4. Me la spedisca; 5. Gliene dia; 6. Ci vada; 7. Me ne parli; 8. Glielo ricordi | **Esercizio 6.** 1. Non dimentichi le Sue chiavi quando esce; 2. Se ne vada, sono stanco di ascoltare le Sue scuse; 3. Non si scusi per qualcosa che non ha fatto; 4. Ce la metta tutta per vincere la partita; 5. Scelga il posto che vuole, per me è uguale; 6. Per la stazione, attraversi la piazza e giri a destra; 7. Venga a cena da noi stasera e porti un dolce; 8. Beva una camomilla, è troppo nervoso | **Esercizio 7.** dica, Guardi, Ascolti, consigli, segua, provi, Non si preoccupi | **Esercizio 8.** Salve Signora Lorenza, la vorrei ringraziare per il film che mi ha consigliato: mi è piaciuto tantissimo! Lo proporrò per la prossima serata cinema! Sa, io e i miei amici ci incontriamo a casa mia ogni venerdì sera per guardare un film. Venga una sera, si divertirebbe!; Signor Marco, Si ricordi di portarmi le chiavi in ufficio oggi pomeriggio. Non vorrei rimanere fuori casa stasera. Non se ne dimentichi! Grazie! P.S. Mi dica una cosa: per caso ha trovato anche un paio di occhiali da sole nella Sua macchina?; Buongiorno Signora Anna, ho provato a chiamarLa più volte. Quando leggerà questo messaggio, mi telefoni, per favore. Ho una notizia da darLe. Ma stia tranquilla! Niente di grave, anzi... È una bella notizia!

39. IL CONGIUNTIVO IMPERFETTO E TRAPASSATO

Esercizio 1.

io	tu	lui / lei / Lei	noi	voi	loro
parlare parlassi	studiare studiassi	andare lavorasse	giocare giocassimo	abitare abitaste	portare portassero
avere avessi	volere volessi	sapere sapesse	dovere dovessimo	mettere metteste	potere potessero
capire capissi	uscire uscissi	finire finisse	aprire aprissimo	preferire preferiste	venire venissero

Esercizio 2. 1. portassi; 2. volesse; 3. chiamassimo; 4. aiutaste; 5. rimanesse | **Esercizio 3.** 1. non arrivasse; 2. non tornasse; 3. ti comportassi; 4. andassimo; 5. volesse; 6. gli telefonassi; 7. uscisse | **Esercizio 4.** 1. facesse; 2. dicessero; 3. bevesse; 4. fosse; 5. stessero; 6. dicesse; 7. desse | **Esercizio 5.** 1. camminasse; 2. dovesse; 3. avesse; 4. facessi;

SOLUZIONI

5. tornaste; 6. sapesse; 7. fosse | **Esercizio 6.** 1/a; 2/a; 3/b; 4/a; 5/b; 6/a; 7/b. SANREMO | **Esercizio 7.** 1. avesse detto; 2. avessero rubata; 3. si fosse arrabbiato; 4. avessero capito; 5. avessero litigato; 6. si fosse alzato | **Esercizio 8.** 1. fosse finita; 2. si fosse rotto; 3. fossero usciti; 4. avesse perso; 5. avessero fatto; 6. avessimo telefonato | **Esercizio 9.** 1/A; 2/P; 3/C; 4/P; 5/P; 6/A | **Esercizio 10.** avesse, avesse iniziato, avesse chiesto, avessero attraversato, tagliasse, fosse, ci fosse | **Esercizio 11.** 1. a. avesse vinto, b. vincesse; 2. a. avessimo preso, b. prendessimo; 3. a. avesse prenotato, b. prenotasse; 4. a. avesse passato, b. passasse; 5. a. diventasse, b. fosse diventata; 6. a. venisse, b. fosse venuta | **Esercizio 12.** avesse detto, eri partita, avessi scelto, fossi già stata, è stata, abbiano vissuto, siano mai andati, fosse, sia, fosse, fossi andata, si erano conosciuti, fossimo andati

40. IL PERIODO IPOTETICO

Esercizio 1. 1. <u>Se avessimo più spazio in casa,</u> <u>compreremmo un divano più grande</u> ; 2. <u>Se risparmierò,</u> <u>andrò in vacanza alle Hawaii</u> ; 3. <u>Se Ugo studiasse di più,</u> potrebbe avere risultati migliori a scuola ; 4. <u>Vi scuserete</u> <u>se abbiamo ragione</u>; 5. <u>Se avessimo potuto,</u> saremmo venuti volentieri a cena da te ; 6. <u>Mi crederesti</u> <u>se ti dicessi che non sono stato io</u> | **Esercizio 2.** 1/R; 2/R; 3/P; 4/R; 5/I; 6/P; 7/I | **Esercizio 3.** 1/d; 2/e; 3/a; 4/f; 5/g; 6/c; 7/b | **Esercizio 4.** 1. chiama; 2. regalerò; 3. verrà; 4. comprane; 5. torneremo; 6. passerete; 7. dirgli | **Esercizio 5.** 1. avesse, verrebbe; 2. ci fosse, dovrei; 3. andremmo, facesse; 4. fosse, comprerebbe; 5. venissero, inviteremmo; 6. Sarei, vincesse; 7. aveste, organizzereste | **Esercizio 6.** 1. Se la tv si rompesse, ne dovresti comprare una nuova; 2. Se facesse bel tempo, saremmo felici; 3. Se Gianluca ci telefonasse, lo inviteremmo a cena; 4. Se volessi comprare il vino, andrei in enoteca; 5. Se Cristina dovesse scegliere tra mare e montagna, sceglierebbe il mare; 6. Se Antonio e Riccardo non studiassero, i loro genitori si arrabbierebbero; 7. Se mi volessi bene, mi diresti la verità | **Esercizio 7.** 1. avrebbe; 2. sapresti; 3. sarebbe potuta; 4. avrei prestati; 5. sarebbero; 6. avremmo; 7. avrei comprato; 8. starei; ESPRESSO | **Esercizio 8.** 1. aveste accettato, saremmo stati; 2. ti fossi svegliato, avresti perso; 3. avremmo preparato, avesse detto; 4. saremmo, avesse aiutato; 5. avesse detto, avrei perdonato; 6. sarebbero uscite, avessero saputo; 7. avesse speso, potrebbe | **Esercizio 9.** 1. Paolo avesse avuto una settimana libera, sarebbe partito per Lisbona; 2. Giorgio avesse studiato di più, avrebbe superato gli esami con facilità; 3. Se avessi vinto alla lotteria, vivrei in una villa in campagna; 4. Se Giuseppe fosse stato gentile, saremmo; 5. Federico e Aldo si fossero persi in stazione, avrebbero potuto perdere il treno; 6. Se Davide avesse fatto più attenzione in bicicletta, non avrebbe il braccio rotto; 7. Lorenzo avesse condiviso la crostata con me, ne avrei potuta assaggiare una fetta | **Esercizio 10.** 1. ci fosse stato/c. avremmo mai potuto; 2. fosse riuscito/d. sarebbe rimasta; 3. avessero votato/a. ci sarebbe; 4. ci sarebbero/f. si fossero separati; 5. sarebbe/b. avesse scritto; 6. avesse inventato/e. sarebbero mai nate

direzione editoriale: Ciro Massimo Naddeo
redazione: Chiara Sandri e Marco Dominici
layout e copertina: Lucia Cesarone
impaginazione: Sandra Marchetti

© 2024 ALMA Edizioni
Tutti i diritti riservati
Printed in Italy
ISBN 978-88-6182-817-9

ALMA Edizioni
via Bonifacio Lupi, 7
50129 Firenze
info@almaedizioni.it
www.almaedizioni.it

L´Editore è a disposizione degli aventi diritto per eventuali omissioni o inesattezze.
I diritti di traduzione, di memorizzazione elettronica, di riproduzione e
di adattamento totale o parziale, con qualsiasi mezzo, sono riservati per tutti i Paesi.
I crediti delle fonti iconografiche sono disponibili sul sito.